北陸の民俗伝承

豊饒と笑いの時空

松本孝三 著

三弥井書店

金沢在住の少年時代、文化の扉を開いてくれた兄憲一の霊前に本書を捧げます。

早やも往くか父母の舟跡消えぬうち

目次

はしがきにかえて

「そうろうべったり」の昔語り

—中島すぎ媼の語り—

中島すぎさん（昭和52年8月撮影）

温泉街で賑わう石川県江沼郡山中町（現、加賀市）の文字どおり山の中に、真砂《まなご》というかつては木地師《きじし》の集落だったところがある。川の上流からお椀や箸が流れてきたので初めて存在がわかったという隠れ里の伝承を持つ村である。そのわずか六戸しかなかった小さな村に、中島すぎさんという明治三十年十一月三十日生まれのお婆さんがおられた。すぎさんとの最初の出会いは昭和四十八年の夏であった。

すぎさんは、わたしが北陸地方でこれまでお会いしてきた中でも最もすぐれた語り手ではないかと思う。その語りはひじょうに安定している。また、一話一話がゆったりとしていてしかも長いのである。昔話を聞くため、交通の便のまったくないすぎさん宅を宿泊覚悟で訪れるたびごとに、その語りの世界に引き込まれてしまったものだ。

たとえば「蛇聟入（水乞型）」は、初めてお聞きした時には三十数分だったものが、その後、語りの比較のために二度ほど語ってもらう機会があった時には、いずれも一話語り終えるのに四十数分かかった。四百字詰め原稿用紙に換算してなんと二十三枚にもなった。そのほかにお聞きした昔話も、じっくりと語り聞かせるものばかりであった。まだまだこのようなすぐれた語り手が当地にはおられたのだなぁと感動した次第である。話数が百話を超えていないので、いわゆる百話クラスの語り手には入らない。ただ、語り手の価値は話数だけでは決まらないということを、すぎさんの語りに耳を傾けながら、つくづく実感したものである。

＊　＊

さて、生まれてこの方一度も真砂の地を離れて生活した経験がないというすぎさんは、幼いころから昔話を聞くことが大変好きで、父・中出辰次郎の姉である西出このの息子で、いとこにあたる西出半左衛門が語る昔話を、繰り返し繰り返し聞いて育っている。また、子ども同士でもよく昔話の語り合いをしてきたともいう。これはいわゆる「昔話の温《あ》ったためかえし」と越後地方で言われるものである。昔話を聞くだけではなく、みずからも語りを体験し、修練を重ねる中で、その確たる語りは醸成されてきたのだといえよう。

ところで、このすぎさんの語る昔話の語り始めは「むかし」「むかしぃ、爺と婆とおったんやと」「爺ちゃんと婆ちゃんとおったんやて」など、一般的なものであるが、結びの文句をみると実におもしろいのである。

○ そうろうべったり
○ そうろうべったりと
○ そうろうべったりかいのくそ
○ そうろんべったりかいのくそ
○ そうろうべったりかいのくそ、かいて食たらうまかった

といったもので、これが本格昔話のほとんどの結末に付けられ、さらには、動物昔話や笑話にまで付けられている場合があった。石川県の南加賀地方では、とくに昔話の結末句といわれるものが成熟しているといわれ、かつて稲田浩二氏はそれを北陸地方における「自立『候《そうろう》』系結末句」と命名されたが、一話語ってはコロコロと笑うすぎさんの昔語りは、実に見事にそのことを体現しておられたのであった。

真砂集落の風景。（昭和56年５月２日撮影）

＊　　＊

すぎさんの昔話の聞き取りは、沈沈と夜が更けた頃になされることが何度かあったが、その、すぎさんの昔語りの結びの文句からわたしが考えてみたことは、そんなに長い話をふだんいくつも語れるものではないだろうということ。いつも長いものばかりではないのかもしれないが、昔話の結末句の機能などを考え合わせてみると、この結末句からうかがえることは、ひとつには「この話はこれでおしまい」といった意味と、いまひとつは、「これで今日の昔話はすべておしまい」といった、語りの場そのものの終了宣言といった意味合いがあったのではないかということであった。

本来、結末句というものは本格昔話に付けられるもので、「むかし」という発端句と互いに呼応する形式句であるはずなのだが、そんなことは百も承知で、日常生活において、一方では昔話をしつこくせがむ子どもたちへの対処法としての効果も期待されたのではなかろうか。「そうろうべったりかいのくそ、かいてくたらうまかった」などという、やや言葉遊びに過ぎる一見ふざけたような結末句は、これも稲田浩二氏が「とりの話」（『昔話の時代』所収）のご論考のなかで位置づけられたように、「クソの話でとり」といった、つまり、下の話が出たら話はもうおしまいという、笑話の持つ機能の影響を受けながら発達・成熟していった面があるのであろう。その意味で、結末句の成長というのは、昔話世界の成熟度を示すものでもあったことがよくわかるのである。「果てなし話」などはその延長線上にあるとも考えられる。

＊　＊

ところで、佐藤義則氏の『きゝみみ・小国郷のわらべうた』の中の「語りの場」の説明に、佐藤寅次郎翁の話として次のようなことが書かれている。

「マア、ムガスコ語れ」って、はだっつど（ねだると）、時には、「厭（ヤン）だズ、うっさえズ」って、きげん良ぐねど語んねがった。昔コ語るなも、こわえ（つかれる）もォ。ほんでも、

何べんも、へずっと（ねだると）、語ったったモ

ここにみられるように、かわいい子や孫であっても、機嫌のよい時でないと昔話はなかなか語れるものではないし、語ること自体たいへん疲れると言っているのである。それは、子育てに追われていたころのわたしにも経験のあることだった。

また、野村純一氏の『浄法寺町昔話集』にこんな例が紹介されている。「むかし語った人は」というのがそれで、そこに次のように記されている。

むかし語った人は肩欠ける。はぁった（ハァと言った）人は歯欠ける。むかし見た人はめっこになる。聞いた人は聞かずになる。たんびたんびむかし語るもんでねえ。どっとばれ。

これは東北のボサマの早物語に類した言い回しのようでもあるが、ともかくもその言わんとするところは、ひとつには、昔話は一度にたくさん聞くものではない。ふたつには、昔話はふだんあまり語るものではなく、定まった日に語れということのようである。

そんなわけで、ふだんはこれくらいにして、その代わり、特別の日にはいくらでも聞かせてやろうということになったのではないだろうか。それが「話は庚申《こうしん》の夜」とか、北陸地方の場合だと「話

はホンコ（報恩講）さん」といったような言い方になって残ることになったのだと思われる。また、「節季ナンズの春むかし」とか、「秋餅ムカシの正月バナシ」などという言い方があるが、これなども、昔話はおもに秋の収穫が終わった祝いの時や、正月のもっとも寛いだ時節にたっぷりと聞くものだという意味だったのであろう。それはまた、ハレの日とも密接に関わってくるものである。

しかし、だからといって、ふだんはけっして昔話を語ってはいけないということではなかった。むしろ伝承意識の実態としては、子どもたちはふだんの日にも祖父母や周りの人たちから昔話を聞いて育ってきたし、子ども同士でもおたがいに語り合いをしてきた。子どもたちはそのような日常性の中から、ものがたりの世界にあそび、また、人の話をじっくり聞くという生活態度を養ってきたのであった。

＊＊

中島すぎさんの語りには、古きよき時代の香りがする。振り返って、昔話の語りの場がすでに失われ、家族のつながりが薄れてしまったといわれる昨今、わたしたちは今一度真剣に、伝統的な口頭の伝承世界が子どもたちの情操に与えてきた本質的な意義と意味をさまざまな角度から再確認していく必要があるようにも思うのである。

〔中島すぎ嫗の昔話調査記録〕……＊印の数字は本書のⅣに掲載した昔話資料の番号を示す。なお、(7)(8)については『南加賀の昔話』(昭和五十四年、三弥井書店刊)に収録したものを再録した。また「瓜姫小女郎」については本書二十〜二十三頁にその本文を掲げている。

◎昭和四十八年八月七日
「舌切雀」／「蛇聟入(水乞型)」／「蛙と兎の寄合田」／「猿と兎と熊」

◎昭和四十八年十一月五日
「女房の口」＊(8)／「狸の八畳敷」／「文福茶釜」／「玉取姫」＊(7)／「団子聟」／「桃太郎」

◎昭和五十一年四月一日
「食わず女房」／「蛙と兎の寄合田」／「だらな聟さ」(「牡丹餅は化け物」＋「鈎に褌」)
「だらな聟さ」(「咽突き団子」＋「瓶と小石」＋「団子聟」)／手毬歌

◎昭和五十二年八月九日
民俗調査、写真撮影など。

◎昭和五十五年八月二十六日
「蛇聟入(水乞型)」＊(2)／「瓜姫小女郎」＊／「鳥呑爺」／「団子浄土」

◎昭和五十六年五月二日
「桃太郎」＊(1)／「鳥呑爺」＊(4)／「舌切雀」＊(5)／「団子浄土」＊(6)／「蛇聟入(水乞型)」＊(3)

I

昔語りの伝承世界

語り手の担う文化力
―南加賀の昔話から見える世界―

はじめに

私は学生時代から昔話の調査を始めてもう三十九年（平成二十二年当時）になります。今日は私が調査してきた地域の昔話の語りと語り手を取り上げて、語り手というのが単に昔話を語れるというだけではなくて、文化伝承の重要な担い手であるという視点からお話しようと思います。ところで、昔話の語り手一人が一つの図書館だということが言われます。一人の人間の持っている知的な能力というものはかけがえがないのですね。昔話の語り手の場合には「語る」という表現方法によって言葉の文化を受け伝え、また次の世代に伝えていくという営みをずっとやってきた。ところが、生身の人間ですから、それが失われますとすべてが途絶えてしまうということにもなります。

消えた集落

本日お話するのは石川県の南加賀地方の昔話とその語り手です。加賀市と江沼郡山中町ですが、現在は平成の合併によって全域が加賀市になっております。私の恩師である福田晃先生の勧めで研究会の仲間たちと三十数年前に訪れたのは、江沼郡山中町の温泉街からはるか奥へ分け入ったところ、文字通り山の中でした。そこが私にとっての昔話研究の原点でありまして、昭和四十八年から五十六年までおよそ八年間継続的にそこを訪れました。今回、この講座のこともあって、ちょうど一ヶ月ほど前に久しぶりに行ってまいりましたが、行って愕然としました。山中町の奥のほうは旧東谷奥村と旧西谷村の二つの深い谷筋に集落が点在しているのですが、特に大聖寺川に沿った旧西谷村のほうが今はすべての集落が離村して跡形もない。西谷村の一番奥の真砂《まなご》というところには中島すぎさんという大変すばらしい語り手がいらっしゃったのですが、そのお宅があったとかすかに記憶していた場所が何ひとつ残ってないんですね。すぎさん宅には調査に行くたび何度も泊めてもらいました。そこは木地師の集落で、すぎさんのご主人の虎作さんは最後の木地師だったそうです。今、すぎさんの語ったテープを聴き直してみると、懐かしいその声の向こうで赤ちゃんの泣き声が聞こえるんですよ。その子ももう三十歳半ばになっているでしょうね。確かに生活の息吹があったその家が、集落が今はもう跡形もなく消え去っていたのです。

私たちの若い頃には過疎という言葉がありました。それが最近は限界集落などと言われる。ところが、私が目の当たりにしたのはその限界すら超えてしまっている状況でした。これがわが国の現状であります。しかし、そこにはかつて確かに人々の生活の息吹があったはずなのです。要するに、一人の語り手の命が失われればその図書館が消滅するのと同じように、一つの村が消滅するということは、その土地が数百年あるいは一千年以上も培い担ってきた生活文化が消滅するということなのですね。

一　語り手が伝える宝物

声の記憶

さて、まず最初に、昔話を語り伝えていくことの意味について考えてみましょう。「〝むかし〟は家の宝」という言い方があります。福田晃氏が新聞のコラムに書かれた時のタイトルで、鳥取県の昔話調査でのことが話題になっています。

「なんと昔あったところになあ、がいな大百姓があったさなわい、がいななあ。旦那がまあ、水見い行かったところが、田んぼが干ちはっとる……」

それまで一言も発しなかった椎本新一翁が、突然に語り出したのである。あわててマイクを向けると、それはみごとな「猿聟入」の昔話であった。

……いちゃ深《ふっ》きゃっとこ見かけてちょうと草鞋《わらじ》踏まれたところきゃあ、ひっかかってこけちゃった、川ん中へ、ぼでえりい。……昔こっぽり。

語り終わると、立ち上がって、「ああ、今日はよかった、よかった。久しぶりで昔話を聞いた」と言うと、すたすたと集会所から出て行かれた。この伯耆大山の山里からは一度も出たこともないような赤黒い顔、汚れた仕事着、それに手ぬぐいのほほかぶり姿、なにか今聞いたばかりの昔話の主人公を思って、一瞬笑いがこみあげた。が、その喜びの言葉が気になった。自分で語っておきながら、「久しぶりに聞いた」と言われる。たしかに八十一歳（当時）の翁は、他の老人の昔話を聞いてはいる。しかし、翁の喜びは、それだけではなくて、自ら語ることで、心に温めていた父母や祖父母の声を聞いたのではないかと思うのだ。（、点本文のまま）

（『京都新聞』昭和五十八年十一月十八日付け夕刊コラム「現代のことば〃むかし〃は家の宝」より。
のち、『伝承の「ふるさと」を歩く』所収。平成九年、おうふう刊）

確かに、自分が語ったのに「久しぶりに聞いた」とは不思議な言い方ですが、昔話を語るということは、はるか幼い時に自分に昔話をしてくれた懐かしい人の声を思い出しながら語るということなんでしょうね。そこには、祖父母の語りを見事に受け継いでいる様子がうかがえますし、昔話を語ることが自分を慈しみ育ててくれた人を偲ぶよすがにもなり、人生の支えにもなったであろうことが思われます。いわばそれは先祖からの大切な心の遺産を受け継ぐということでもあり、その意味で、昔話が家の宝といえるのでありましょう。

同様のことが、昨年（平成二十一年）七月の日本昔話学会で、自らの祖母や母親を中心とする家系伝承の実際について発表された黄地百合子さんのお話の中にもありました。すなわち、「語り手（智恵子）は、昔話を語る時、自分に語ってくれた人の「声」を頭の中で蘇らせていると考えられる。（中略）語り手はその「声の記憶」によって、話を聞いてから何年もたってからでも語ることができるのであろう」（文中、智恵子は発表者の母）と言い、さらに、「語り手は、語りながら頭の中で自分に語ってくれた人の声と、過去に語った自分の声を聞き、耳で今まさに語っている自分の声を聞いているといえる。そして、その重層的な「声の記憶」が次回に語るときの語りの内容につながっていくこととなるのだ」（圏点本文のまま）（「奈良県の語り手、松本イエ・智恵子の昔話—「声の記憶」について考える—」『昔話—研究と資料—』第三十八号所収）と言っているのです。このように、語り手は「声の記憶」の中で自分に昔話を語ってくれた人たちの声を蘇らせ、自らの声をそこに重ね合わせながら語っているのだということを報告しておられます。語り手のすばらしさとはこういうところにあるのだろうなと、思いをあらたにいたしました。

一方、昔話を語り聞かせる側の人の、子や孫への思いを綴った言葉もあります。新潟県長岡市の笠原政雄さんの言葉を次に紹介しましょう。

おれね、自分の子どもや孫《まご》たちに、母親が語った話をそっくりそのまま、くり返し聞かせてるがんだ。そうしるとさ、年とともに母親の気持ちがわかってきたよね。母親がそう豊かでもねえくらしの中で、せいいっぱい、おれたちを愛《いと》おしんでくれたことがさ。おれも孫《まご》たちがかわゆうてならんの。おれ、無口《むくち》で内気だからさ、口に出しては、そう愛想のいいこともいえんが。だども、こころん中じゃ、おれの、じっちゃんの宝《たから》だというてるの。母親もきっと、おれたちのことをそう思うていたんじゃねえろか。そういう母親の思いがこめられている話を、一つでも二つでも、あとの者《もん》たちに残してやりてえ。母親のこともおれのことも、あと何十年かたてばこの世からすっかり消えちまうで。それで、ええんだ。だども、おれの子どもや孫《まご》が年をとったら、やっぱし、じっちゃんから聞いた話を子どもや孫《まご》たちに聞かせると思うの。そうして、母親やおれが話の中にこめた思いはずうっと伝えられてぐて思うてるの。

（笠原政雄語り・中村とも子編『雪の夜に語りつぐ—ある語りじさの昔話と人生—』「じっちゃんと孫と昔話」）

これもやはり、語りに込められた大切なものを後世に伝えて行きたいという願いなのでしょう。花部英雄氏が、昔話に込めた思いはずうっと伝えられていくという信頼こそ伝承のエネルギーではないか、とおっしゃるように（『芸能』28—10）、ここには、なぜ昔話を語るのかという何ともいえない伝承の真実があるといえます。

二　中島すぎさんの語り――「瓜姫小女郎」から――

さてここからは、旧江沼郡山中町真砂《まなご》のすぐれた語り手であった中島すぎさんのお話をいくつか紹介していきましょう。そこは山奥のたった六戸しかない、小さなかつての木地師集落で、私たちが訪れたころはすでに木地はやっておらず、炭焼きや畑作、山仕事をしていました。土地がないので田んぼは作れません。そういう山間の小さな土地に生まれ育った人ですが、訪れるたびに面白い話を聞かせて下さいました。

すぎさんは明治三十年十一月三十日に真砂で生まれ、村から一歩も出たことがないということです。純粋にこの村で生まれ育ち、結婚して娘さん四人を育てあげました。私が知る限り石川県で最もすぐれた語り手ではないかと今でも思っております。幼い頃から昔話を聞くのが大好きだったようで、いとこの西出半左衛門、だいぶ年齢は離れていたようですが、木地職人だったその人からほとんどの昔話を聞いています。それも繰り返し繰り返し聞いているみたいですね。良い語り手は繰り返して聞きます。何度も聞いて自分のものにすると今度は友だちに語り出しますね。そしてだんだん上手になっていきます。昔話を何度も何度も繰り返して聞き、そして繰り返し語るのを「昔話の温《あ》ったためかえし」といいます。すぎさんの場合も典型的なすぐれた語り手の様相を帯びております。その語りは大変安定していて、同じ昔話を幾度聞いてもほとんどぶれませんね。それと一話一話が長い。「蛇聟入（水乞型）」などは、昭和四十八年にお聞きした時は三十七分、それが昭和五十五年、五十六年の二回は期せずして四十二分。そういうふうにじっくりと安定した昔話を聞かせてくれる。そして、それらの昔話の一つひとつが語りの生き証人として、昔話を育む生活文化や、伝承・伝播の問題を考えさせられるものであります。

その中からまず、すぎさんの語る「瓜姫小女郎」を紹介しましょう。

むかしぃ、爺《じい》と婆《ばあ》とおったんやと。爺ちゃんな山へ柴刈りに行くし、婆ちゃん川へ洗濯に行ったんやて。瓜が川上からふらふらぁっと流れてきたんやて。そしたら、婆ちゃんな拾って食べてみたんやて。たいへん味なもんで、おいしかったんやて。

「もう一つ来い、爺におましょ《（あげましょう）》」って言うたんやて。そしたら理屈なもんや、またふらふらぁっと流れてきたんやと。たら、それ、これを、爺ちゃん、山へ行って難儀して仕事しとるんじやさかいと思うて、拾《ひろ》て帰って、箱の隅《すま》へ入れておいた。

そしたら、爺ちゃん山から帰って来たんやと。そしたら、

「お爺ちゃん、わたしゃ瓜拾てきてあるさかいに、食べなさい」って言うて。そして、箱の蓋取ったんやと。そしたら、怖《おぞ》いもなぁ《（何）》も二つに割れて、かわいらしい瓜姫小女郎《うりひめこじょろう》って、姫がすわっととったんやと。そしたら、びっくりして婆ちゃん、

「爺ちゃんにあたわったんじゃ。わたしらにゃ子どももおらんし、今まで、爺と婆とになるま

で難儀してこうしてあててしたんじゃに、こんなかわいらしい子がすわっとるんじゃ。わたしらの子どもにしよう」言うて。そして、いいのに育て上げて、育てたんやと。そしたとこが、その娘は死にもせず、喜んで婆ちゃんらのやるもんを食べては、始めはお粥《かい》煮て、お粥のしたじ吸わしては、乳の代わりに。そして、養うといたんやと。そしたところが、だんだんでこうなって《（大きくなって）》きたら、あのう、でこうなって機織りをみな織るて、我が身が。そして、機織っとったんやと。

そしたとこが、瓜姫小女郎というて名付けて。そして、機織っとったら、あの、何やら来ては窓覗いては、山姥《やまんば》みたいなが。

「どうでもそのいい音がする。ここを、窓をちょっこりあけてうらに見せてくれ」て言うて。そしたら、

「いや、お爺《じじ》やお婆《ばば》がおこるさかい、あけん」て言うては、チャッキリコッコ、ギースちゅうては機を織っとったんやと。そしたら、またして来ては、毎日のように来てはせめとったんや。そしたら、どんなもんじゃやらと思うて、姫やちょっこ《（ほんの少し）》おり戸をあけて覗いて見ようとしたんや。そしたとこが、そこへ手が入ったら引き開けて入ったんやと。そして、姫もなあも縄に巻いて、家の木の、よの木に吊って来て。そして、我がで入って、そして機を織っとったと。

そしたら、爺ちゃんやら婆ちゃん帰ってきて、

「どうでも飯食《まま》わんか」て言う。

「飯も何も欲しない。わたしゃ織れりゃいいんじゃ」と言うて、コッコギースといっては機織っとったんやて。そしたら、もう飯も食べんし、どしたんじゃやらと思うて、織った機《はた》を見りゃあ、おもし、(不思議なことに)機の織った織り目みな血がついておるんじゃやと。こりゃ弱った、この娘でないがな。女じゃさかいというても。たら、あの、姫や後ろのゆの木におって、姫が何やらじゃって。

「何が入っとるやら、何や音がするみたいや。ありゃ姫でないぞ」って言うた。そして、お婆ちゃんな後ろ行って見たら、姫は何やらころころっと巻いて、よの木に下げてあったんやと。

そしたら、昔やさかい、てん車持ってきて、そういうのがさし寄ったやらこそにゃ、姫をもらいに来たんじゃやって。そして、その車に乗せて下げて行ったんや。そしたら、姫やその、後ろに下がっとって、

「姫がてん車、天《あま》ん邪鬼《じゃく》が乗っていく。やれやれおかしや、ホホーッ」って言われたんや。そしたとこが、その、てん車持ってきたその人も気がついて。そして、

「こりゃ弱った、こんなもん何の、てん車に乗せてきたのは天ん邪鬼じゃっていうて音がした。おお、合点がいかん」て言うて、また家へ戻ったんやと。そしたら、その家に美しい姫やあの、家にすわっとったんやと。そしたら、そのてん車持ってきた人は、びっくりして、天ん邪鬼じ

やったら、業沸《ごうわ》かいて（腹を立てて）引きずり落といて、草やぶを踏み込んで踏みつけて殺いてしもうたんやて。そして、姫を乗せて。

そういう人は、天からお授けになるんで、何年か経つとそうやって迎えに来るんじゃって。そうしりゃそれに乗っては帰ってまうんじゃ。昔の人はそう言っては話して聞かしたんよ。

そうろうべったりかいのくそ、かいて食たらうまかった。

これはいわゆる西日本型の「瓜子姫」で、機織をしていた姫は天邪鬼に殺されずに木に吊るされており、最後に天邪鬼は正体を暴露されて殺されてしまいます。面白いのは、瓜姫小女郎が天から授けられた人なので、何年か経つとお迎えが来るというところで、一般に知られる話とはかなり違っています。異界から登場した姫が再び異界に戻って行く「竹姫」のような趣向になっていますね。

さて次に、すぎさんのをはじめ、同地域で聞かれた三つの「瓜姫小女郎」の昔話について比較した表をご覧ください。（＝線部は三者に共通の部分。ただし、主要な点のみに限定。┅┅線部は（イ）（ロ）に共通の部分。〰〰線部は（ロ）のみの特徴。――線部は（ハ）のみの特徴を示す。）

	（イ）『加賀江沼郡昔話集』（西谷村）	（ロ）『加賀昔話集』山中町真砂・中島鈴子さん	（ハ）山中町真砂・中島すぎさんの語り
①	昔、じじとばばとおった。	昔あるところに爺と婆がおった。	昔、爺と婆とおった。
②	爺は山へ柴刈りに、婆は川へ洗濯に行く。	旅の人が来て、泊めてくれと言うので泊める。	爺は山へ柴刈りに、婆は川へ洗濯に行く。

③	④	⑤	⑥	⑦	⑧
川上から大きい瓜が流れてきたので婆は家へ持ち帰り、箱に入れておいた。	二人で食べようと箱の蓋を取ると、美しい女の子がいた。瓜姫小女郎と名を付けた。	瓜姫に機を織らせていると、爺と婆のいない間に天邪鬼が来て、戸を開けてくれと言う。	瓜姫は爺や婆が叱るからと開けないが、腕の入るだけというので開けると、天邪鬼は姫を俵に入れて後ろのよの木に吊り、姫の飯を食い、機を織っていた。	爺と婆が帰って来て、昼飯を食べたかと言うと、今食べたと言って、「ちゃっきりここ」と機を織る。	ほかから姫を嫁にくれといって貰いに来る。
爺と婆に子どもがないと聞き、宿銭の代わりに瓜の種を一粒置いていく。植えて大事に育てると大きな瓜がなり、婆は家へ持ち帰る。	瓜を割ろうとするとぽかんと割れて、かわいい女の子が出てきた。瓜姫小女郎と名付ける。	瓜姫が毎日機をたてて「チャキリコッコ、ギース」と織っていると、天邪鬼が娘に化けて来て、機織を見せてくれと言う。	瓜姫は爺や婆が叱るからと開けないが、やかましく言うので仕方なく戸を開けると、天邪鬼は姫を俵に包んで家の後ろのよの木にぶら下げ、姫に化けて機を織っていた。	爺と婆が帰って来て、飯を食えと言うが、今日は具合が悪いと言って、「チャキリコッコ、ギース」と機織を続け、夜なべのまま食わずに寝てしまう。	翌日、殿様から、てん車を持って迎えに来る。
川上から瓜が流れてくる。食べるとうまい。「もう一つ来い、爺におましょ」と言うとまた流れて来る。持ち帰り、箱に入れておく。	箱の蓋を取ると二つに割れて、かわいらしい女の子がいる。瓜姫小女郎と名付けて育てる。	瓜姫は大きくなって機を織る。機を「チャッキリコッコ、ギース」と織っていると、山姥が来て、機織を見せてくれと言う。	瓜姫は爺や婆が怒るから開けないが、毎日のように来ては言うので戸を少し開けると、姫を縄に巻いて家のよの木に吊り、そのまま家で機を織っていた。	爺と婆が帰って来て、飯を食えと言うと、「欲しくない、機さえ織ればいい」と言って、「チャッキリコッコ、ギース」と機を織る。織り目にみな血が付いているので怪しむ。	天からてん車で姫をもらいに来る。

⑨	天邪鬼に美しい着物を着せて、てんぐるまに乗せて行くと、木の上の姫が「てんぐるまに天邪鬼が乗って行く、やれやれおかしや、ははは」と笑った。	天邪鬼を姫と思い、てん車に乗せて引いて行こうとすると、家の後ろから「姫のてん車に、天邪鬼が乗って行く。やれやれ、おかしや、ほほ」と笑った。	天邪鬼を車に乗せて下げて行くと、姫は後ろに下がっていて、「姫がてん車、天邪鬼が乗って行く。やれやれおかしや、ほほー」と言った。
⑩	車屋は「どうも聞いたことのない鳥が鳴く」と言うと、天邪鬼は「あの鳥はいつも鳴く鳥じゃ」と言う。それでも「珍しい鳥じゃ」と行って見ると、俵の中にいた姫だった。	車引きは「おかしな、何という鳥じゃろう」と言うと、天邪鬼は「この辺で鳴く鳥じゃ、早く行かしゃれ」と言う。また笑うので行って見ると、木に吊るされ俵の中にいる姫だった。	てん車を持ってきた人が、合点がいかんと言って、また家へ戻る。姫は家にすわっていた。
⑪	「これこそ姫なれ」と言って、天邪鬼を萱わらの中へ踏み込んだ。	「これこそ姫なれ、お前みたいな者天邪鬼じゃ」と言って、萱株の根へ踏み付けた。	天邪鬼を引きずり落として、草藪の中へ踏み付けて殺してしまった。
⑫	姫を車に乗せて行く。	姫を車に乗せて引っ張って行く。	姫を乗せて行く。
⑬	今でも萱の根の赤いのは、天邪鬼の血のためという。	今でも萱株のじくの中が真紅なのは、天邪鬼の血であるという。	姫は天から授けられた人で、何年か経つと迎えに来るのだという。
⑭		そうろべったり（結末句）	そうろうべったりかいのくそ、かいて食たらうまかった（結末句）

三つの話例のうち（イ）は『加賀江沼郡昔話集』所収のもの。これは昭和十年に刊行された資料集で、山下久男氏という加賀市在住の方が昭和六、七年に旧西谷村を調査した時の報告書です。

真砂での資料のようですが誰が語ったものかはわかりません。山下氏は慶応大学を出た人で、折口信夫や柳田國男の薫陶を受け、石川県の昔話研究の先駆者として生涯を捧げた方です。(ロ)は『加賀昔話集』所収のもの。同じく山下氏が(イ)の資料を中心に、その後の資料を増補して昭和五十年に刊行したもので、昭和五十年七月に山下氏が真砂の中島鈴子さんから聞いたもの。(ハ)が例話に掲げたもので、私が昭和五十五年八月に中島すぎさんから聞き取ったものです。ところで、この中島鈴子さんというのは、実は中島すぎさんの次女にあたる人なのです。

半世紀の隔たりの中で

この三話を比較してみると、全体としては昭和初期の(イ)の資料と(ロ)(ハ)では調査時期に半世紀近い隔たりがあるにもかかわらず、ほぼ同じような内容になっています。同地域なのですから当たり前のことのようですが、戦争をはさみ、五十年近く経っているのによくこれだけの語りが残っていたものだなという思いが強いですね。ところがよく見ると、実の母と娘の語りよりも、むしろ時間的にははるかに隔たっているはずの(イ)と、(ロ)の鈴子さんの話のほうが割りに近いといえます。そして、(ハ)のすぎさんの語りには、すぎさん独特の言い回しが随所にみられます。例えば③で「もう一つ来い、爺におましょ」と、川上から流れて来る瓜を二度招くところは、すぎさんの語る「桃太郎」で桃を二度招くのと全く同じですし、⑦の天邪鬼が織る機の織り目に血が付いているというのは、やはりすぎさんの語る「女房の口」という昔話の場合とも同様なのです。これらはすぎさん独自の語り口と言え、（ロ）の娘の鈴子さんのほうには全く見られません。また⑬で、姫が天から授けられた人なので何年か経つと迎えが来て天に戻らねばならないというのも、わずかに福井県の戦前の資料である『福井県郷土誌・民間伝承篇』にほぼ同内容のものが確認できるくらいで、他に例を知りません。

では（イ）と（ロ）が全く同じかというと、右の比較表の始めの②③の部分を見ると、（イ）と（ハ）が、川上から瓜が流れて来る一般的なかたちなのに対して、むしろ（ロ）のほうに決定的な違いが見られます。それを鈴子さんの語りから確かめてみましょう。

昔ある所にじいとばあがおったんじゃと。そしたら、ある時、旅の人が来て、「どうでも一晩泊めてくれ」と言うので、泊めてやったんじゃと。その時、じいやばあには、子供がない事を、いろいろ話したら、旅の人は、「そんなら宿銭のかわりにこれをやるさかい作ってみよ」と言うて、瓜の種を一粒出いてくれたと。じいとばあは、それを大事にして植えて、作ったそうじゃ。そしたら、それにいかい、いかい（大きい、大きい）瓜がなったんじゃと。ばあは喜んで瓜をもいで、家へ帰って、じいと二人で割って食おうと思うて、割ろうとしたら、瓜がぽかんと割れて、中から可愛い女《めろ》の子が出て来たそうじゃ。じいやばあは喜んで、

「じいやばあにゃ、子供がおらんのに、これを子にして養のうておこう」
「瓜の中から出たんじゃから、瓜姫小女郎と名をつけよう」と言うたと。（以下略）

語り出しはまるで昔話の「大歳の客」にそっくりですね。畑から瓜を持ってくるというモチーフは東北地方にいくつか報告例がありますが、この話は全体としては西日本型で、東北型のように、瓜姫が天邪鬼に殺されてしまうというふうにはなっておりません。ところが一方で、「じいやばあにゃ、子供がおらんのに、これを子にして養のうておこう」という部分は、母親のすぎさんの語りにも、「わたしらにゃ子どももおらんし、今まで爺と婆とになるまで難儀してこうしてあててしたんじゃに、こんなかわいらしい子がすわっとるんじゃ。わたしらの子どもにしよう」と、ほぼ似たような言い方がなされているのです。ここは親子としての語りの近さを感じさせますね。

それと今ひとつ面白いのは、実は御伽草子の中に『瓜子姫物語』というのがあって、近世初期の作品のようですが、その冒頭は大和の国石上《いそのかみ》のほとりと場所を明示し、翁と姥が瓜畑で瓜を抱いて、こんな子どもが欲しいと願って瓜を塗桶に入れておくと夢のお告げがあり、瓜から姫が生まれたということになっています。また、⑨の部分は、三つの例話すべてがほぼ共通な言い方になっていて、例えば（ハ）でみると「姫がてん車、天邪鬼が乗って行く。やれやれおかしや、ほほー」とあり、一方『瓜子姫物語』の場合もその本文を見ると、和歌の形式で、「ふるちこを、むかへとるへき、手くるまに、あまのさくこそ《（さくめそカ）》、のりてゆきけれ」とあって、昔話の表現と極めて近いことを示しており、あるいは御伽草子が昔話の語りをもとに成立した可能性も考えられます。

これらの問題は一言では解決できません。ただ、半世紀近く隔たった資料がほとんど同じ内容であることを確認できる一方で、ずっと一軒家に住む親子でありながら、その語る内容に大きく異なる部分が存在すること。さらに、遠く時代を隔てた数百年以前の『瓜子姫物語』とも共通する内容を有しているものがあることを、娘の鈴子さんの語りから指摘できるということです。これは、昔話と御伽草子の関係を考えるあらたな課題ですね。同一地域だからといって、決して一括りにできない昔話伝承の複雑さ、奥深さ、不思議さ、面白さがあるといえます。

三　中島すぎさんの語り—「蛇聟入（水乞型）」から—

次に「蛇聟入（水乞型）」を取り上げて、簡単に比較してみます。

	モチーフ	「三人姉妹（サルサワの話）」『加賀江沼郡昔話集』（真砂・九谷）	「蛇聟入（水乞型）」『南加賀の昔話』（真砂・中島すぎさんの語り）
①	嫁にやる条件	百日日照りで田んぼが割れた。水を当てた者に三人娘の一人をやると言う。晩のうちに水をつるりと当てた者が、梯子の下に来て寝ていた。	百日日照りが続き、長者の田がひび割れた。田に水を当てた者に三人娘の一人をやると言う。猿沢という大蛇が田に水を当て、梯子の下へ来て寝ていた。
②	三人娘の対応	父親はその姿に驚き、朝起きられない。姉二人は「見るもいや」と断る。下のおと娘は、父の言うことを何でも聞くから飯を食えと言う。	父親は心配で、朝になっても起きない。姉二人は「見るも恐ろし」と断る。三番目の娘が、私が行くから起きて飯を食えと言う。

③	娘の持ち物	瓢箪一つ、針千本、胡椒の粉一紙袋、うみそ一桶、紙三帳。	紙一帳、苧桶一杯の苧、胡椒の粉一紙袋、針千本、ふくべ一つ。
④	嫁入りの道行	娘はうみそを柴に掛けて行き、なくなると紙を裂いて行く。ずっと行くと池があり、サルサワは自分の家だと言う。	娘は帰りの道標に苧を松や道の畔に付けて行く。なくなると紙を裂いて行く。三里ほどで大きい池があり、猿沢は自分の家だから入れと言う。
⑤	退治の方法	瓢箪を池に投げ、浮けばサルサワが、沈めば自分が入ることにし、浮いたのでサルサワが先に入る。針千本と胡椒を池に入れると、池中が真っ赤になる。娘は嬉しくて「ほほ」と笑った。	ふくべを池に投げ入れて、沈めば自分が、浮けば猿沢が池に入ることにし、浮いたので猿沢が池に入る。娘が針千本と胡椒を池に入れると猿沢は苦しみ、泣き泣き死ぬ。娘は嬉しくて「ホホッ」と笑う。
⑥	猿沢の辞世の句	「サルサワが死ぬる命はほしまねど姫が泣くこそ可愛いけれ」	「死する命は欲しもない、姫が泣くこそ可哀けれ」
⑦	山姥の家	日が暮れたので、向こうの山の明りを頼りに行き、ぶば（婆）の頭の蛇やまむしやとかげなどを鋏で取ってやり、泊めてもらう。	暗くなり、向こうに見える明りを頼りに行き、婆の頭の虱やら蛇やらまむしやらを鋏で取ってやり、泊めてもらう。
⑧	娘の隠し場所	婆は団子こね鉢を娘にかぶせて座り、次郎坊、太郎坊から隠す。	婆の座っている下に娘を入れて鉢をかぶせ、太郎坊、次郎坊から隠す。
⑨	次郎坊と太郎坊のうた	サイブリヤ、サイブリヤ、さいがなけりゃ味噌の子―	さあぶるさ、さあぶるさ、最後の子ぁ味噌の子
⑩	次郎坊と太郎坊の疑い	二人は人臭いと言い、玄関の杖と笠を見つけるが、婆は河原へ御膳さまをかしきに行って来たと言う。二人は歌いながら出て行く。	二人は人臭いと言い、足半が脱いであると言うが、婆は自分が川へ米をかしきに行って来たと言う。飯を食べると二人はまた出て行く。

⑪	山姥のくれた物	おんばの絹（きん）	おんばの衣（きぬ）
⑫	山姥の忠告	米を炊いだ濁しについて行き、太郎坊、次郎坊が来たらおんばの絹をかぶって道のくろに転んでおれと言う。	米を炊いだ濁しについて行き、太郎坊、次郎坊が来たら姥ばりをかぶって道の畔に転んでおれと言う。
⑬	長者の家までの道行	二人が婆の絹をかぶった娘を蹴って行く。いなくなると娘は起きて、濁しについて行き、長者の家の前に出る。	二人がおんばの衣をかぶった娘を蹴って行く。いなくなると娘は起きて、濁しについて行くと、大きな長者の門に出た。
⑭	長者の家での仕事	竈の火焚き	飯炊き
⑮	娘の手間賃	油三合、豆一合、針三本。昼は竈の火焚き、夜は絹を脱いで学問をする。	針三本、豆一合、油一合。晩になるとおんばの衣を脱ぎ、学問をする。
⑯	娘の正体露見	長者の息子が毎晩遅く帰って来て、隙間から覗く。	長者の息子が夜遊びの帰りに部屋を覗き、八方一の美人を見る。
⑰	息子の嫁の希望	親が息子に嫁の話をすると、「誰もいらん、竈の前の火焚きぶば」と言う。	「ぼくは嫁なんかいらんわい。竈の前の婆」と言う。
⑱	嫁選び	家来どもをみんな集めて嫁選びをする。	村の娘どもを集めて嫁選びをする。
⑲	第一の条件	竹藪の雀の止まったのを折って来て、畳の上にちつくり挿した者。	雀の止まった木の枝を折って来て、畳の上に挿した者。
⑳	第二の条件	綿を敷いた上を、草鞋を履いて綿を付けずに歩ける者。	真綿の上をまくらず歩いた者。

㉑	第三の条件	金を箕に入れて音の出た者。 「五万長者のおとむすこ、三万長者のおとむすめ、かねざっくり、ザー」と音が出る。	でかい箕に小判を入れて音を出した者。 「三万長者の弟娘、五万長者の弟息子、金ざっくりざい」と音が出る。
㉒	結末	絹を脱いで美しい娘になり、長者の息子の嫁になる。嫁の里へ帰ると、死んだと思い、三年の法事をするところだったが、お祝いになった。	おんばの衣を脱いで八方一の美人になり、長者の嫁になる。嫁の里へ帰ると、三年の法事の用意をしていたが、嫁取りの祝いになった。

これも、上段は山下久男氏の『加賀江沼郡昔話集』の「三人姉妹（サルサワの話）」で、昭和六、七年頃の調査資料ですが、やはり誰が語ったものか不明です。そして下段が昭和四十八年八月に中島すぎさんからお聞きしたもの（一部、昭和五十五、五十六年のものも参考にしている）。是非とも全文を紹介したいところですが、今はそのスペースがありません（なお、本書「Ⅳ 昔話資料」に昭和五十五、五十六年の資料を掲載している）。内容はどちらも全体にかなり整っており、田んぼに水を入れた大蛇のことを猿沢と言っております。そして⑥で、娘の計略で池で苦しみながら死んでいく猿沢が、「死する命は欲しもない、姫が泣くこそ可哀けれ」と辞世の句を詠んでいます。こんな「蛇聟入」はちょっとありませんね。ここは「猿聟入」という昔話の猿の辞世の句が入り込んでいるといえるのかも知れません。猿沢という名称からもそれとの響き合いがうかがえます。

語りの確かさ

さて、猿沢を退治して家に帰ろうとする娘が、山道に迷うところから、あらたに話が「姥皮」に展開していきますが、婆から貰った身を隠す衣を「おんばの衣《きぬ》」といったり、婆の家の太郎坊・次郎坊が登場したり、米を炊《かし》いだ濁《にご》しについて行って長者の家の前に着き、そこの屋敷の飯炊きになり、やがて長者の息子の嫁選びで三つの難題を解決し、見事その嫁になるというところまで、両者の筋の運びは細かいモチーフにいたるまで全く同じであります。五十年の隔たりがあり、なおかつこの話の場合は、その長大さにもかかわらずここまできちんと受け継がれているのですね。昔話の伝承のエネルギーというのはすごいです。私は中島すぎさんから「蛇聟入」を三回お聞きしたのですが、その四十分を超える語りはほとんどぶれておりません。すぐれた語り手の語りの確かさというものを身をもって体験いたしました。

その他にもすぎさんから注目すべき昔話をいくつもお聞きしているのですが、詳しくお話する時間がありませんので、いくつか簡単に申しますと、「女房の口」という話は、機織をしている女のところに毎日山姥が来て麻糸を捻る手伝いをする。ところが、先程「瓜姫小女郎」のところで申しましたように、その捻り目に血が付いている。それを夫が見つけ、危険を察知して女を長持ちに隠して上から吊っておく。しかし翌日、山姥が女に渡してあったつげの櫛で場所を突き止められ、女は食い殺される。山姥が、食い残した女の尻べたを囲炉裏に埋めておくと、それが帰って来た夫の顔にくっ付き、どこへ行っても夫と同じようにものを言う。夫は呆然としてさ迷い歩き、そのまま死んでしまうというもの。ちょっと気味悪い話です。これは『日本昔話事典』に「首下げ訪問」とあるものと同じで、秋田県から新潟県にかけてと、福井県、滋賀県、長崎県あたりにもいくつか似たような話が聞かれます。

それから、「玉取姫」というのは、竜宮世界に奪われた面向不背《めんこうふはい》の玉を海女が取り戻す話ですが、これは幸若舞曲の『大織冠《たいしょくかん》』や謡曲『海人《あま》』、古浄瑠璃の『大織冠』などでも知られているものです。そのような話を、山奥にひっそりと生活する一人の語り手から聞くことができました。この話は関敬吾氏の『日本昔話大成』にもわずかに四例しか報告がないもので、山下久男氏のものにも報告がありません。そのことを確認できただけでも大きな収穫でした。

ところで、この「玉取姫」の伝承・伝播の可能性を考えると、一つには、南加賀の東方、旧石川郡の白山麓地方(現、白山市)に江戸時代から文弥人形浄瑠璃、この地方ででくまわしとかでく人形と呼ばれる素朴な一人遣いの人形芝居が今日まで伝えられており、その中に『大職冠』という演目があるのです。現在は東二口《ひがしふたくち》と深瀬《ふかせ》の二村だけですが、かつては他にも人形を舞わす村がいくつもあったらしいのです。そういった民俗芸能が長い年月の間に昔話の語りとしても伝えられたのではないかと思っています。その白山麓には、今もそうでしょうが、盆踊りや秋祭りに踊り歌として「大織冠鎌足公」というのが歌われているのですね。恐らくはそういったものが伝承の基盤にあって、昔話の世界にも入っていったのではないかと考えられます。

このように、たった一話だけであっても、地道な聞き取りが昔話伝承の広がりと奥行きを実証することにもなるという一例であります。その他にも中島すぎさんには、最近国際的視野で再び注目されている「桃太郎」などがありますが、時間の都合で割愛いたします。

石川郡尾口村東二口の文弥人形浄瑠璃「大職冠」初段。こうはく女と唐の高宗皇帝の登場場面。舞台中央に松の枝が立てられている。（東二口の歴史民俗資料館にて、昭和56年2月8日撮影）

かつて真砂集落があった地域。中島すぎさんの住まいはこの橋の近辺にあったはずだが今は何も残っていない。平成10年に集落の歴史は閉じられたという。新緑の中、森林関係者の建物と大日山登山者の車だけがあった。（平成22年5月撮影）

四　「おちらしの話」――「粉」をめぐる笑いと豊饒――

次は、真砂の中島すぎさんをはなれ、同じ山中町の調査資料から、昔話の持っているある機能といったものと、古典の咄の世界との交渉を思わせる昔話についていくつか紹介していきたいと思います。いずれも『南加賀の昔話』に収録した資料で、私たちが三十一年前にまとめた資料集なのですが、久しぶりに見返してみますと、あらためて大事なことがいっぱいあることに気付かされます。

まず最初に「おちらしの話」というまことに奇妙な話の紹介から始めます。おちらしというのは豆や麦を炒って粉にしたもの、黄粉とかはったい粉とか麦粉とか言いますね。これは山中町旧東谷奥村の四十九院《しじゅうくいん》の喜多はつさん（明治二十九年十月四日生まれ）という方からお聞きしたもので、昭和四十八年の調査当時はこの話がどんな意味を持っているのかわからず、とりあえず「備考資料」としておいたものです。

お爺《じじ》とお婆《ばば》とおって、おちらしを食べとったんやと。そしたら、昔やあ、法螺の貝というて、今のでけえこういう貝をプウプウとこして（こうして）吹く、そういう人がござったんやとい。そしたらお爺とお婆と、

「さあ、法螺の貝や来た、どこい隠す」ちゅうて、そして、後ろかまあ隠いたんや。そしたら、お爺かお婆か知らんけどか、プーンとおならが出たんやと。そしたら、そのおちらしゃこう翔《た》

つし、おちらし入れた入れ物じゃね、それがむこうへ行って踊ってあるいたて。

何とも変てこな、結末も落ちも何もない話ですね。法螺の貝というのは山伏のことでしょう。この手の話には爺と婆が登場いたしますが、爺と婆がおちらしを食べていると法螺貝を吹いて山伏が来たので隠そうとする。そうして二人の後ろに隠すと、屁をこいてみんな飛んで行ってしまった。ただそれだけの話です。私たちが資料から外しそうになったのも無理からぬところです。でも、備考資料としてでも入れておいたので助かりました。

実はこれと似たような話が北陸地方のあちこちにあったのです。次に紹介する福井県越前地方の戦前の報告資料を見てください。「きな粉とよい婆わるい婆」と題する話です。

昔、ある所にとてもよい婆が居ました。或時、婆が豆をつぶしてきな粉を作ってゐると、婆が不思議にも、出た事もない嚔が「はくしよい」と出た。すると、きな粉がぷーうと吹き上り、前より倍になつて吹きもどり、もうそこら一ぱいになつて、夜は爺と婆は、よろこんでそのきなこをかいて食つた。（以下略。傍線は引用者。）（『福井県郷土誌・民間伝承篇』）

この後、隣の婆が真似をして失敗することになるのですが、今は前半部のみを問題にいたします。私がこの話で注目したのは傍線を附した部分、くしゃみで吹き飛ばされた黄粉が前より倍になって吹き戻って来たというところです。そして、そこらいっぱいになった黄粉を爺と婆が喜んで食べたという。そこには黄粉の豊饒性が感じられます。この話では屁で飛ばすといった可笑しさは影を潜めていますが、何かしらそこには、満ち足りたものを希求する貧しい爺と婆の思いが込められているような気がいたします。

ただ、これだけの話例からでは元々の豆の量がわからないので何とも言えませんが、次の資料を見ると、この話の本質を考えるヒントがあるように思えます。これも福井県の若狭地方の資料で、「飛びたった粉」と題された話です。語り手は福井県三方郡美浜町寄戸の戸島弥夫《のぶお》さんという方です。

　むかしむかし大昔、爺《じ》さんと、婆《ば》さんと屋根ふきしとったら、穂《ほう》が一本出てきてんてや。ほしたらその穂を、爺さんは、
「鳥にやろ」いうて、婆さんは、
「はったい《（はったい粉）》にして食おかいな」いうて言うたんやて。ほして、婆さんきばって、ねばり臼でこねて、
「さあこれから練ってやろかい」てたら、爺さんその時、勢いよう屁をブーンてこいたなり。ほすとみな立ってしもたんやて《（飛び立っていってしまったんだと）》。

（『若狭の昔話』）

これも、この話だけ見ていると、屁ではったい粉を吹っ飛ばすというところが何となく可笑しい。それだけのことで、話としての展開もまとまりも何もなさそうです。私は九年程前、若狭の民俗調査の折、偶々これを語った方にお会いしました。専業農家の穏やかな落ち着いた方で、知識欲は旺

盛ですがこんな話を好んでするような感じの人ではありませんでした。ちなみに最近、若狭地方でいくつか同じような昔話の報告があるのは注目すべきところです。

ところで、この話で注目すべきは、屋根葺きをしていたら穂が一本出てきたというところ。屋根葺きをしますと穂に一本、二本と取り残した籾の付いたのがある場合があります。そんなにたくさんあるはずがありません。はったい粉にするだけの量になるものかどうか。普通は無理ですね。ところがそれがなるんです。そこがこの話の面白さなんです。屋根葺きで見つけた、たった一本の稲穂から臼で搗いて粉にし、それを盛大にバアッと爺の屁で吹き散らしてしまう。あるいは、その飛び立った粉をかぶることを期待する雰囲気があったかも知れませんね。とんでもなく話が大げさになってまいりました。

豆こ話

ここまで来ると、その先には、次に紹介する岩手県の「爺婆と黄粉」のような話との関わりも見えてくるようです。長い話なので要約しますと、こんな内容です。

爺と婆がおり、婆がウチを掃き、爺が土間を掃いていると、土間の隅から豆コが一つ転がり出た。婆と畑に蒔くか炒って黄粉にするか相談し、黄粉にすることにする。大きな鍋に一粒の豆コを入れて、「一粒の豆コア千粒になれ、一粒の豆コア万粒になれ　カアラコロヤエ、カア

ラコロヤエ　カラコロコロ」と掻き回すと豆が大きな鍋いっぱいになった。今度はそれを大きな臼で搗くと臼いっぱいになる。粉下《こお》ろしがないので、爺の褌の端で粉下しをした。黄粉を猫や鼠に食われないように、爺と婆の間に置いて寝る。ところが、夜中に爺が大きな屁を「ボンガラヤエ」とひると黄粉がバフウと吹っ飛び、婆の尻《けつ》にくっ付いてしまった。爺はそれをもったいないと言いながら「ペッチャラ　クッチャラ」みんな舐めてしまった。

（『岩手県上閉伊郡昔話集』）

これも、土間を掃いていて豆がたった一粒転がって来た。「一粒の豆コア千粒になれ、一粒の豆コア万粒になれ」というのは一粒万倍の呪的な唱え文句の感じがしますね。そうして豆が鍋いっぱいになり、それを臼で搗くと今度は臼いっぱいになる。大変不思議な状況です。これも一つには、やはり豊饒を象徴的に表現したもののようです。人々の、豊かさへの願いがこういった昔話には込められているようです。そしてその一方で、事も有ろうに爺の褌で粉下ろしをし、爺と婆の間に入れて寝て、爺さんがバフウと屁で吹き飛ばし、黄粉が婆さんの尻にくっ付くと、爺はそれをペッチャラクッチャラとみんな舐めてしまったという。このあたり、話がどんどん大きくなり、かなり露骨でエロチックな内容になってまいりました。豆コというのも実は女性の象徴を指します。しかしながら、こんな話を爺と婆の性的な笑い話として、おそらく聞き手は振りかかるはずの黄粉に逃げ惑い、身を捩って笑い狂うのでしょうね。豆コと黄粉を題材にした性的な笑いと、それに込めて豊饒の目出度さをも表現しているといえる。そこには集団的な伝承の場が見え隠れいたします。

五　直会《なおらい》の昔話―「爺と婆のむかし」―

最初に語る昔話

こういった話は東北地方や新潟県にもいろいろ話例があり、いわゆる「豆こ話」と呼ばれているものでありまして、こちらの国学院大学にいらっしゃった野村純一氏によれば、これらが昔話の場を盛り上げるための「最初に語る昔話」ではなかったかということであります。しかもそれらは家族伝承ではなく、「直会《なおらい》」などといったような、共同体的空間ともいえる場で語られていたことが想定されています。秋の収穫後とか祭礼などの行事とか正月や小正月など、寛いで昔話がふんだんに語られる機会に、まず最初にその場の雰囲気を作る役割を担った話だったのではないか。それが「爺と婆」の話の枠で語られることも、ハレの日の呪的な豊かさへの期待なのでしょう。貧しい生活の中で、わずか一粒の豆、一本の稲穂から豊饒を希求する象徴的表現として、まず最初に、性的な笑いとともに語られることがあったのであります。ハレの場の語りは、神仏に感謝し神仏を喜ばせるものでもありました。

豆や粉のほかに餅、牡丹餅、団子などもやはり同じ意味合いがあったようで、一例をあげると、野村純一氏の紹介した富山県東砺波郡（現、南砺市）のものは、隣から牡丹餅を三つ貰った爺と婆が、無言比べをして勝ったほうが二つ食べることにして寝る。すると夜中に泥棒が入り、婆は思わず口を開くが、爺は黙っていたので二つ食べたというもので、これを語り手自身が「最初に語る話」と言っているのです（『昔話伝承の研究』）。これに類した昔話は富山県や石川県の能登地方、南加賀地方からもいくらか見出せます。それらは元来がハレの日の食べ物でもあります。おそらくは共同体の祝祭事にもそういうハレの日の目出度い食物として、まずは神仏に供えられたことであろうし、直会の食べ物としても振舞われたことでしょう。そんな目出度いものをまず手始めに題材に取り上げて、語りの場の雰囲気を高揚させるべく、こんな爺と婆の話が語られたのではないかと思われます。

ところで、野村氏が新潟県栃尾市（現、長岡市）で聞いた「最初に語るむかし」は、やはり、にわ（土間）を掃いていた爺が稲穂を一本拾い、うちを掃いていた婆が小豆を拾って牡丹餅を作ることにする。作り始めると蜂が次々と飛んで来て、爺と婆のほっぺをチクーンと刺すので、持っていた餅をぶっつけて殺したというもの（『増補・改訂　吹谷松兵衛昔話集』）。今度は稲穂と小豆の両方が出てまいります。野村氏はこの話について、そこには、蜂が飛んで来て爺と婆をチクーンと繰り返し刺すのにふさわしい挙動が伴っており、周囲にいる聞き手たちは身を捩《よじ》って針を避けようとし、投げられた餅を避けようとして小さなざわめきが起こり、笑いのさざ波が立って、むかしを語る独特の雰囲気が生まれてくるというふうに述べています（『昔話伝承の研究』）。

これと似たような雰囲気を感じさせる話が、実は私たちが調査した石川県の白山麓にもありました。石川郡尾口村深瀬（現、白山市）の河岸てる子さんが語った「雪隠《せんちゃ》の屋根葺き」という話で、爺が雪隠（便所）の屋根葺きをしていると垂木が折れて下へ落ちる。助けに来た婆が手に針を持ったまま、「どこ足や、どこ足や」と言いながら爺を助けようとして、爺の急所に針がチクチク刺さり、爺が痛がったというもの。この場合も語り手は、声も刺すそぶりもだんだん大きくなってゆき、しまいには回りにいる人共々大爆笑になってしまいました。そして、この話を語り手自身は「しまいの話」と言っているのです。爺が便所の屋根を葺いていて下に落ち、婆の持つ針で急所を刺されるという下ネタ話であり、いわゆる「クソ話でとり」に近いということも言えますが、始まりとおしまいの違いがあるにせよ、やはり針で刺すといった挙動によってその場を盛り上げていることがわかります。この話ももしかしたら、かつては一座の笑いを誘い、その性的な語りと相俟って昔話を語る独特の雰囲気をまず醸し出していたのかも知れません。

北陸地方は浄土真宗地帯でありまして、十一月から十二月にかけて親鸞聖人の忌日の前後に報恩講が盛大に行われます。ちょうど秋の収穫が終わった頃で「ホンコさん」と地元では言っています。「話はホンコさんの晩」といった言い方もあるのです。一年の終わりに当たり、相当寛いで昔話をふんだんに楽しめる時期だったのでしょうね。またお講も定期的に行われています。そういう時に町の方から坊さんがやって来る。講の後に直会《なおらい》があります。白山麓地方では、お逮夜《たいや》（法事）や茶飲み（親族の命日）などにも親戚の者が集まって夜遅くまで話が尽きなかったそうです。ところで、昔の坊さんというのはよく旅をするんですね。そういった祭事の頃には能登や越前や富山などからも説教僧とか客僧と呼ばれる坊さんたちがどんどん入り込んで、道場などで説法をして行くのです。そんな折にも昔話が盛んに語られ一座を賑わせました。廻国の宗教者は物識りでもあり話術も巧みです。そういった人たちが多くの昔話や笑話や世間話の運び手にもなっていたのです。

六　「麦粉の話」と茶湯の座──咄本と昔話の交渉──

西行狂歌咄

次に、今度は目を転じて、古典の世界を通して昔話のありようを考えてみたいと思います。近世の狂歌や俳諧にまつわる話を収録した咄本などには昔話との関わりを有する話が多く書き留められているのですが、江戸時代初期の『新旧狂哥誹諧聞書《しんきゅうきょうかはいかいききがき》』の中に、次のような西行法師にまつわる麦粉の話が記されていました。

西行法師醒ヶ井の水にて麦粉を食はんとしてけるに風麦粉を吹きちらしければ、

頼みつる麦粉は風に誘はれてけふ醒ヶ井の水をこそ飲め

というのですが、これだけではあんまり意味がわかりませんね。西行法師が登場するこれは狂歌咄といわれるものです。西行法師が麦粉を食べようとしたら風が吹いて、麦粉が飛び散って食べることができず、しょうがないから今日は醒ヶ井の水を飲んだ。ああ興醒めじゃといったようなことなのでしょう。今日と醒ヶ井が興醒めに掛けられています。小林幸夫氏に言わせれば、ここは近江の醒ヶ井ではなく京の醒ヶ井でなければなるまいということです。この話も実に他愛がない。何で西行が麦粉を食わねばならないのか。しかしこれは西行に仮託した言葉遊びなんですね。それに打ち興じている。他にも、西行とは言いませんが、同時代の『醒睡笑《せいすいしょう》』とか『新撰狂歌集《しんせんきょうかしゅう》』とか『古今夷曲集《ここんいきょくしゅう》』にも同じ話が記されており、当時結構人気のあった話のようです。また、狂言『御冷《おひやし》』には、「水」の読みについて、「おひやし」と読むと主張する主人に、太郎冠者が右の歌を西行の故事として引き、反論する様が描かれていますから、すでに西行の歌としても知られていたようです。

こういった西行咄のことは花部英雄氏や小林幸夫氏が専門的に研究をしておられ、そこから教えられることが多いのですが、このような話の担い手は連歌師や俳諧師であろうといわれています。室町から戦国、江戸という激動の時代にこうした人々が活躍し、機知に富んだ面白おかしい狂歌咄を作り、それらを互いに披瀝し合い享受しているのです。この人たちも旅に生きた人たちであり、それを各地に持ち運び広めていったようであります。その中に麦粉を風に吹き飛ばされて食べ損なった西行さんの話などもあった。「都よりあきなひ宗祇下りけり、言の葉めせといはぬばかりに」という表現が『醒睡笑』にあります。これは言葉遊びに生きた連歌師宗祇を端的に表現したものでしょう。そういった旅に生き、言葉遊びの世界にいた人々が、平安時代末期の戦乱の世を、やはり旅と歌に生きた大先達としての西行を題材に、しかもその歌聖としての立場を逆転させることでこのようなおどけた、まことにばかばかしい笑話の主人公に仕立て上げ、語り伝えてきたのだろうと思います。生真面目に文学研究していると一見ばかばかしく思えますが、面白いと思ってみると、この連想と言葉遊びの文芸は大変面白い。そして、そのような狂歌咄がたくさん記録されてきたのが江戸時代の初めなのですね。

夜伽の座・直会の場

ところで、この麦粉について注目しますと、小林氏によればこれはお茶請《う》けでありまして、茶菓子とか茶の子なども言います。ということは、この連歌師や俳諧師はどういった時にそういう狂歌咄を楽しんだのかというと、おそらくは夜伽の座ではなかったかと思われます。それはまた茶の湯の座なのですね。これは集団で行われます。お茶も点《た》てますが、お酒も出るし物も食べます。そうして面白い話をひとしきり披瀝する。そんな時のお茶請けに麦粉などが出てくると、それを題材に座興としてこういった「麦粉の話」がまず話されたもののようです。茶湯の席という、いってみれば茶人・文人たちの共同体的な空間である寄合において、こういう話が大変もてはやされたのだろうと思います。そこはハレの空間でもあります。ひょっとすると、座興として麦粉をまず話題にしながら、風に吹き飛ばされた麦粉が一座の人々に振りかかるような仕草をして、みんな体を捩って逃げたりして笑い転げたのではないかとさえ想像いたします。そういう仕草を踏まえて一座の笑いを醸す。そこから狂歌咄や俳諧の咄を楽しむ雰囲気ができたのではないか。振りかかる麦粉をかぶる仕草は豊饒の粉をかぶる意味にも通じていたかも知れません。麦粉のほかにも饅頭や団子も題材に選ばれたであろう。それらもやはりハレの食べ物です。

そのような意味合いのことが、一方でいわゆる地方の民俗社会における直会の場にも浸透していったのではないかと私は考えています。例えば、先程述べたような説教者とか客僧といった民間宗教者たちと茶人や連歌師・俳諧師などの活動は、「旅」と「咄」を介してかなりの接点があったのではなかろうかと思います。尾形仂《おがたつとむ》氏の『俳句の周辺』を読むと、美濃派の行脚俳諧師たちが地方の庶民大衆の俳諧の座に入り込み、俳諧の指導のみならず、幅広く雑多な知識・教養の伝播者としての役割を果たしていたとあります。

こうして、茶の湯の席でもてはやされた連歌や狂歌俳諧の咄のあり方が、次第に地域の共同体社会にも浸透し、やがて定着していくと、今度は語り爺とか語り婆といったような人たちがそれを受け継いで、自分たちの共同体社会における民間伝承として、直会の場などで語る役割を担っていった時代があったのではないかと思うのです。『新旧狂哥誹諧聞書』に書かれた西行の麦粉の話などを通して考えてみると、咄の世界と民間説話の伝承の場というのは案外近い関係にあったといえるのかも知れません。

七　「おちょんに杓文字《しゃもじ》」と狂歌咄——好き者西行の造形——

「西行と女」

さて、同じ山中町旧東谷奥村の荒谷で聞いた昔話に「おちょんに杓文字《しゃもじ》」という、これも変わった昔話がありました。河原仁作さん（明治四十三年十月二十五日生まれ）という方の語りです。おちょんというのは女性の隠し所のことです。これだけで相当に下がかったものを予想させますね。まずは例話を掲げます。

大昔でしょう。あのう、夏の暑い日にね、そのう、四十過ぎた、何ですね、母ちゃんがぁ、子どもはたくさんいるし、さあ家《うち》行ってこれから、お団子でもして食わしょと思て、ほいて、夕方四時ごろ、こうして大きな囲炉裏へ鍋掛けて、ほうしてこうお団子こねてたんです、これ鉢で。汗かきかき、ね。誰も来んからと思て、まあ素っ裸になって。今とは違ってね、昔は、そのう、女の人は腰巻ちゅうもんだけしかなかった、ね。そりゃあ、夏ぁ暑いでしょ。だから ほの、誰も来んし、裸んなって腰巻を、もう前も何もない。汗ぁたらたら出るでしょう、前に大きな鍋掛けて火い焚いてるんですから。ほいでまあ、お湯ぁくらくら煮えとるし、あまり暑い。こう、汗を拭き拭き、前も後ろもない、腰巻も何にもなぁい、まあいわば今のヌードみたいなもん。ほうしてお団子こねてた。

ほうしたら、ガラッと開《あ》いて弘法さんが見えた、玄関へ。「どうか一文くれ」って。ほうして、ふっと弘法さんが戸ぅ開けざしたら、母ちゃんがぁ、そのう、裸んなって汗を拭き拭き団子をこねてるんですから。片一方《かたいっぽ》はお団子で手は今度ぁ、何でしょ、粉だらけでしょう。片一方にはお湯ん中へ杓文字を持ってたん。ほうすると、前隠す暇ないんだ。弘法さん、ひょっと戸ぅ開けて見るなり、あんまりその、母ちゃん慌てたんや。今度は隠さんないかんから。ほうしたらほの弘法さん、そこで歌歌わしたと。どういう歌《うと》うって。

「おちょんに杓文字は見初めじゃ」ってそう言う。「おちょんに杓文字は見初めじゃ」って、こうする。なあだ、方々歩いたけど。ほうしたら、ほの母ちゃんがどう言うかったら、「おちょんに杓文字があればこそ、多くの子どもを掬い出す」って。弘法さん負けてまって、こそこそっと逃げて行かしたって。

『南加賀の昔話』

これは粉と団子にまつわる話です。ここでは弘法大師になっていますが、昔話の型でいうと「西行と女」です。暑いので裸になって、こね鉢で粉だらけになって団子を捏《こ》ねていた女が、弘法さんが来たので慌てて前を杓文字で隠そうとする。そこで弘法さんが「おちょんに杓文字は見初めじゃ」

とからかうと、女は「おちょんに杓文字があればこそ、多くの子どもを掬い出す」と言い返したので弘法は負けて逃げて行ったというもの。捏ねた団子を杓文字で掬うことと子どもをたくさん産んで取り上げることを掛けた、村の女の当意即妙の返歌に降参してしまうのです。ほぼ同じ話を能登の富来町でも聞いており、そちらは西行になっています。要するにこれは、修行の旅の途中に訪れた土地で、その土地の精霊との歌問答に敗北して逃げ帰る西行話のパターンといえます。こね鉢、杓文字、粉、団子、おちょん、子だくさんといった要素を揃え、見事に下がかった笑い話に仕立てられています。

　ところで、これとよく似た話が『安芸国昔話集』（全国昔話資料集成5）にありました。「西行と亀と女」と題するもので、発句の上手な西行法師が修行に出て、峠でうっかり亀の背に便をし、便を背に載せて歩き出した亀と発句を掛け合って西行が負けます。続いて、女が尻をからげて豆を研いでいるところに通りかかると女は慌てて笊で尻を隠した。そこで「西行はながの修業はするけれど豆に笊《こしき》はこれがはじめて」と詠むと、女は「尻にこしきは豆蒸《うむ》し　杵があるなら突けや西行」と言い返したので、また西行が負けてしまったというもの。先の例話の「おちょんに杓文字は見初めじゃ」と、この「豆に笊《こしき》はこれがはじめて」とは大変よく似た言い方ですね。しかも、どちらの場合もからかったほうが女の即興に言い負かされて退散していますから、類話といっていいと思います。こちらも豆、尻、笊、杵、突くといった縁語で一段ときわどい話になっています。豆と杵が男女の陰部を指すのは言うまでもありません。後者の話のほうが「杵があるなら突けや西行」などと、より挑発的で露骨な内容ですね。女性のほうがしたたかです。野村敬子氏は、旅の宗教者である老尼が産室での夜伽において「西行と女」「西行と小僧」などといった笑話を聞かせていたという近江国栗太郡の事例を報告しています（「昔話と女性」『岩波講座　日本文学史』第十七巻）。西行話に女性が加担していたことを思わせる一例でもあり、そうであればそのしたたかさもうなずけます。

これらは腰から下のネタを特に強調しつつ、「多くの子どもを掬い出す」とか「杵があるなら突けや西行」などといった性的な語りを通して、好色な好き者西行としての行状を語っているようです。他にも滋賀県や長野県、岡山県、鳥取県、宮崎県などに類話が見られます。これらは歌聖としての歴史上の西行像を見事に逆転させ、性的な話の主人公としての好き者西行として造形されているといえます。

御伽の衆

さて、そのような好き者西行はいったいどこから来るのだろうかと考えると、古典の世界にすでにその淵源があるように思われます。ここに一例を掲げると、豊臣末期から江戸初期の成立と思われる『室町殿日記』巻第十に西行狂歌話（「徳永法印咄御事」）が記されています。秀吉の御伽の衆の一人である徳永法印が、御伽の御菓子に夏大豆が出た折にこんな西行咄を太閤の前で披露しております。西行が修行の途中、摂津の国で一夜の宿を求めると、亭主が留守なので断られるが、修行者だからと言って無理に上がり込む。このあたり江口の遊女と西行の話を髣髴させます。そしてこの場合は、言葉巧みに女に言い寄るところを帰って来た亭主に見つかり、浜辺で柴漬《ふしづけ》にされそうになった時、即座に「西行かたまくつくる大豆《まめ》ばたけ　豆一つふか三斗にこそなれ」と詠み、西行とわかって許されます。危ういところを機転で難を逃れるというのも昔話の「俵薬師」と一脈通ずるものがありそうですが、この場合は西行の機知に富んだ歌によって命が助かる、いわゆる歌徳説話の形になっていて、『宇治拾遺物語』巻第三第十一「藤六の事」などが思い合わされます。秀吉はこんな好き物西行の狂歌咄にたいそうご機嫌だったようです。これも夜伽の茶湯の座での狂歌・俳諧の座興だったのでしょう。

　ここで題材とされるのがやはり豆でありまして、「大豆」から女性器が、「つくる」から性行為が連想されます。また、「豆一つふか三斗にこそなれ」を三斗《みと》と読めば「溝合《みとのまぐわい》」で、男女の性的行為に通じますし、一粒の豆が三斗の量にもなるというのは豊饒を表しているといえます。こういったことが夜伽の茶湯の座で言葉の遊びとして笑い興じられたのだろうと思います。小林幸夫氏は徳永法印を烏滸《をこ》なる咄の者だろうと言い、このような西行の逸事を面白おかしく語る者が、連歌や俳諧に興じる座に列なっていたであろうことを指摘しています。昔話に西行の名が多く登場するのもそれら咄の世界からの影響だろうと思います。

しまいの話

ところで、ことわざ・慣用句を集めた江戸中期の『譬喩盡《たとへづくし》』に、「お尻咄《いどばな》しが出れば咄《はなし》の仕舞《しまひ》じやげな」と記されています。そして、先の『安芸国昔話集』の「西行と亀と女」についても、稲田浩二氏がすでに指摘しているように、いわゆるしまいの話としての「とりの話」であろうと述べているのです。確かに、「くそ話でとり」と言われるように、話題もくだけて下の話になればもう宴の座も果てるということで、これらはむしろ「しまいの話」としての可能性を考えてもよさそうですね。とすれば、先程の南加賀の「おちょんに杓文字」などもこれと同様に、かつて「しまいの話」としての機能があった可能性を推測することもあながち無意味ではないように思えます。稲田氏は京都府船井郡和知町（現、京丹波町）の事例から、西行狂歌話がとりの話として愛用されたと言っています。また、「西行と亀」の話について、「この類の狂歌と話が各地の狂歌師輩や多少の文芸好みの人士によって、文字に縁のない農民たちの耳を喜ばしたことは容易に想像できそうである」と言っています（『昔話の時代』）。これらのことからも、民間伝承の世界と咄の世界とは案外近いところにあった可能性が考えられるのでありました。

おわりに

わずかに南加賀という狭い地域の伝承であり、限界を通り越してもはや消滅し始めている小さな世界の伝承一つが、大きな広い世界の伝承と深く関わっております。あるいは時間を遡れば、三百年、四百年昔の文芸とも重なってくるものがいくらもありそうだというのが昔話の世界でありました。そういった貴重な歴史と文化を、この中島すぎさんを筆頭に、南加賀のすぐれた語り手である人たちが担ってきた。そうして、私たちに今日まで伝えてくれていたことをあらためて思うのです。語り手一人が一つの図書館であると言いましたが、この人たちの図書館は大きいですね。今日、フィールド・ワークが難しくなってきたからといって、昔話研究が終焉を迎えたわけではありません。むしろ今後の課題としては、フィールド・ワークの経験をさらに生かしつつ、これまでに莫大なエネルギーを費やして蓄積されてきた膨大な昔話資料の、丁寧な読み返しが求められているといえるかも知れません。

声と語りが織りなす昔話の時空
―異界との交錯―

はじめに

本日の私のお話は、昔話における「声と語り」が、特にわれわれの目に見えない「異界」というものとどう関わっているのかといった視点から考えていきたいと思っております。昔話はご存じのように、他の文芸と違い、語り手と聞き手の関係がきわだって顕著でありまして、両者が必然的に、同じ場所で同時に存在するといったかたちでの関係が成り立っているといえます。そして、そのことが口承文芸としての昔話の決定的な特徴でもあります。しかも、語る者と聞く者の間に介在する緊張関係の中で、そこには日常の雑談などとは全く異なる時間と空間が支配しているということができるでしょう。

一　声の文化と子どもの成長

声の文化のヒト

杉浦邦子氏はそのご論考の中で、「文字を覚える前の幼児は、まさしく声の文化のヒトではないだろうか」と言っておられます（「語りをきくこと、読みを聞くこと―（その一）―」『女性と経験』第二十六号）。幼児が「声の文化のヒト」であると言うのはまことに当を得た表現で、私たち自身がかってそうであったし、子育てや孫育てをしてきた者ならばみな身をもって体験していることですね。その声の文化の中で幼子《おさなご》たちは、爺や婆の語ってくれる昔話を何度も何度も繰り返して聞きながら成長していくわけです。

稲田浩二氏は、子どもたちが昔話の語りを自分のものにしていく過程を大きく三段階に分類していました（『昔話の時代』第一章「語り手の顔、話し手の顔」）。それを私なりに要約すると次のようになるでしょう。

Ⅰ．家系伝承（幼い頃、爺や婆や親など身近な人から昔話を聞く。炉辺伝承）

Ⅱ．村落伝承（集落内の共同体社会の中で、語り爺や語り婆といった昔話の上手な人たちから聞く。また、子どもたち同士でも語り合いをする）

Ⅲ．来訪者伝承（村外の世界からやってくる人たちから昔話や笑話や世間話を聞く。旅の宗教者、職人、行

商人、文人など）

その中でも、かつての民俗社会の生活サイクルの中では、昔話がふんだんに語られる時期と、反対に昔話を語るのを控える時期とがあったようです。現代人のわれわれはとっくにそんな記憶をなくしてしまっていますが、かつては昔話を語る時節を示すものとしてこんな言い方がありました。

○秋餅ムカシの正月バナシ

○節季ナンズ（謎）の春ムカシ

○ハルガタリと言って、正月は最も多く語られる

これらは、秋の収穫祝いや正月が最も寛ぐ時であり、そんな時に昔話はたっぷり聞くものだということを示しています。それに対して次のような言い方もありました。

○ナツムカシは語るな

○ヒルムンガタリすれば目のはげる

これは、農作業の繁忙期である夏には昔話をしないものだとか、昼間に昔話をするものではないといったことを表現しているのです。民俗学の先駆者でもある山中共古《やまなかきょうこ》の『砂払《すなはらい》』の中にも、「咄《はな》しやかうしんのばんにして、サア寐なさへナ。／庚申待《こうしんまち》の夜、寐ずに夜を明《あか》す風習、一般に知られしゆえにこの言あり」と記されています。

語りの時空と異界

最近出版された『シリーズ思想の身体―声の巻』の「鼎論　声の可能性」における川田順造氏と鎌田東二氏のご発言の中にも同様の指摘がありました。その部分を少し抜粋してみます。

川田◇それからこれは、日本でもアフリカでもかなり共通していると思いますが、昼語りはするものではないと戒められている。（中略）夜になって辺りが闇に包まれると、語り物をしてもよい世界が現出します。（中略）日本だと里対山、家対野という対比をなした世界が、昼の光と夜の闇に対応させられている。夜は人間の領域が狭まって、闇と共に荒れ野の野獣や精霊の領域が、村の中、家の中、人の背中くらいまで広がってくる。そこで語られる物語では、人間と動物が話し、交わる。キンシルシという野の精霊が来て、悪さをしたりする。昼のあいだの境界、人間と野獣や精霊の間に作られていたバリアが、夜の闇の中で全部取り払われてしまう。そんな闇の中では、人の声がイマジネーションを強く喚起する。真っ暗で、夕餉の支度をした火の熾き明かりの中で物語りをすることの意義は、替えがたいと思っています。日本の民話も、元来はそうした空間で語り継がれてきたわけですよね。

つまり、ここでも昼間は昔話をするものではないと戒められていると言っている。昼の世界（人間の領域）と夜の世界（精霊の領域）という対立する二つの世界があり、夜の闇の中では人間と野獣や精霊とのバリアがすべて取り払われ、人の声がイマジネーションを強く喚起する。昔話はそういう空間でこそ語られるというのです。それを受けて鎌田東二氏が次のように述べています。

鎌田◇川田さんから提起された問題点をもうちょっと抽象的に言うと、言葉が語られる「場」と「時間」というテーマになると思うんです。それが言霊にもつながってくる。

要するに、そのような夜の闇の精霊の世界で発せられる「言葉」と「語り」には、「言霊《ことだま》」というある種の強い霊力が込められていると言っているのです。さらに鎌田氏はもう一つ大事なことを指摘していました。

鎌田◇もう一つ場と時間の重要なテーマの例をあげると、新月または満月という祭りの時間も極めて重要になると思います。（中略）そこにはこの新月と満月が人間の言語能力、言語感覚に何らかのインスピレーションや、波動を与えているという感覚があったと思うんです。完全に真っ暗な闇の中で発せられる言葉、煌々と満月がさしてくる中で発せられる言葉。そういう祭りの中で浮き立ってくる声や言葉や音の力とか、月光の光だとか。そういう場のありようや、時間帯も、古代の原初的な儀式や祭礼、芸能が成立していくときの条件として、極めて重要なことではないかと思っています。

夜の世界の中でも特に新月と満月の時、すなわち一日と十五日の夜が、人間の言語能力や言語感覚にインスピレーション・波動を与え、原初的な儀礼、祭礼、芸能が成立してくる時空として重要であるという。先程の川田氏の「闇の中では、人の声がイマジネーションを強く喚起する」という発言と同様、そこでは声・言葉・音の持つ不思議な力が大いに発揮されたようでありますし、恐らくは昔話もまた、そういう時にこそ盛んに語られたものと思われます。

語り爺さ・語り婆さ

野村敬子氏は「昔話の語り手」（『シリーズことばの世界 第二巻「かたる」』）の中で、かつてのわが国の民俗社会において、正月や祭りなどに特定の旧家が近所の「語り婆さ」や「語り爺さ」を招いて昔話を聞く営みのあったこと、酒や餅をふるまって昔話の語り手を遇するしきたりのあったこと、また、特定の語り手の家に子どもたちが集まって昔話を聞かせてもらっていたことなどを述べ、さらに小正月の鎮守社の夜籠りや家々の囲炉裏火を囲む夜通しの語り合いに、人々は正月神を喜ばせる意味を感じ続けていたようだとも言っています。つまり、このようなハレの日に昔話を語るということが、子どもたちが一年のうちで最も寛いで昔話を楽しむことのできる時期であったのはもちろん、同時に、語りの場における「語り婆さ」とか「語り爺さ」といった人たちの「声と語り」には、神と交歓し、神を喜ばせるという意味があったであろうことを示唆しているのです。

二　語りの「時」と「場」

晴着を着た日、折目の日の語り

振り返って、戦前のわが国における昔話調査と研究の萌芽期に活動し、貴重な記録を残している岩倉市郎・野村伝四・早川孝太郎といった人たちの書き残したものを見ると、そこにはもはや、今日ではうかがえないような語りの意識や、語りの場における重要な意義が宝箱の中を覗くように記されていました。まず、岩倉市郎氏の「昔話採集の経験」（『昔話研究』第二号、昭和十年二月）には次のようなことが記されています。

私は喜界島の採集の時、或る話者から、さまづら（しらふ）で昔話が出来るもんなと冗談を言はれた事があつた。（中略）さまづらのさまは折り目の日に対する常の日、つらは面の意である。此の言葉はよく歌や踊りなどに用ひられるもので、さま面では歌はれぬとか踊られぬなどと言ふ。そしてさま面で歌つたり踊つたりすると、ふだん着（ゆちゃア）と言つて笑ふ。此の言葉の裏にも晴着《しらふ》を着た日、即ち折目の日があるのである。（傍線は引用者）

ここには、昔話は素面では語れないといったことや、「晴着を着た日」「折目の日」という表現に見られるように、やはり昔話はそのような時に語るものであって、ふだんは語らないものだという意識がうかがえるのでした。

ところで、この「さまづら（しらふ）」で昔話は語れないということについては、早くに野村純一氏が、昔話を語る時には酒を飲んで化生すること、すなわち全く別の人格になることが必要であったのであろうと解釈しています（「〈語り手〉の発生―語りの場に触れて」『国文学　解釈と教材の研究』第三十四巻一号）。端的にいえば、これは語り手の人格の「異化」ということであり、ハレの日・折目の日には昔話の語り手が共同体における「神」の位置にあったことを意味するものと思われます。そして、そのことが「語り手」の発生条件あるいは成立事情でもあったことを示唆しています。

そのあたりのことをより具体的に報告していたのが早川孝太郎氏で、氏は『古代村落の研究―黒島―』（昭和十六年）の中で、鹿児島県の黒島の子どもたちが老人の家を訪れて昔話を聞く時の様子を次のように報告していました。

> 片泊の昔話《ムカシ》を聴く日は、正月七日と同じ十四日すなわち小正月の夜であった。その日子供達はあらかじめ団子とシメモン（煮しめ）を親から作って貰い、語り手の老人のもとに進物として贈る。その際は俗にカブリモノ（被物）と言って、多くは親達の着物を抱えてゆき、それを頭からスッポリ被って、思い思いに横になって聞くのである。これに対し語り手の資格は男女に限らず老人で、話の数を豊富に持っていればよいのである。

ここでもやはり、昔話を聞く日は正月七日と小正月であると言います。ご承知のように、七日は七日正月、旧暦の小正月は満月の夜でもあります。そのような時に子どもたちが昔話の語り手である老人の家へ進物と被り物を持って出かけるというのですが、この場合の老人の家というのは、明らかに子どもたちがハレの日を迎えるにあたって籠るべき特別の場所という意味があったでしょうし、持参する進物とは神への捧げ物と見做すことができます。子どもたちはこのような節目の時に、親元を離れた特別の場所で、一晩中頭からすっぽりと着物を被って古老から昔話を聞くというわけです。そんな隔離された空間の、真っ暗闇の中から聞こえてくる老人の声というのがまさしく神の声であり、神の語りとしての昔話を子どもたちが被り物の中でじっと聞くということなのでしょう。イマジネーションがより高まるはずです。

擬死再生と厳粛な語りの場

では、ここに言う被り物とは一体何なのか。私はそれを擬死再生の装置であると考えています。大嘗祭のマドコオフスマ（真床覆衾）や祭礼の際の天蓋《てんがい》や白蓋《びゃっかい》などと同様に、この被り物は「籠る」ための空間であり道具（装置）としての意味を持っていたものと思われます。その中に籠ることで子どもたちはいったん儀礼的に死に、神の声としての語りを聞くことによって新たなる生命を貰い、生まれ変わったのであろう。その意味で、昔話が語られる場は本来、大変厳粛且つ厳格なものであったと考えられます。そのことをうかがわせる記述が野村伝四氏のもの（「昔話懐古」『昔話研究』第八号、昭和十年十二月）に見られました。

さてムカシを語るその冒頭には、必らず定まつた形式の詞がある。即ち語り手は一つ〱のムカシをいざ語るとなると「トントあるハナシ。あつたか、無かつたかは知らねども、昔の事なれば無かつた事もあつたにして聞かねばならぬ」と此処のみは方言抜きで宣言して「宜いか」と念を押すのである。而して聞き手の「諾《ウン》」と云ふ一言を聞いてから話すのだ。

ここまで来るとその厳しさはただものではありません。昔話を聞くことが子どもたちにとって単なる楽しみや娯楽だけではなく、そこでは厳重な儀式と形式が求められていたのです。いわゆる本格昔話を語る際の形式としての「発端句」「結末句」「相槌」の本来的なあり方をそこに見て取ることも可能です。先の早川氏の報告でも、やはり語り手は子どもたちの顔をひとわたり見廻して、「さるむかし、ありしかなかりしか知らねども、あったとして聞かねばならぬぞよー」と言ってから語り始め、話の一節ごとに相槌を求めたと記しています。

餅おとぎ・夜明かし・子ども宿

全国の昔話調査資料などを見ても、これまで述べて来たようなハレの日の昔語りの様子がうかがえました。今それらを逐一紹介することはできませんが、私たちが調査をした石川県の事例を中心にいくつか紹介してみましょう。

㋑南加賀の山中町九谷では、一月十三日を「餅おとぎ」と称して子どもたちがお鏡餅の切ったのを持ち寄り、宿になった家の人から昔話をしてもらった。

（『南加賀の昔話』）

㋺同じく山中町栢野《かやの》では、月遅れの正月に「子ども宿」をし、宿になった家のお年寄りから昔話を聞いた。

（『南加賀の昔話』）

㋩白山麓では、大晦日の夜に眠ると白髪になるといってその夜は「夜明かし」と称し、子どもたちは一晩中昔話をして過ごす習慣があった。また、お逮夜（法事）や茶飲み（親戚の命日）などの折、親戚の者が集まって夜遅くまで昔話が語られたという。

（『白山麓・手取川流域昔話集』）

㋥大晦日の「夜明かし」には、鳥越村三ツ屋野の織田小左衛門という語り爺が来て昔話をした。また、この人は山中温泉まで出かけて行き、湯治客に昔話を聞かせたり、大晦日や正月に村の家々を回って昔話を語っていた。

（『白山麓・手取川流域昔話集』）

㋭珠洲市若山の兼森三孝氏によると、正月になると子どもたちが近所の大倉金蔵という人の家に割り木を一束持って昔話を聞きに行ったという。金蔵さんは百姓をやったり家の土台に据える石を削る仕事をしていたが、三右衛門話が得意で囲炉裏端でよく語ってくれた。

（常光徹「三右衛門話考」『昔話伝説研究』第五号）


これらの調査は主として昭和四十年代後半から五十年代にかけてなされたものですが、当時の古老たちの記憶には、幼いころの昔話の語られる時と場、語り爺や語り婆などの存在の記憶が明瞭に残されていたのでした。すなわち、昔話がやはり大晦日や小正月といった折目の日に語られていたということ、子ども宿に語り爺（婆）がやってくる、あるいはそれら古老の家を子ども宿とすること、子どもたちがお鏡餅や割り木を進物として持って行くことなどが石川県の調査結果からも確認できたのです。

三　「籠り」の意味

さて、ここでは「籠り」ということの意味について考えてみることにしましょう。そこには大変深い意味があったようであります。

ケ・ハレ・ケカレ

民俗語彙として一般的に日常を「ケ（褻）」と言い、非日常を「ハレ（晴）」と言いますが、そこにもう一つ「ケカレ・ケガレ（穢）」という概念があります。これは「ケ」＋「カレ」とも理解され、文字通り日常（ケ）の力が衰退して枯（離）れていく状態と考えることができます。そこを切り抜けて「ケ」の状態を回復させるために「ハレ」があるといえます。そのために、民俗社会において籠りとハレの日の神祭りの行事が行われてきたのでした。それがいわゆる節季とか折目の日といわれるものです。

この「ケカレ」とは、実は大変危険な状況でもありました。人間の活力が弱ってきている時に邪悪な精霊たちが人間に取り憑く。それは生命の危機でもあります。だからこそ、それを回避するために籠ることが求められたのだといえます。忌籠りなどとも言いますね。そして、そのような籠りの状況下で、聖なる立場の者が聖なる言葉で異界に語りかけることで、邪悪な精霊たちを退散させることができるというわけです。ハレの日を迎える子ども宿において、そのような役割を担ったのが、村落共同体における語り爺や語り婆と呼ばれる古老たちであったといえます。その営みは一方で、ケカレを克服し、神の祝福を得て、子どもたちの新たなる生命の更新と成長を促すことをも意味したものと思われます。

夜伽《よとぎ》の語り

夜伽などもやはり同じような意味を持っていたようで、先程の白山麓の㈧の例にもありましたが、例えば南西諸島の奄美大島からは次のような事例が多く報告されていました。

○鹿児島県大島郡宇検村屋鈍では、夜とぎに西古見の通称五郎爺（ふしゅ）をわざわざ頼んできて昔話を語ってもらった。
（田畑英勝『奄美諸島の昔話』）

○同じく鹿児島県大島郡笠利町土浜の浜田源市郎の父の叔父にあたる富山重実は、親戚の家の月待ち・ヨトゥギ（通夜）に出かけて行って昔話を語った。また、屋仁《やに》の通称ユムウジと呼ばれた長田元助も、夏の夕涼みやヨトゥギの折に、悲しんでいる人を慰めるために昔話を語り、頼まれて出向いて行くこともあったという。

（『奄美・笠利町昔話集』）

○鹿児島県大島郡瀬戸内町では、子どもたちがよく昔話を聞くのは「神様拝み」の時である。月待ち神事のある旧一月・五月・九月が神月で、十三夜・十五夜・二十三夜などに「ウディクマチ（お月待ち）」とか「ティッキョマチ（月夜待ち）」の神事が行われ、伽に集まった親戚の人たちが、夜通し互いに昔話を語りあったという。（登山修『瀬戸内町の昔話』）

これらの場合も、死者が出た日の夜というのが邪悪な霊の多く集まって来る危険な時であったことを意味しています。その最も「ケカレ」た場でのトギというのが、明らかに呪的な言葉の力をもって、辺りに充満する魑魅魍魎を退散させるために効果的な行為であったと信じられていたのです。花部英雄氏と最近共編で出した『語りの講座　昔話を知る』（平成二十三年刊）の中にも、酒井正子氏の「奄美の「トゥギ（伽）歌」をめぐって」というご論考が入っており、この辺のことを理解するのに大変参考になります。

産室の語り

一方、出産もまた大変危険なものでした。野村敬子氏は、前にも引用した「昔話の語り手」の中で次のように述べています。

トギは人が生まれる場でも行われています。産室に女性たちが集まり三日三晩の産のトギをしたことが知られます。（中略）南島での子産トーギは産室で火焚きをして、七日七夜人々が賑やかに過ごします。魔物が七日七夜屋外から狙うと信じられていたのです。日本各地で人々が寄り合いトギをし、昔話を語る背景には、死にかけた人、病気や出産時の弱々しい生命を人々の声で守ろうとする意味を感じ取ることが出来るようです。そこには跳梁する邪悪なモノとのせめぎあいにトギをする「昔話の語り手」の担う厳しい役割も透写されるように思われます。

（傍線は引用者）

このような妊婦の生命力の最も弱っている出産時にこそ、昔話の語り手はその「声と語り」の力によって、新しい生命を産み出すために危険な状況にある妊産婦に寄り添い、これを守ろうとしたのです。それは、異界の闇に向って発する彼らの言葉と語りの威力によって、跳梁する邪悪な異界のモノどもに相対峙し、それらを退散させることを意味したものといえます。

角川源義氏は「御伽考」（『語り物文芸の発生』）の中で、涅槃会の時の夜は通夜してお伽をすることが普通であったといい、「トキとは聖なる夜にわざと妖怪談や武勇談、謎咄などが好んで行われたが、自然の睡眠を防ぎ、また眼に見えぬ物怪などデーモンの襲来を警告しようという意味もあった」と言っています。

また折口信夫氏は「お伽及び咄」（『折口信夫全集』第十巻）で、例えば昔話の「古屋の漏」について、暗い夜、屋外に化物がいて近づこうとしている時、むやみにこわい化物話をして外から近寄る奴を威嚇したものであろうと言っているのです。つまり、化物に向かって「ここにはお前よりももっと強くて怖いモノがいるぞ」と思わせて、外敵を退散させる効果があったというわけです。これもやはり、一つ屋に籠る爺と婆の「声と語り」の持つ呪的な力を物語っているとも考えられますし、後で触れる怪談話や百物語などが盛んに語られたことの意味も、恐らくはこういったことと繫がっていたのであろうと思われます。

三十人小屋

ところでもう一つ、野村敬子氏に興味深いご報告がありました。戦時中のニューギニアで秋田県鹿角出身の兵士が、怪談を語ることを「三十人小屋」と言っていたというのです（「ますらたけおの昔話―ジャングルの語り手　新田小太郎さん」『語りの廻廊』）。その意味は、炭焼き小屋に泊まった三十人もの人を眠っている間に一人ずつ殺していく化物がおり、それを妨げるために小正月の十五日に炭焼き小屋で「百物語」をしたからというのです。東北の山間《やまあい》の夜の、闇の中に隔絶された空間が目に浮かびますね。その時の恐怖は想像を絶するものがあったでしょう。而して、その場合の炭焼き小屋というのが「籠りの場」であったのであろうし、小正月を迎える夜にする「百物語」がすなわち、異界の悪霊に向けての化物語りを意味したものと思われます。それは肝試しの要素も多分にあったでしょうが、「お前よりも怖い化物はこんなにいるんだぞ。人間はいくらでも知っているんだ」と化物に思わせ、恐怖と危機から脱する効果を狙ったものだったでしょう。そんな炭焼き小屋での「百物語」によって、まさしくそこに籠った人たちの生命が守られたのです。この「三十人小屋」の話を耳にしたのが苛烈を極めたニューギニアの戦地で、傷付き、マラリアに罹った東北出身の兵士たちが次々と死んで行くという絶望的な状況下であったというだけに、より切実でリアリティを持った話だったものと思われます。

四　風を追う声―大声の呪力―

ここで少し視点を変えて、大声の持つ呪力について紹介しておきましょう。常光徹氏の「風を追う声―大声の呪力―」（大島建彦編『民俗のかたちとこころ』。後に『しぐさの民俗学』所収）という論文から教えられたもので、江戸時代末期の土佐国高岡郡宇佐村（現、高知県土佐市宇佐町）の真覚寺住職であった井上静照の記した『真覚寺日記』に記されていたものです。

安政二年七月十四日　雨天、風吹き波高し、四ツ頃より大時化、浪ハ陸へ漸々ニ上り、風雨ハ次第ニ烈しく四方の雨戸をしめ潜ミ居ル、雨中鶏頭をきり来り本堂へ上ル、庭前の梨子百余り風にもまれ砕ケ落る、其惜き事いふへからす、一人子ニ死別レせしにハましならんとつふやきなから拾ヒ集ル、八ツ頃漁者共声々に風を追ふ、（傍線は原文のまま）

これは安政二年（一八五五）七月に当地を襲った台風の記述ですが、注目すべきは傍線部の表現です。台風の被害を目の当たりにしながら、人々は大声を出して暴風を追い払おうとしているのです。翌年の五月にも台風が襲い、やはり「浜辺の家々朝まて風を追ふ声喧《かまびす》し」とあり、その次の年も「戸をたゝき風を追ふもあり騒動」とあって、こちらは雨戸などを叩いて大きな音を立て、嵐を追い払おうとしている様子がうかがえます。物理的には何の効力もないにも拘らず、人々はひたすら大声や大音を発することで、その呪的な力を頼みに台風を追い払おうとしていたのです。

ところで、常光氏によると近年に至ってもなお同様のことが見られるようで、例えば同じ高知県安芸市では、戸主や家族が庭とか戸口とかに立ち、大風の方向に向って大声で「ホーイ、ホーイ」あるいは「トーホイ、トーホイ」と叫んでいます（『安芸市史　民俗編』）。また、岐阜県各務原市の『各務原市史　考古・民俗編　民俗』から次のような例も示されていました。

台風は魔物であると考えられ、魔物を追い払うことにより被害が少なくなると言い、各戸ごとに鎌やノコギリ・黒布などをサオの先に縛り、蔵の先や家の前に風の来る方角に向けて立てた。風が吹き始めると、大人達はミノガサを身に着け、カドに出て「ホーイ、ホーイ」とか「ホーホホ」また鵜沼大伊木では「ホーイ・ホーイ・風ぼうや」と大声で叫び風をぼった（追った）。

声がかれる位大声を出さないといけないと言い、声が出なくなると水を飲みながら叫んだ。（傍線は引用者）

これを見ると、台風のことを魔物であると考えている。そして、それを追い払うためにさまざまな工夫をし、また凄まじいほどの大声を張り上げているのです。江戸時代に見られた台風撃退の民俗的発想が、最近に至るまで私たちの意識の中に残っていたことに正直言って驚かされます。しかしながら、今年（平成二十三年）三月に襲った東日本大震災の記憶がまだ生々しい私たちにとって、神の悪意の如き自然の猛威に慄き、人智をはるかに超えた力に自らの無力を感じる今、台風に向かって大声を発し、暴風を払おうとした人々の必死な思いも頷ける気がいたします。

ところで、これは民俗事象としての大声の呪力であり、いわば「俗信」といえるものであって、それ自体は「語り」ではありません。しかしながらそこからは、「声」というものの持つ不思議な威力と、それを信じた人々の思いがはっきりと伝わってくるのです。

五　異界と交錯する語り

「釣瓶落しの怪」の伝承

さて、このように、より身近でより手強い敵（精霊）に対しては、私たちは言霊《ことだま》としての語り（＝

物語）の力をもって異界の恐怖・脅威に立ち向かうことが求められました。そのことを考えるために、まず「釣瓶落しの怪」という怪異譚を取り上げてみましょう。柳田国男氏は「妖怪名彙」の中で「ツルベオトシ」について、次のように解説しています。

釣瓶落しまたは釣瓶卸《おろ》しという怪物が道に出るという話は、近畿、四国、九州にも分布している。（中略）この妖怪も大木の梢などから出しぬけに下って来るというので怖れられたのである。あるいは大きな杉に鬼が住んでいて、下を人が通ると金の釣瓶ですくい上げたという話もある（愛知県伝説集）。人をさらうためだけなら金にも及ばなかったろう。何かこれには隠れた意味がありそうである。

これを見ると、「ツルベオトシ」とは、釣瓶の形をした、実に奇怪な薄気味の悪い妖怪のようですが、これに類する話が北陸地方ではたくさん見出されていたのです。その中でまず、私たちが昭和四十八年に石川県加賀市細坪で採録した話を掲げてみます。

釣瓶落《つるべおとし》の怪

荒れた屋敷がある。そこに竹藪があって、その竹藪に釣瓶落ちゅう、むつかしい（怪しい）もんがあるんじゃ。それが出てくるちゅうと、井戸へ下げる釣瓶が天から下がって来るんで。ほいて夜、そこを通るとそれが下がる。ほいて、手でこうちょんと触ると手が引っ付いて取れんようになる。びっくりしてこっちも取れんようになる。ほいから足で取ろうとしっと《（すると）》、足も取れんようになって、両方の足と両方の手とが、釣瓶に引っ付いたところをずるずると引っ張り上げて、天づき取ってってしまう。天を天づきと言うたもんじゃ。ほいてそこを、そこの竹藪の所は夜通ることならんのじゃと。こういう話がよく聞いたんじゃね。いわゆるそのぅ、子どもが村ん中を一人で歩くこたぁならんという一つの戒めみたいな、予防線のような話。

(話者　中谷勇。明治三十三年十一月生まれ)(『南加賀の昔話』)

石川県の南加賀におけるこの伝承は、釣瓶落しが荒れた屋敷の竹藪に潜んでいて、夜中にそこを人が通ると下りて来て、釣瓶に両手両足ともくっ付けて天へ引っ張り上げてしまう。この場合の釣瓶落しというのは、やはり釣瓶の形をした妖怪のことなのでしょう。それは、荒れた古屋敷に長らく放置されていた道具が化した付喪神《つくもがみ》の類ともいえ、人に取り憑き、祟る存在であったことがうかがえます。そして、この話の場合は、夜道を一人で歩いてはいけないといった教訓で締め括られています。

もう一つ、少し趣きが違いますが、これとよく似た話が今度は石川県能登地方の『石川県鹿島郡誌』に載せられていました。「釣瓶の戒め」と題される話です。こちらは梗概を示すことにします。

徳前の重右衛門の屋敷の後ろにある古い榎の大木の下で、ある晩村の若い衆が、手足を動かさずに一儲けしようと相談している。一人がかい餅(ぼた餅)でも落ちてこないかと言うと木の上から釣瓶が落ちてくる。その中にかい餅が入っているので皆で食べた。その後も続けて同じことがあったが、幾日かたったある晩、釣瓶は下りて来ずに、木の上から「たんべたんべに、おかい餅あたろか。茄子漬食うて、お茶あがれ」という声がする。若い衆は自分たちの誤りを悟り、それからは精を出して働くようになった。このことから、他人に頼りがちな者には「たんべたんべ、おかい餅ぁあたらんぞ」といって戒めるようになったという。

これも、古い榎の大木から釣瓶が落ちてくるというのですが、その榎自体が霊木なのでしょう。ところが、下がってきた釣瓶の中にはかい餅（ぼた餅）が入っている。いったんはそれを食べた怠け者の若い衆が、幾日かたって、木の上からの「そうたびたびかい餅が貰えるか」という声にみずからの非を悟り、真面目に働くといった教訓が付与されています。それにしても「たんべたんべに、おかい餅あたろか」という表現が大変印象的ですね。教訓が付くことは加賀市の例話の場合と同じですが、こちらの話では、釣瓶が妖怪ではなく、かい餅を入れる道具そのものになっており、そこからは最早祟るモノとしての怖さが失われ、どちらかといえば、働くことの大切さを説く教訓譚としての体裁を整えてきているようです。同じ能登地方の、隣接する羽咋郡のほうにもいくつか類話が報告されています。

「王大将」の伝承

福井県にも若狭地方を中心にして「王大将」とか「つるべおろしの怪」と題される伝承が見られ

ました。いくつか例示してみましょう。

①「王大将」（遠敷郡名田庄村）…山田に大きなタモの木があり、そこから「つるべおろし」というものがぶら下がってきて人々を驚かせた。大晦日に正白という人が通りかかると下りて来て、「王大将か、味噌将か」と言うので「王大将」と答えると三重（地名）の立派な田になった。味噌将と言えば泥沼になっていたという。（『名田庄むかしはなし』）

②「王大将」（遠敷郡名田庄村）…久坂と三重を結ぶ坂に古い石碑がある。それを「王大将」という。昔、「つるべおろし」という怪物が出て、通り掛かった人に「王大将か、みそ大将か」と質問した。そのため、現在のような平和な村になったという。しかし反対に泥棒ばかりの村になったかもしれない。（『名田庄村の歴史』）

③「つるべおろしの怪」（遠敷郡名田庄村）…山田の村はずれに大きな木が二本あって、ここに「つるべおろし」という化物が出て、夜道を通る人に問答を仕掛ける。それに負けると取って食われてしまう。道を通る人はみな負けてしまった。ある男が問答に勝ち、その後出なくなった。（『福井県の伝説』）

④「釣瓶落し」（遠敷郡上中町）…小原に昔、大きな榛《はん》の木があり、そこを夜中に通ると木の上から釣瓶が落ちてきて人を傷つけたので、今でもそこを「釣瓶落し」といい、夜、そこを歩くのを嫌う。（『福井県の伝説』）

⑤「ツルベ落としの池」（鯖江市四方谷町）…集落内の数ヶ所に湧き水の出るところがある。昔から村人はこの池を「ツルベ落としの池」と呼んでいる。夜更けになるとこの池の付近に幽霊や火玉が出没して、村人から恐れられていた。

（『鯖江市史』資料編第一巻）

これらを見ると、福井県のものは大体において妖怪としての釣瓶になっており、③〜⑤では、それが何と人を殺したり傷つけたり幽霊や火玉となって出没したとまで言っています。

また、①と②の「王大将」と題される話では、「つるべおろし」という化物が人間と問答をする内容になっています。①の例話を見ると、大晦日に正白という人が、大きなタモの木から下がってきた「つるべおろし」に「王大将か、味噌将か」と問われ、「王大将」と答えるとそこは立派な田んぼになったといい、もし「味噌将」と答えたら泥沼になっていただろうと言う。②もこれとほぼ同様の伝承でしょうし、③もその類話のようです。恐らくこれは、大晦日の夜に、村の境界の霊木の下で行われた精霊と人間との問答であり、それは年占《としうら》であったとも考えられます。その問答に正しく答えられたことで異界の魔物との勝負に勝ち、村人の来たる年の幸《さち》を手に入れることができたということなのでしょう。あるいはもしかすると、この勝負に負けるということが、③に言うように「死」を意味していたのかも知れません。「味噌将と言えば泥沼になっていた」（①）というところにも、終末を語る洪水神話の片鱗のようなものがうかがえます。すなわち、それは共同体社会の滅亡を意味します。

大晦日の夜という、一年の内で最も厳重に籠らなければならない時に、村境《むらざかい》でなされる問答は、大げさに言えば村の代表者たる正白という人物の、自分たちの共同体の存続を賭けた神との問答だったのではないか。命懸けで村を守ること、村の人々の生命と財産を守り通すことがこの人物に期待されたことではなかったかと思うのです。問答という形態自体が言葉の霊力を発揮し、神と交錯する手段でもありました。その背景には、毎年この場所で繰り返されてきた共同体の年占という民俗儀礼があったのかも知れません。

「ゆんべの饅頭代」の伝承

一方、石川県から富山県にかけては、先程の『石川県鹿島郡誌』の「釣瓶の戒め」に類した話が多くなり、牡丹餅とか饅頭とか菓子とかいった食物が、天から下がる縄に付けられた箱や重箱やお櫃《ひつ》などの入れ物に入って下りてくるといったような話になってきます。いくつも類話がある中で、一例として石川県小松市那谷《なた》町に伝えられていた「ゆんべの饅頭代」という話（京都女子大学説話文学研究会編『小松市の昔話』）を紹介してみましょう。

若い衆が、夜のよい晩、広い場に出て遊んどったんやと。天井から、縄下がった。縄の先にでけえ籠か箱か、そのなんか、長持か吊るさっとった。そして見たところが、その中にでかいほやほや饅頭がいっぱいあった。そしたらみな喜んでそれを何やと、

「わしにもやる、人にもやる、みんな食え食えっ」ちゅて喜んで、その晩な別れたんやと。そのあくる晩か、またあくる晩か、「今日はよい晩じゃやし、またわりゃ、饅頭下がるかもしれん。行って、ちょっこし踊るまいか」って、踊っとったんや。案の定、また縄下がってきた。「おおりゃ」ちゅて喜んで、また饅頭あるかと思て行ったら、小さいこんだけほどのこわろが踊っとって、

「よんべのまんじゅのじぇんじぇ（銭）くれ、よんべのまんじゅのじぇんじぇくれ」ちゅたて。

（話者　太田甚一。明治三十一年七月生まれ）

ここには、これまで述べてきたような妖怪としての釣瓶落しとか、境界での妖怪との問答とか、ハレの日の記憶とかいったものがすっかり姿を消し、縄に括られて下りてきた箱に入っている饅頭を、ひたすら喜んで食べる若い衆のほうに話の中心が移っているといえます。そして挙句の果てに、天から下がってきた小童に昨夜の饅頭代を請求されるといった笑話になり切っており、ここではもう教訓性すら影を潜めています。ちなみに私は、このような類の笑話というのは、村の若者たちの集まる若衆宿といったような「場」で相当語られていたのではないかと推測しています。

これと似た話が野村純一氏編『柳田国男未採択昔話聚稿』の中にありました。門司市松ヶ江村の岸本俊治氏による原稿「豊前昔話　ニョキ〳〵の話」と題されたものです。内容は、十畳の座敷の四角《ヨスミ》からニョキ〳〵と言って集まると化物が出るというので村の若者四人が真夜中に決行するこ

とにします。四角から「ハア、ニョキ〳〵」と言いながら一足ずつ前へ進み、四人の頭が座敷の真ん中で行き合うと、突然天井裏から「バリ〳〵、ガタ〳〵〳〵、ドサーッ」と大きな音がして三人は逃げ出し、一人の度胆の大きな男だけが残ります。すると天井からサカイ重（塗箱）が下がってきて、蓋を取ると中に十数玉の湯気の立つ蕎麦切が入っているので、男は逃げた男たちを呼び戻していっしょに食べます。そして、明晩またやることにし、今度は逃げ出した三人が残って食べることにするが、下がってきたサカイ重の蓋を取ると、大きな毛むくじゃらの手がニューッと出て、「ゆんべの蕎麦切の代をやれッー」と言ったので驚いて屋外に逃げ出したというのです。こちらは始めの部分が「隅のばゞ様」に近い内容になっていますが、後半は石川県のそれと驚くほどよく似ています。北陸を遠く離れた九州福岡の地にも同じような話があったことに、あらためて伝承の不思議さを覚えます。

「果てなし話」への変容

さて、この天から食物の入った縄が下がってくるという部分がさらに嵩じてくると、今度は形式譚の「果てなし話」にますます近づいて行くようです。そのことを思わせるものが『金沢の昔話と伝説』（金沢口承文芸研究会編）にいくつか報告されていました。次にそれを掲げておきます。

（イ）果なし話〈天からスベ〉

天上《てんぞこ》から長いスベが下がって来て、お重箱がついとってねぇ。固い者やったら、ぼた餅がたんと入っておるし、利かんものやったら、蓋取ったら、からっぽやったと。

(ロ) 果なし話〈天竺から縄〉

昔、こんなことあったといや。

寺中のお宮さんへ、天竺からながいながいひもに、重箱がさがってきたと。

なんともいわれんながいながいひもに重箱がさがっていて、中にカイモチが入っとったと。げっつりげつり、がんのくそ。

(ハ) 果なし話〈アリがとお〉

天から長い長い紐が下がって、それにお重(箱)が付いとって、その中にアリがとお入っておったと。ほんでありがとう、ありがとうと。(傍線は原文のまま)

右に掲げたものは、当地方では「果てなし話」として位置づけられており、三話とも天から長い藁稭《わらすべ》とか紐とかいったものが下がって来て、その先に重箱が付いていたと言っています。(ハ)は「ありがとお(蟻が十)」の語呂合わせの言葉遊びになっており、(イ)(ロ)では、「ゆんべの饅頭代」の話と同様、その中にかい餅(牡丹餅)が入っていたと言っているのです。これらはいずれも昔語りの場の終了を宣言したものだったのでしょうが、恐らくは、元々からあった「天から褌」とか「天から縄」といった形式譚のほうに、妖怪譚として語られていた「釣瓶落しの怪」の伝承が、教訓譚から笑話に次第に変容しながら近づいて行ったものと考えられます。

このように、北陸地方一帯に広く伝承されてきた釣瓶落しの伝承は、語られる地域の状況に応じてその形態を幅広く変化させながら伝承されてきたと言えるのでした。

六　江戸時代の怪談集と民俗社会

江戸期の怪談集

ところで、南加賀で聞いた「釣瓶落しの怪」と同様の内容を有する話が、実はすでに江戸時代前期の文献にも記されていました。延宝五年（一六七七）刊の荻田安静編『宿直草《とのゐぐさ》』巻二の二「蜘蛛、人をとる事」というのがそれです。まずその本文を示しましょう。

ある人、まだ朝まだき、宮へ参りて、瑞垣《みずがき》のほとり嘯《うそぶ》くに、拝殿の天井に、こちたくも呻《うめ》く者あり。訝《いぶか》しかりければ、上がりて是を見るに、大きなる蟷蠨《つちぐも》、己が糸にて人を巻き、首筋に食ひ付きて居たり。上がると其の儘蜘蛛《くも》は逃げぬ。やがて立ち寄り、取りまく蜘の糸筋を取りて、「さて如何《いか》なる人ぞ」と云へば、「さればとよ、是は旅いたす者に侍るが、昨日《きのう》の黄昏《たそがれ》、此の所に来たり。求むべき宿しなければ、此の宮居《みやい》に明かさんと思ひ、行方《ゆくえ》も知らぬ旅の空、憂さもつらさも身を託《かこ》ちて、徒然《つれづれ》に侍りしに、また跡より座頭、是も疲れ顔の遠方人《おちかたびと》と見えて来たる。共に寄り居て徒競《あだくら》べの旅の物語りなどするにぞ、我に等しき人もあめりと思ふに、彼《か》の琵琶法師、香箱の優しきを取り出し、「是よき物か見て給はれ」とて我が方《かた》へ投げたり。さらばとて、右の手に取るに、鳥黐《とりもち》の如くして離れず、左にて押さふるにも又取りつく。左右の足にて踏み落とさんとせしに、足も離れず、とかくとする内に、彼の座頭、蜘蛛と現じて、我をまとひて天井へ昇り、ひたもの血を喰らふ。いたく耐え難うして、命も消ゆべきに極まりしに、不思議に救ひ給ふ。命の親なり」と語り侍りしと也。（傍線は引用者）

これは、化物の正体を蜘蛛としていて「釣瓶落し」とは言っていませんが、「釣瓶落しの怪」の話と実によく似ています。旅人がお宮に一晩泊まり、後から入って来た座頭と旅の徒然の話をしていると座頭が香箱を見せる。それを手に取ると両手両足ともくっ付いて離れない。すると座頭は蜘蛛に変じ、旅人を天井へ吊り上げて血を吸っていたというのです。早朝に村人がお宮へやって来なければとても助からなかったでしょうね。このお宮というのも、恐らくは村はずれの、里から隔離された所で、夜中は化物の出てくる危険な場所であったでしょう。この話などは案外、座頭自身が共同体社会の中に入り込み、怪談話として村人に語っていたものなのかも知れません。その場所がこういったお宮であった可能性があります。彼らは音曲を生活の糧として、言葉の霊力・呪力を発揮できる世界に生きており、怪異譚を語ることで異界と関わることができたものと思われます。

次に、貞享三年（一六八六）に刊行された山岡元隣の『古今百物語評判《ここんひゃくものがたりひょうばん》』巻之一第四話の「西《にし》の岡《をか》の釣瓶《つるべ》をろし弁陰火陽火《いんくはやうくは》の事」という話を、これも少し長くなりますが引用してみましょう。

一人《ひとり》の云ふ、「（中略）某《それがし》去年《こぞ》五月の頃《ころ》、にしの岡《をか》へ参りて雨ふり出しければ、『一宿《しゆく》せよ』と云ひけれども、叶《かな》はぬ用事《ようじ》ありてもどり侍りしに、日も漸《ようや》く暮《く》れて人の通《かよひ》もなし。凄《すさま》じく思ふ処《ところ》に、さいのほとりにて藪《やぶ》ぎはを通《とを》りしかば、かたはらなる大木より何かは知らず火の丸かせ鞠《まり》のごとき物、おりつのぼりつ見えければ、これはいかにと見る処《ところ》に、さして外へも飛《と》び行かず候故《ゆへ》、逸足《いちあし》を出して逃げ通りしが、肌《はだ》に多年信心《たねんしんじん》いたしぬる観音《くわんおん》の守《まもり》をかけ居り申し候ふ故か、つゝがなくまかり帰り候ふ。怖《おそろ》しく存《ぞん》ぜらるゝ」と云へば、先生莞爾《せんせいにこにこ》と笑《わら》ふて、「それは俗《ぞく》にいへるつるべおろしと云ふひかり物なり。（中略）されば其光《ひか》り物は大木《たいぼく》の精にて、即《すなは》ち木生火《もくしやうくは》の理《ことはり》なり。（中略）此つるべおろしとかやも、陰火《いんくは》なり。其《そ》れ故《ゆへ》雨ふりなどには殊《こと》に見ゆるなるべし」。（以下略）（傍線は引用者）

これは、雨の降る日暮れ時、ある男が京都の西院《さい》の藪近くを通った時、傍の大木から火の玉が上がり下りしているのが見える。男は怖ろしくなって、そこから足早に逃げ帰った。そして、無事に帰って来られたのは長年信心をしている観音のお守りのおかげであろうと告げる。それを聞いた先生が、それは俗に「つるべおろし」というもので、大木の精であると言っているのです。西院《さい》というのはおそらく塞《さい》とか賽《さい》に通じ、そこがかつて境界の地だったことを思わせます。その藪の中の大木に宿る「つるべおろし」とは文字通り異界の魔物なのであり、人々に恐怖を与える存在でもありました。「釣瓶落しの怪」の伝承の淵源にはこうした江戸時代に流行した百物語などの影響も考えられるのです。

俳諧集に詠まれた「釣瓶おろし」

ここに、伊勢の神職にあり、俳人であった岩田涼菟《りょうと》作の『誹諧山中集』（宝永元年〈一七〇四〉刊）というものがあります。涼菟は伊勢派の俳人で、これは彼がはるばる旅をして加賀の山中温泉を訪れ、当地の俳諧仲間と集った時の作句をまとめたものなのでしょう。山中温泉は、私たちが「釣瓶落の怪」という話を聞いた加賀市細坪からすぐ近くの山間《やまあい》の温泉地で、古くから湯治客で賑わい、文運高く盛んに文人たちも当地を訪れていたようです。奥州からの帰途にあった松尾芭蕉などもその一人です。その中に、涼菟の作ではありませんが、次のような連句が収録されていました。

傘《（からかさ）》をすほめて見たり開《（ひらい）》たり　季覧
釣瓶おろしの榎更行《（ふけゆく）》　蘭少

右のルビは私に附してみました。ちょっと意味がつかみにくいかもわかりませんが、大意は、夕暮れになると、霊木である榎から釣瓶おろしという妖怪が下りてくるということだから、傘越しに開いたり閉じたりしながら、恐る恐るそれを見てみよう、といったところでしょう。怖いもの見たさの心情がよくわかります。作句者の季覧と蘭少という人物の詳細は不明ですが、「釣瓶おろし」

に材を取るくらいですから、おそらくは地元の俳人だったのでしょう。ここには、常光徹氏のご研究（『しぐさの民俗学』）からも明らかなように、魔物の正体が扇子や傘や指の間を通して見ると実によくわかるといった俗信が生きているといえます。また、こういった連句の作られる背景には、恐らく「肝試し」とか「百物語」などといったものが民俗社会の中でさかんに行われていたことがうかがえます。俳諧師がそのようなことに関心を持ち、またそのような場にも積極的に参加していたのではないかとさえ思えます。彼らもまた言葉の持つ呪力を信じ、言葉を操る世界の伝統を引き継ぐ人たちなのでありました。

七　百物語の世界

性的な笑いの意味

その「百物語」について言えば、延宝五年（一六七七）刊の『諸国百物語』の序に次のような出来事の記述がありました。少し長いのですが、これもそのまま引用してみます。

　そも〳〵此百物語の出処《しゅっしょ》を尋《たづ》ぬるに、信州諏訪《しんしうすわ》と云ふ所に武田信行《たけだのぶゆき》といへる浪人《らうにん》あり。ある夜、雨中《うちう》のつれ〴〵に伴《とも》なふ旅の若侍《わかさぶらい》三四人よりあひ四方山《よもやま》の咄《はなし》をするついで、信行《のぶゆき》いへるやうは、昔より百物語と云ふことをすれば、かならずその座に不思議なる事ありといへり。いざこよひ心見んとて、をの〳〵車座《くるまざ》になみゐて、真中に灯心《とうしん》百筋たてゝ、灯《ともしび》をとぼし、さて咄《はなし》をはじめ順々にまはし、咄《はなし》ひとつにて灯心《とうしん》一すぢづゝのぞきけるほどに、すでに咄《はなし》も九十九になり、灯心《とうしん》も今一すぢとなり、何とやらん物《もの》すごき折ふし、座敷の天井《てんじょう》へ大磐石《だいばんじゃく》などのおつるごとく、おびたゞしき音して、灯《ともしび》もきへければ、をの〳〵おどろきけるに、信行《のぶゆき》さはがず心得たりといふまゝにとつておさへ、ばけ物はしとめたり。大きなる人の股《もゝ》にてあるぞ。火をともせといへば、手に〳〵灯《ともしび》をたてゝこれをとれば、その座につらなりし侍《さぶらい》の股《もゝ》をとりふせゐたりけり。みな〳〵どつと笑ひて退出しけり。（以下略）（傍線は引用者）

信州諏訪の武田信行という浪人が、雨の降る晩に若侍三、四人と百物語をするのですが、九十九話目になり、灯心も一筋だけになると、天井へ大岩でも落ちたようなものすごい音がして灯心も消えてしまった。化物が落ちて来たかと信行が果敢にこれを取り押さえて見ると、何とその座にいた侍の股《もも》だったとわかり、皆がどっと笑って退出したというのです。

ここでの問題は、信行が化物の正体と思って押さえ付けたのが侍の股《もも》だったというところです。しかし、大体がこの程度のことで、魔物と命懸けで対峙する、緊張感あふれる百物語の場が終息するのでしょうか。考えるに、信行が暗闇で押さえ付けた股とはもっと直截的な言い方をすれば、実は侍の急所そのものだったのではないか。痛がる若侍の絶叫が今にも響いてきそうです。しかもそれは、思いのほかに大きい一物《いちもつ》を予想させます。だからこそ、そこに下がかった強烈な笑いが発生するのです。そのどんでん返しのような性的な笑いの力によって悪霊を退散させ、ようやく「百物語」の緊縛した「場」を閉じ、一座の人々を新しい次元に解き放つことができるわけです。

それはあたかも、共同体社会における直会《なおらい》などで、昔話の語りの場を終了させる時の「とりの話」「くそ話でとり」といった類の下がかった話と似たような機能を有していたのではないかと思われます。つまり、話の場の最後は、やはりこのような性的な笑いで終わらせる必要があったのではないかということです。

すでに報告されている昔話資料からも、百物語の場で同様に性的な笑いを彷彿させるものがありました。水沢謙一編『とんと昔があったげど』第一集（昭和三十二年刊）の長島ツルさん（新潟県古志郡山古志村。明治元年生まれ）の語ったものです。

村の若い衆が夜になると、大勢葬礼場に集まり、輪になって昔話の百物語をすることになった。蝋燭を百本灯して語り出し、一つ語るごとに一本消してゆき、とうとうあと一本になった。その時、若い衆頭がみんなに次のように言います。その部分から本文を引用しましょう。

「おう、お前方、百物語りも、もう一つで百になるどこだ。いいかな、お前方、どんげな化物が出て来ても、おたがいに逃げっこなしにしようねか、どうだい」

「ああ、いいとも、なに、逃げようば」と、若い衆どもも約束したてや。

百番目の昔話が終った時に、若い衆頭が、

「さて、お前方、これで百物語りがおしまいになったが、どんげな化物が出ても、逃げっこなしてがんだな。実はな、さっきから、おらのきんたまを、何もんだかわからんが、しゃっこい手で、しっかりおさいているど」と言うたら、

「そら、化物が出た、出た」と、若い衆どもは、若い衆頭を残して、みんな逃げてしもたてや。

（以下略）（傍線は引用者）

これはまさしく肝試しの意味もあったのでしょう。ところが、傍線部のように、化物が出たといっても若い衆頭の急所を何者かが冷たい手でしっかり押さえていただけなのに、結局、気丈な若い衆頭以外はみんな逃げてしまった。ここでは本当なら大爆笑が起こってもいい場面ですよね。ところが豈図らんや、誠に根性のない若い衆どもだったわけです。この後、さすがに肝の据った若い衆頭だけが一人残り、化物の正体であるいとしげな女の幽霊の身の上話を聞き、ゆかりのお寺でお経を読んでもらって女の霊を慰めたというのです。『諸国百物語』同様、この場合も、本来はやはり下がかった性的な語りの醸し出す強烈な笑いが状況を一変させ、緊迫した空気から人々を解き放ったはずなのです。

同様の昔話が同じ新潟県新発田市の波多野ヨスミさん（明治四十三年八月生まれ）の語りにもありました（佐久間惇一編『波多野ヨスミ女昔話集』）。題名もズバリ「百物語」です。

毎年、年の夜に、年徳神を迎えるために村の衆がお宮へ集まり百物語をするのですが、その時、九十九番目の人の睾丸を氷のような冷たい手が握ったというものです。この話の場合も、やはり天井から落ちて来た化物が男の肝の太さにすがり、金瓶の在り処を教え、それで墓を建てて供養してくれと頼みます。男は立派な墓を建てて和尚さんにお経を読んでもらい、残りのお金は村人と分け合って一生安楽に暮したというのです。

この話の場合は結局のところ、年徳神から大歳の福分を授かる結果になっており、その意味では初春を迎えるめでたさを強調したものとも言えますが、何やら抹香くさい功徳譚にもなっていますので、あるいは宗教者の手にかかった伝承と考えることもできます。

ヨスミさんには別に二話の「百物語」の報告があり、同様に年の夜、お宮で百物語を催し、男が百話目を語ろうとしていた時、天井からドサッと落ちて来るものがある。見ると、櫃の中に黄粉餅が入っていたのでみんなで食べたとあります。これは、モチーフとしては先程の「ゆんべの饅頭代」などにきわめてよく似ていますが、神様が餅を授けてくれたというだけで終わっています。もう一つは、ドシーンと落ちて来たのが金瓶で、その中に小判が入っていたので、みんなで福の神と言って分け合ったということで、ヨスミさんの語りはいずれも、神から福分を授かるという、正月語りにふさわしい昔話の特徴がよく出ているものとなっています。

大音の恐怖とその正体

ところで、『諸国百物語』の序を見ると、一話語るごとに一灯消していく恐怖もさることながら、今一つ、百物語の妖怪・化物の正体が、大岩が落ちるような「大音」であったということに興味を引かれます。そのような大音もまた魔物の出現を思わせる装置だったのでしょう。例えば、浅井了意の『伽婢子《おとぎぼうこ》』巻之十三（寛文六年〈一六六六〉刊）の「怪《くわい》を話《かたれ》ば怪至《くわいいたる》」という話でも、五人集まって百物語をしていると魔物が飛び込んできて天井から畳の上にどうと落ちたが、その音が雷《いかづち》のようだったのでみな気絶してしまったと言っています。

また、時代は下りますが、南加賀の大聖寺藩で書かれた『聖域怪談録』（寛政十一年〈一七九九〉）にも、殿様の御声掛りで百物語をしていた宿衛の侍たちが、やはり百話になろうとする丑三つ時、庭先で凄まじい物音がするので急いで飛び出すと、軒端に降り積もった雪のかたまりが春の風に溶けて落ちて来た音だったといっているのです。その、地響きのような音と揺れは、雪国生まれの私にも実感としてよくわかります。こんな大音なども、確かに異界からの威力・威圧を象徴的に表現するものとしては恰好の材料だったといえるかも知れません。

百物語の中の宗祇

さて、百物語のなかには、連歌師宗祇が登場するものがあります。貞享二年（一六八五）刊の『宗祇諸国物語』にこんな話がありました。巻三の「話《けゐを》二怪異《かたる》一」という話です。
宗祇が越後の国にいたころ、侍たちが百物語をするというのでその席に呼ばれ、「貴僧は物に動せぬ本性なれば此ふしぎの証拠のため」といって、一話ごとに灯心を一つずつ消して行く役目を仰せつかった。暁近くなってようやく百話に達すると、「鼬鼠《ゆうそ》の天井に足おとし蚕蚓《さんいん》（きりぎりす・みみず）の簀子《すのこ》に鳴《なき》出る」ので、さあいよいよ化物が出たかと思ったが、それ以上何の異変も起きなかった。皆は「おもしろくないなあ」などと言って笑いながら、眠くなってきたのでそこにごろりと横になった。ところが、連衆の中の一人が目を覚ますと、枕元に、たった今切ったと思われる若い女の生首が血に染まって転がっている。驚いて一座の人たちを起こし、戸障子を閉め切って、古い蜘蛛が誑《たぶら》かしたのかもしれないと言いながら、捕まえて火に燃やせよとか、切ってしまおうと身構えるが、一向に形が変わらない。その後、切られた女がいないかと尋ねたりもしたがその事実もなく、その生首は変わらずそのままであったというのです。百物語にしては、やや百本目の灯心を消す際の緊迫感に欠けるきらいはありますが、皆が安心しきった後の血まみれの生首はやはり恐怖です。「怪を語れば怪至る」の形態はちゃんと踏襲しているようです。通常の百物語の形をちょっとひねってみたということかもしれません。

ところで、この話はもちろん宗祇の実話ではありません。江戸時代に流行した「百物語」の怪異譚に旅の連歌師宗祇をうまく取り込んで話を仕立てているとみてよいでしょう。「百物語」を催す場の見分役といった役どころです。ということは、背景として、こういった「百物語」の怪異を語る話の場に連歌師などが深く関わっていたことを示していると言えますし、そういった場において多くの怪異譚を仕入れることも出来たものと思われます。彼らもまた、言葉の持つ呪力の世界に生きている人たちでありました。そういった人々が旅に生きて、民俗社会の中に入り込み、言葉の力をもって「怪異を語る」ことをも生業の一つとしていたのかも知れないのです。その活躍の場の一つがこういった百物語の場であったのでしょう。そうした連歌師の系譜上に狂歌師や俳諧師などがいるといえます。彼らの活動にも、伝承の世界においては見過ごしにできないものがあるのでした。

おわりに

ここまで様々にお話ししてきたことは、一言で言うと「声と語り」による異界との交錯であり、魔物との葛藤であったと言えます。私たちは、目に見えない敵に対して「声」を発し、「語り」をすることで相対峙してきたのでした。そこには確かに声の威力、語りの呪力といえるものが存在していたともいえます。野村純一氏は「最初に語る昔話」という論文の終わりのほうで、「かつての日、人々は人の発する言葉には凄まじくも強靱にして神聖な力が秘められており、畏怖すべき威力が籠められているものと信じていた」と言っていました。

さて、関敬吾氏は『民話』という著書の中で、「真の昔話は死物ではなく、それ自体一個の有機体として民衆の口と頭のなかで生きているのである」と言っておられます。文字通り昔話というのは生き物なのであり、それは稲田浩二氏の『昔話は生きている』のタイトルにも通じるものです。その有機性が日々失われていく中、それをいかに再発見することができるかが私たちにとっての課題でもあります。そのためにも、昔話の「声と語り」が有機的に生かされていた時代のありようをきちんと受け止め、理解しておくことが重要であろうと思われます。

私たち日本人は、これまで実に多くの民間説話や俗信を生み出し、それを育み、今日に伝えてきました。それはそのまま文化の豊かさに繋がるものでしょう。優れた文化ほどより豊かな話の世界が花開きます。その意味で、私たちの文化は、大変興味深い、バラエティーに富んだ社会を育んできたと確信することができるのです。

「愚か村話」の語られた時代

—「雲洞谷《うとだに》話」「在原《ありはら》話」「下田原《しもたろう》話」を中心に—

はじめに

本日は「愚か村話」についてお話をいたします。愚か村などと言うと、現代社会においてこんなもの言いが通用するのかという思いもいたします。しかしながら、笑話としての「愚か村話」という民間説話が確かに存在し、さかんに語られていた時代があったという事実を否定することはできません。そのことを踏まえて「愚か村話」の特質について考えてみたいと思います。

ところで、先日BSプレミアムの「にっぽん縦断 こころ旅」を見ていましたら、俳優の火野正平さんがスタッフの人たちと自転車で四国の愛媛県西条市を走っていました。到着した先はかつての周桑《しゅうそう》郡丹原町古田《こた》にある西山興隆寺。お寺の裏の小高い山から東の方を眺めると、眼下に広がる平野の向こうに東予《とうよ》港と燧灘《ひうちなだ》が一望でき、そこで視聴者からのお便りを読んでいました。それは、あるご夫婦が三十年ほど前に当時四歳の娘の手を引いてここに登った時の思い出で、娘さんがそこからの風景を見て突然、「これ、全部日本?!」と言ったので夫婦で大笑いをしたというのです。今は幸せな家庭を築いているというお子さんの、幼い頃のエピソードとして大変微笑ましいものでした。

ところが、これがもし大《だい》の大人だったらどうでしょう。山奥から二人の男が初めて峠を越えてやって来て眼前に広がる人里の大きさに驚き、思わず「日本は広いなあ」と言うと、連れの男が「アホ言え、日本はこんなもんやない。この倍はある」と言って自分たちの無知をさらけ出し、笑いの対象とされる。しかもそんな愚かな者たちの住む村や地域までが具体的に想定されるとなるとコトはそう穏やかではありません。しかしながら、これが「愚か村話」のかたちなのです。

一　不当なる呼称・言辞

「愚か村話」の存在はすでに戦前からの昔話調査を通して知られていました。柳田国男の『日本昔話名彙』と関敬吾の『日本昔話集成』『日本昔話大成』にそれらが集大成され、いわゆる物知らず・世間知らず・思い違い・真似損ないなどによる愚行が「笑話」の中の「愚か村話」として話型別に分類されています。そこには、町の者や少しは開けた土地の者たちが、自分たちより田舎と見倣した特定の地域の人たちを笑いものにするといったかたちが見られます。では、全国に一体どれだけの「愚か村」とされた地域があるのかというと、最近の飯倉義之氏のご論考によると、北海道と沖縄県を除いて全国で約百二十カ所余にものぼるとのことです（「愚か村話の〈話群型〉―〈話型〉研究を活かすために―」野村純一編『伝承文学研究の方法』）。各都府県に二つや三つはあるという勘定です。ちょっと驚きですね。

地理的なイメージと不当なる呼称・言辞

では、かつていわゆる「愚か村話」の伝承されていた地域が、その周辺の人たちからどのように見られ、どのような扱いを受けていたのかを昔話資料の中から少し掲げてみることにいたします。まず、地理的な状況から見て行きましょう。

㋑岩手県の須川温泉さ行く途中に、瑞山《みずやま》って所《どこ》があってね、そごは山奥でね、そっからどごさも出だごどのねえ炭焼き男がいだど。（『陸前の昔話』「愚か村話」）

㋺昔あの、秋山というと、ずっと山の奥で、あんまり人と交際もしなかったから、お嫁さんを飯山のほうからもらったんだって。（『信濃の昔話』「秋山話〈首かけそば〉」）

㋩阿木ちゅうとこは本当の山ん中で、「ここは日本。日本ちゅう所は広いなあ」せったげな。（『美濃の昔話』「ここは日本」）

㊁いつ頃の事か知らんが、野間のどん奥から親子づれが峰山の町へ遊びに来た。（『日本昔話通観』第十四巻「東京は三倍」）

㊍黒谷ちゅうとこは、昔は不便なとこでもあったんだし、黒谷のあほうのように、まあ言いよったんですなあ。（『丹波和知の昔話』「おろし大根」）

㊅なんと、昔のある所に、今でこそ、開化いなって立派な村になっとるけえど、昔やあ佐治谷《しゃじだに》いうたら、どえらい山間僻地で、（『蒜山盆地の昔話』「牛の尻に札」）

㊦昔のう、越原《おっぱら》と言う所は、ずーっと森脇のずーっと終点じゃけえ、山ん中で人らの行く所じゃないよの。そいで、あちこち出るじゃないし山奥で、何でも分かりませんがあ。（『日本昔話通観』第二十巻「首巻きそうめん」）

これらを見ると、山奥とか大変不便なところといったイメージが強いようです。しかもそれは、きわめて類型的なイメージとして形作られていたようです。次に、そのことから起こる不当なる呼称や見下した言辞の例をいくつか掲げてみることにします。

(a)島が海の中へ流れてくるものか、増間の馬鹿が見つけた増間島か。（『昔話―研究と資料―』第六号「安房の増間の話」）

(b)池代の連中は、その通りにやれっていうもんだから、芋の煮ころを廊下にこそかいてやった。その位ひらけない所だって言うですね。（『伊豆昔話集』「芋ころがし」）

(c)大沢《おおそ》里《り》山家《やまが》の馬鹿息子が、初めて伊勢参りに行くだって。（『伊豆昔話集』「旅学問」）
(d)西山の山猿がおかしい。（『信州小川村の昔話』「西山者の栄螺《さざえ》知らず」）
(e)黒谷のあほうは、ここら辺でも、「人の真似ばっかするもんは黒谷のあほうで芋こかしをする」ちゅうことをねえ言って、（『丹波地方昔話集』「黒谷もんの話」）
(f)なんと佐治谷いう所にゃ、いよいよだらばっかりできる所じゃって。佐治谷のだらず言って、ほんにだらばっかりできるとこやが。（『鳥取・日野地方昔話集』「聟の挨拶」）

その他にも「日光栗山の馬鹿聟さん」「西山の馬鹿坊主」「仁多猿」「山代の馬鹿」「野間の馬鹿者」「北山のふうけ者」「倉谷の馬鹿者」「倉谷のふうけ者」などといった言い方が報告されています。これらをみるともう大変な偏見です。しかも、それが全国に及んでいるのです。私が訪れたいくつかの地域でも、確かに辺鄙な山奥で交通の便も悪く、他の地域との接触もごくまれな土地とされている場合が多いのですが、その一方で、生業の関係から早くより都市部との経済的関わりを持つことも多く、また平家の落人を称する所もありました。しかし、そのことがある特定地域への偏見にもつながっている。もとよりそれらが不当であることは言を俟《ま》ちません。私たちは、このような意識がつい最近まで社会通念として存在していたということに、まずは自戒の念を持つことが必要でしょう。

二　雲洞谷《うとだに》・在原《ありはら》の地勢と「愚か村話」の特徴

さて、サブタイトルにも示しましたように、滋賀県には「愚か村話」として「雲洞谷話《うとだにばなし》」と「在原《ありはら》話」が伝わっています。雲洞谷は琵琶湖の西部に位置し、旧高島郡朽木《くつき》村の大字《おおあざ》です。また在原は琵琶湖北西部の同じ高島郡マキノ町の大字で、ともに現在は平成の大合併で高島市になっています。地勢的にはいずれも福井県の若狭地方と境を接する深い山並みの中にあり、冬は相当の積雪もありますが、決して山奥の孤立した地域だったのではありません。若狭地方との交流も強く、近代社会に入ってもまだ日本海側の若狭に鉄道が通っていなかった大正時代中頃まで、長らくそこに暮らす人々にとっては、県境の標高八百メートルを超す峠道は、京都や日本の各地を結ぶ大変重要な交通路でした。ただ、雲洞谷も在原も、その主要な峠越えのルートからは大きく外れて位置しているところに共通点がありました。

雲洞谷について見れば、福井県の小浜市や遠敷郡名田庄村《おにゅう》（現、大飯郡《おおい》おおい町）方面から滋賀県境に近い上根来《かみねごり》に至ると、小入峠《おにゅう》を越えて針畑《はりはた》川沿いに近江へ出る峠道と、少し北の木地山《きじやま》峠を越えて麻生川沿いに近江の方へ出る峠道があり、その昔は、どちらも小浜から近江・京都などへ出る最短コースとして多くの人と物資が往来していました。上根来に近い街道の壁面に「京は遠

遠敷川に沿った根来坂越えの壁面に大書された文字と絵。（平成 12 年３月撮影）。
現在はほとんど消えかけている。

福井と滋賀の県境近くにある栗柄関所跡の碑。（平成 13 年４月撮影）

ても十八里、鯖街道」と大書され、鯖の絵が描かれているのを見ましたが、ここもかつての鯖街道だったのです。その雲洞谷は、これら二つの峠道に挟まれた地域にありながら、山を幾重にも隔て、幾つかの字《あざ》が北川という川沿いに点在する山間に位置しており、その地理的な状況がどうも「愚か村話」を引き寄せる要因にもなっていたようです。

また、湖北の在原は、福井県の若狭地方東端の三方《みかた》郡美浜町の新庄《しんじょ》を通り、栗柄《あわがら》峠という、これも八百メートルを超える険しい峠を越えて、近江のマキノ町まで下りて来るルートがあるのですが、在原はそこから北東へ山と谷を隔てたところにあります。この粟柄峠もかつては多くの人と物資が行き来しており、現在はもう通行できませんが、藩政時代にはここに関所が設けられ、「入鉄砲出女」の取り締まりなどがなされていたと伝えています。さらにその東方にはマキノ町と福井県敦賀市を南北に結ぶ街道があり、在原はその両街道に挟まれた山懐に位置しているのです。そして、そのことがまた「愚か村話」をこの地に引き寄せてきた要因にもなっていたようです。

「雲洞谷話」

まず「雲洞谷話」から見て行くことにしましょう。昭和五十二年刊の『朽木村昔話記録』には四話の「雲洞谷話」が掲載されています。これは当時の京都精華短期大学美術科におられた丸谷彰氏（現、京都精華大学教授）と学生さんたちが、絵本のデザインを考える一環として湖西の朽木村地方で行った昔話調査の報告書です。内容を見ると「愚か村話」に限らず、北陸地方の昔話伝承を考える上でも貴重な話がたくさん報告されており、その意味でも大変興味深い資料集といえます。その中から「雲洞谷《うとだに》の伊勢講」という話を紹介しましょう。

長太夫ちゅう人が、まぁこんな山奥の人ばっかり連れて行くんで。その長太夫ちゅう人は都会になれてるし、他の人はわからんし、

「宿屋に泊ったりするときには、どういう作法でやったらええんだ」ちゅうこと、聞いたらしい。

「ほなもん何でもないっちゃ。吾や知っとるから、吾のするようにしとったらええんじゃ」言うて、長太夫ちゅう人が言うたらしい。ほしたら、雲洞谷《うとだに》の人はみな、

「そうだ、そんなら、長太夫の真似をしたらそんでええにゃ」て、言うて、宿屋に着いて。してまぁ、お風呂からあがって、ならんでご飯食べるとき、

「頂戴《ちょうだい》します」言うたらしいですわ、一番最初に。ほしたら、こりゃ名前言わんならんのかいなぁ思て、イワダちゅう人が、

「イワダします」。また、次の人が、「ロクザします」。

してから、長太夫ちゅう人は、その、お碗のお芋《いも》をちょっとはそんで《はさんで》したら、箸《はし》がすべってポンポロポーンと落ちたらしいわ。ほしたら、その真似せんならんて、はじめいうてある

もんやから、ふたをわざわざ取ってして、ポンポンとわざとほったりして。ほしたら長太夫、「そんなことしたらあかんねん」言うて、チョンチョンと隣の人の膝《ひざ》をこうやったらしい。ほしたら、次の人も、それも同《おんな》じようにチョンチョンとこうやり、また、次の人もチョンとやったらしい。もう、おかして。長太夫ちゅう人は、みんなにやんや言うとこまでいかで、ほうて出《はって》たらしい。ほしたら、みんなも同《おんな》しように、ずとずとほうて出たって。

（語り手　小入谷《おにゅうだに》・山本覚雄　明治四十一年生まれ）

これは伊勢参りに話材を採ったもので、長太夫という人が先導役になり、雲洞谷の衆を連れて伊勢参りに出掛けた道中での真似損ないの失敗談です。別の方の語ったものでは長太夫は「チョウダイ」と発音しており、大きな地主で毎年伊勢参りをした人とされています。その長太夫《ちょうだい》が、これまで村から出たことがなく不安顔の面々に、自分のすることを真似すれば大丈夫と教える。そこでまず、宿屋で食事をする時に「頂戴《ちょうだい》します」と言うと、長太夫が名前を名乗ったものと勘違いして、次々と自分の名前を名乗ります。続いてお椀の芋を箸で挟もうとしてうっかり転がすと、これも作法と思って次々と芋を転がす。それを見た長太夫が注意するつもりで隣の者の膝を突《つつ》くと、これも次々と隣の者を突《つつ》いてゆく。呆れてその場から這って逃れ出ようとすると、何と雲洞谷の衆も同じように這って出て来たというのです。

まことにばかばかしい内容で、それらはいずれも「真似損ない」や「芋転がし」などの話型で全国的に伝わる「愚か村話」の一つに過ぎません。こんな、いわばオリジナル性のない、きわめて類型的な笑話を以って山深い朽木村の中の大字である雲洞谷が「愚か村」に仕立てられているというわけです。近隣の平野部に住む人たちは朽木方面の人たちのことを「オクノモノ（奥の者）」と言ったりもしていたそうです（『高島郡朽木村能家民俗資料調査概報』昭和四十四年刊）。そのような、周辺の人々の見下した意識がこのような昔話を雲洞谷に引き寄せて行ったのだろうと思います。

その昔、伊勢参りというのは多くの日本人にとって外界と接触できる恰好の機会だったようで、若狭などからも多くの人がさかんに峠を越えて伊勢参宮に出掛けたということです。初めて町なかへ出る者たちにとってはすべてが緊張の連続だったでしょうし、挨拶の仕方や食事作法を知らないために生起する失敗もさぞ多かったことでしょう。それはまた、雲洞谷の近隣に暮らす人々や、峠道を往来する人々みずからの体験でもあったと思われます。だからこそ、この地ではこうした伊勢参りの失敗が、敢えて山の向こうにあるという雲洞谷にこと寄せて語られていたのではないでしょうか。本書に掲載されている他の三話もやはり伊勢参りでの失敗談です。

「在原話」

一方「在原話」の場合はどうでしょう。在原は平安時代の在原業平とのゆかりを伝え、村内を竜田川が流れ、業平の墓と称する石塔や菩提寺と伝える歌学山正法院（浄土宗）というお寺も存在しますが、もちろん伝承に過ぎません。昔話資料としては、私の先輩である田中文雅氏（元、就実大学教授）を中心に、在原の東に接する伊香郡西浅井町（現、長浜市）で行った昔話調査をまとめた『西浅井むかし話』（昭和五十五年刊）があり、その中に十話の「在原話」が掲載されています。話型としては「長頭《ちょうず》を回せ」「床をとれ」「飛び込み蚊帳」「芋転がし」「引っ張り屏風」「数の子知らず」といったものです。その中でまず「在原話〈長頭を回せ〉」という話を紹介しましょう。

朝になったら「ちょうずを回せ」ということや。「ちょうず、ちょうず」てどういうことや分からんで、まあその時分は何でも御寮《ごりょう》さん、よう知ってはるさかい、寺へ行って一ぺん聞いてこう。

「ちょうずを回せて、そりゃ何んやな」

「ちょう、ちょう言《ちゅ》うのは長い言《ちゅ》う字、ずは頭や。長い頭の人を連れてきて、殿さんの前で回しゃええのやないか」と言うような話で、村で一番長そうな頭の人を呼んできて、殿さんの前へ行って、くるくるくるくるその人を回さはったんやそうな。

「何をしてるんやお前、ちょうずを回せってことは顔洗う準備をせえ言《ちゅ》うことや」

「そうですか」言うことで、その時分は歯みがきでなしにお塩で口を清めたらしいので水を持ってき、それからまた、手洗いを持ってきてその準備をしたんやそうです。

（語り手　西浅井町月出・建部清　明治三十九年生まれ）

この話は「愚か村話」の中でも最もポピュラーなものの一つで、村に殿様がやって来て、朝起きて顔を洗うのに「手水を回せ」と言う。それを長頭と勘違いした在原の村人が、村の中で一番長い頭の人を連れて来て殿様の前でくるくる回したというもの。辺鄙な山村に殿様がやって来るというのもちょっと妙な趣向ですが、これは町なかで暮らす文化的人間の代表格といったところなのでしょう。「在原話」としてはこのような〈殿様と村人〉の形態のものが三話、〈商人《あきんど》と村人〉の形態のものが一話、ほかに伊勢参りでの話が二話、村内でのものが四話となっています。その中で、〈商人と村人〉が登場するものを次に示してみましょう。「在原話〈飛び込み蚊帳〉」という話です。


在原という村にな、あまり蚊《かあ》がたくさんいるもんで、この蚊《かあ》をどうして退治しよかて言うて、まあ村の人が寄ったんどすやて。ほいとそこへなあ、蚊帳を売りに商人《あきんど》が来はって、

「これを吊《つ》って寝ると蚊《かあ》に食われん」て言うて見せはったら、

「よっしゃ、そんなら買おう」と言うて、

「ほれを買《こ》うて精一杯大きなの買わんと村中がはいれんさかい」て言うて、もう精一杯大きなの買うて、ほいてこう吊ったんどすんやて。吊るは吊るけんど、どうしたら蚊《かあ》に食われんのかなて。どしてもほれが、わからんのどすんやて。ほいたらそのうちに賢い人がなあ、

「この中はいると蚊《かあ》に食われんそうなて。ほんなら、みんな入ろまいか」て言うて、みんなが一人ずつ飛び込んだんどすってや。

（語り手　西浅井町山門・西尾よし　明治三十三年生まれ）

これは、蚊に食われるので困っていた在原の人たちが、町からやって来た商人《あきんど》から、村人みんなが一度に入って使えるように目一杯大きな蚊帳を買ったけれども、そもそも蚊帳の吊り方を知らず、思案の挙句に逆さまに吊って、上から次々と蚊帳の中へ飛び込んだという話です。これも全国にいくらも話例のあるものです。

このように、当地方では殿様や商人のように、外部から村に入り込んで来た人たちによる見聞といったかたちの「愚か村話」が目に付きます。辺鄙な山奥に暮らす人々の様子が、町の者の目には余程無知で奇異なものに映ったということなのかも知れません。そんな彼らが「在原話」としてこういう話を面白おかしく外の世界へ伝えて行ったのです。西浅井町の語り手たちも、在原については「雪深く交通の便の悪い、遠隔地の一山村」といった程度の認識しかないとのことでした。しかし、それが嵩じると「そこのお方は鈍言うか、開けなかったというんですな」（「在原話〈傘の入口〉」）といった言い方にまでなってくるのだといえます。それらの「愚か村話」はいずれも、やはり全国に広く伝承されている類型的なものが主になっています。要するに「愚か村話」というのは、町の者がそのような出来合いの話を、具体的な近隣の、ある特定の地域に結び付けて語っていたに過ぎないということが言えるわけです。

三　白山麓・下田原《しもたろう》の位置と「愚か村話」の特徴

今度は目を転じて、福井県北東部の越前地方と境を接する石川県白山麓地方の「下田原話《しもたろう》」に話を移しましょう。二七〇二メートルの霊峰白山の山懐に抱かれた地域です。手取《てどり》川という県下一の大河が白山麓から北に向かって深く渓谷を刻みながらやがて日本海に注いで行きますが、その水源である最南端に石川郡白峰村（現、白山市白峰）があります。そこは日本でも有数の豪雪地帯にもかかわらず、手取川流域を中心に百戸を超える字《あざ》白峰をはじめ桑島・風嵐《かざらし》などといった大集落を擁しており、天領であった白峰地域の自治・経済・文化の一大中心地の観がありました。しかし昭和五十年代、手取川を堰き止めてダムを建設したために多くの集落が水没し、移転を余儀なくされました。今から話題にする下田原《しもたろう》もそういった村の一つです。

白峰村周縁部での「下田原話」の伝承

その下田原《しもたろう》は、同じ白峰村の地内にありながら、手取川に沿った主要ルートから西に遠く山を隔てた、下田原川沿いの谷筋をさらに奥へ遡ったところにある、いわゆるどん詰まりの、最盛期でも十戸もない小さな集落でした。そこの村人たちはどこへ行くにも必ず、下田原川が三キロメート

旧下田原集落。右は分教場。訪問当時Ｈ氏の出作りの家が一軒だけ残っていた。ナギ畑はせず５月～11月にここへ来て山仕事（木の伐出し）となめこ栽培をするという。（昭和58年10月撮影）

手取湖の湖底に沈む白山麓の集落。手前が下田原集落のあった方向、向こうに見える鴇が谷（とがたに）橋近くの水底に尾口村深瀬集落があった。（昭和58年10月撮影）

ルほど下流で手取川に流れ込む地点に位置する、尾口村深瀬という集落を通らねばなりませんでした。そのため、例えば誰かがとどのわんこと（取るに足らない、つまらないこと）を言うと「下田原の人みたいな」などと言われたり、人数が少なく踊りの輪が小さいので、大きく見せるために腰に六尺棒を差して踊るのを深瀬の子どもたちがからかって、「下田原《しもたろ》踊りは十三人でハシモト婆ぁに十六たん」などと唄ったものだといいます。この唄の意味はよくわかりませんが、小さな下田原を揶揄したものに違いありません。近世のことわざや慣用句を集めた『譬喩尽《たとへづくし》』の中に、咄の者・おどけ者と伝えられる藤六《とうろく》のことを童どもが「兀山《はげやま》禿《はげ》藤六《とうろく》薯蕷《やまのいも》青海苔《あをのり》添《そえ》て十六文《もん》」と言っている例があり、その藤六が上方では愚か者の異名ともされていたようです（大島建彦氏『咄の伝承』）。こんな小馬鹿にしたような表現や、「十六たん」とか「十六文」の表現にこだわれば、やはりどこかで両者が符合してくるような気もいたします。いずれにせよ、そこに下田原の人を侮り見下したような視線があったのは事実でしょう。

まずは下田原周辺の尾口村深瀬で伝承される「下田原話〈蟹の褌〉」を、私どもの調査資料である『白山麓・手取川流域昔話集』（昭和五十五年刊）から引いてみましょう。

小松い本願寺参りに出た。ほったら宿屋でご馳走に蟹が出たそうや。こうばく蟹や。ほって、「蟹の褌はぁ、お膳の横に置いて下されちゅて、褌は横に置いて食べて下されっちゅて、女中が下がったそうな。そしたら、町へ来ると、飯を食うにも褌はずさんならんもんか思て、そして、嫌なこっちゃけど、まあ言うこっちゃさけ仕方がねえと思て、そいて、本当に褌はずしてお膳の横に置いて。ほいてえ、蟹をどうして食べるや知らんさけ食べれもせず、むしろとしてもむしっても食べれんし、そいてまあ、食べれもせずにご飯が済んだんやて。ほいて女中さんがお膳を下げに来て、

「これは何でござん」

「こりゃ、褌でございます」

「こりゃどうしゅる」

「あんた、さっき『褌はずいて食べさっしゃれ。お膳の横に置いて』って言わした」

「それは、蟹の褌をはずせて言うた。蟹の褌を取らにゃ食べれんさけ言うたがや」

ほして大笑いした。

しんねいもかんねいも鳥の糞。

（語り手　尾口村深瀬・河岸てる子　明治四十四年生まれ）

これもよく知られた話で、下田原の人が山奥から小松の町の檀那寺へお参りに行った折、宿で出された蟹の食べ方を知らず、自分の褌を外して食べたという失敗談として語られています。つい先ごろ日本海の蟹漁が解禁になりましたが、あの美味しい蟹も、初めて食べる人がいきなり「褌を外して食え」と言われたらさぞ困惑するでしょうね。

報恩講（ホンコさん）と僧侶の活動

ところで、この話の舞台は小松市のお寺への本願寺参りということでしたが、浄土真宗のさかんな白山麓地方では、開祖である親鸞聖人の御忌日である十一月から十二月にかけて、各集落で盛大に報恩講（ホンコさん）が催されます。報恩講は当地方においては一年の内で最も重要な宗教行事であり、また、厳しい冬が訪れ大雪に閉ざされる直前のその頃が、ちょうど一年の仕事の締めくくりの時期とも重なっており、厳しい労働からようやく解放されて、束の間の寛ぎの時でもありました。恐らくはそうした時期の本願寺参りだったものと思われます。白山麓で語られる「愚か村話」には、そうした報恩講を舞台とするものが大変多いのです。その一例として、同じく深瀬の伝承から「下田原話〈長頭を回せ〉」という話を引いておきます。これは「在原話」で紹介したものと同話型です。

むかし、下田原へ、吉野のご坊さまが来て、そして、朝ぎり起きて、そして、

「おい、手水を回せ、手水を回せ」って、そのご坊さまが言うたって。そしたところが、昔の衆は『手水を回せ』っちゅうことがどうしてもわからいで、そして、物知りの金五郎っちゅう家へ行って、

「さあ、わりゃ、ご坊さまが『ちょうずを回せ』って言うたが、何のこっちゃろ」って言う

たら、

「そうや、ちょうは長いやし、ずは頭っちゅう字や。そりゃ、頭の長い者を回せっちゅこっちゃ」って。

「ほんならその、菊八ちゅう、そりゃ一番頭が長いさけ、お前行ってそこで回《もう》とれ」って。

そして、ご坊さんの前へ行ってくるくる、その、回《もう》とった。そいたらご坊さんは、いくらたっても手水を持って来んもんで、

「おい、どうした」っちゅうたら、

「はい、ここに回《もう》とります」って、その菊八ちゅうたが言うたって。


(語り手　尾口村深瀬・河岸市松　明治二十五年生まれ)

この場合もやはり、手取川下流にある吉野谷村のご坊さまを下田原へ招いての報恩講が舞台になっています。恐らくはそういった場においてさかんに語られていたものなのでしょう。語り手である河岸市松さんは〈蟹の褌〉を語った河岸てる子さんとご夫婦です。お二人とも白山麓地方では大変すぐれた昔話の語り手で、何の屈託もなく楽しそうにいくつもこの手の笑い話を語ってくれるのでした。ただ、〈長頭を回せ〉の中で、話中に金五郎とか菊八といった固有名詞が出てくるところからは、単なる笑話としてと言うよりも、山奥の方の隣村である下田原に対して抱いていた、より現実的なかたちでの愚か村意識が窺えそうです。それでも市松さんは生前、「長頭」という言葉を

知っているということは、下田原の人の賢さを表したものだろうと言っていました。「愚か村話」について、語り手たちが当該地の人々に対してそれなりのフォローをする姿勢もまた全国的に見られることなのでした。

さて、その報恩講では僧侶による仏事もさることながら、村人の寛ぎの場として実に様々な話が語られ、「愚か村話」などもよく語られていたようです。しかも、調査をする中でわかってきたことは、報恩講の主役である当の僧侶自身がこういった話の伝承者であり伝播者でもあったということなのです。白山麓地方で年に何度か定期的に行われるお講や、特に、年に一度の報恩講などといった宗教行事はその準備も大変でしたが、村人にとってはハレの時でもあり、労働も一段落して最も寛げる楽しみな時期でもありました。

その一方で、僧侶たちにとっては最も忙しい稼ぎ時でもあったようです。村内の真宗寺院や道場とされる場所はもちろん、各家々でも次々と報恩講が催され、近隣の村人たちを大勢招いて盛大な料理でもてなします。その時には地元白山麓の真宗寺院や小松などの平野部のお寺の僧侶はもちろんですが、遠く富山や能登や近江などからも多くのいわゆる客僧と呼ばれる説教僧たちが出稼ぎのようにして当地方に出入りし、報恩講の需要に応えていたということです（伊藤曙覧氏『越中射水の昔話』昭和四十六年刊）。このような説教僧というのはまた旅に生きる宗教者でもあり、彼らは行く先々で話すべく、たくさんの説教話や昔話や世間話などを持ち歩いていました。そうして、報恩講の営みの後の直会《なおらい》などにおいて、仕込んできた面白い話題を村人に提供するのです。坊さんだからといって何も抹香臭い話ばかりしていたのではありません。村人たちのほうもそれを楽しみに彼らの来訪を心待ちにしており、そんな中で人気のある笑話の一つとして、白山麓の人たちには身近な一小集落である下田原にこと寄せて「愚か村話」が語られていたというわけです。

四　白峰村内部における「下田原話」の伝承

報恩講を舞台とする話

ここまでは白峰村に隣接する周縁部での伝承例を見てきましたが、次に、大字である白峰村の内部において「下田原話」がどのように伝承されていたかを見ていきたいと思います。県内のすぐれた民俗研究者であった小倉学氏の『白山麓昔話集』（昭和四十九年刊）にはいくつもの「愚か村話」が報告されており、その多くに下田原者が登場してきます。その中で、まず字白峰の山下兵四郎さん（文久年間生まれ）とハツさん夫妻の語った「ひっぱり壁」という話を見てみましょう。

昔、下田原《しもたろ》のもんが島《しま》（桑島）の報恩講様《ほんこさま》によばれて行って、ゴイゲン（住職）様の部屋を見ると屏風《びょうぶ》っていうもんが立ててあったいって。

「なるほど、これは理屈《りくつ》な壁《かべ》かくしじゃわい。家《いえ》の坊様部屋《ぼんさまべや》の壁も余《あんま》れ結構《けっこ》にないじゃさかい、家の報恩講様の時《ほり》は、これを借っていって立てるとよいじゃ」ちゅうて見て行ったいとお。

　そのうちに自分《あれ》が家の報恩講様になったいって。それから、あの壁かくしを借って来て立ちよと思て、島から借って来たいとお。それから立ててみょと思て、立ててみっちゃけっと、真直ぐに立てっちゃさかい、なんべん立ててみても倒《かや》って立っちょらんじゃって。下田原の村の衆らに聞いてみても、

「しゃアなもな今見い初めじゃさかい、一向《いっこ》知らん」ちゅうて誰も知っちょるもなおらんじゃって。それで、島で見た時は誰もおらんのに立っちょったように思うが、それでも、誰か後《うしろ》から持っちょったいも知らず、まァ仕方がない、誰か頼んで両方から持っちょらすじゃ（持たせるのだ）と思て、その日は二人が両方から引っぱって持っちょっちゃったいとお。それが半時《はんどき》や一時《ひととき》ではない、朝げり早よから晩げ寝時《ねどき》までもじゃさかい、ようよう困ってしもたいとお。

そうして報恩講様がすんでから、

「あの島から借って来たひっぱり壁には、ようよう懲り懲りした」ちゅうて人に話しちょったいとお。

　それでそうらいきり。

方言がきつくてちょっと内容がわかりにくいかも知れません。島とは字桑島の旧名です。下田原

の男が、島の報恩講に呼ばれた時に見かけた屏風を、傷んだ壁の壁隠しと思い込み、今度、自分の家にゴイゲン（住職）様を招いて報恩講をする時にそれを借りて来て、ゴイゲン様の部屋に立てようとするが、立て方がわからない。そこでやむなく、朝早くから住職が寝るまで二人で屏風の両端を引っ張って持っていたというもので、「引っ張り壁には、ようよう懲り懲りした」というオチが付いていています。これもまたよく知られている「引っ張り屏風」という話型で、桑島在住の酒井芳永氏にうかがうと、ひどい目にあったり難儀をした時に、「ゴイゲン様《さま》の引っ張り屏風にはよう弱った」というような言い方をしたということでした。これと似たような言い方は、白峰村だけに限らず全国的にも広く見られる慣用的な表現でもあったようです。

ところで、この「引っ張り屏風」なども、恐らくはゴイゲン（住職）様自身が報恩講の後に村人たちに面白おかしく語っていたものだったのでしょう。そのような「場」の状況を彷彿させる話が、同じく山下兵四郎さんの語る「ゴイゲン様のしるとおり」の中にありました。ここではその梗概を示すことにします。

下田原の報恩講に初めてゴイゲン様が来たが、山家者《やまがもん》とて礼式を知らないので、村人は、今日はゴイゲン様のする通りにやろうと相談する。ゴイゲン様が部屋へ入ろうとして入口でうっかりつまずいて転ぶと、これが礼式と思った村人も一人一人同じように転ぶ。次にお勤めが済んで斎《とき》が始まると、ゴイゲン様が重箱の芋の子を箸で掴み損ね、コロコロコロッと畳の上へ転がしたのでみんなも同じように転がす。

やがて斎が済み、お説教も終わって、村人が囲炉裏端や火鉢のかたわらで世間話をしていると夜食が出てくる。その中に素麺があるので、ゴイゲン様は、またみんなが自分の真似をするに違いないと思い、わざと耳に掛けたり鼻の上に載せたりして食べると、案の定、村人も同じようにやったので、ゴイゲン様はひっくり返って大笑いした。

これは「芋転がし」と「耳掛け素麺」のモチーフが連続しているので「愚か村話」にしては少し長いのですが、傍線を引いた部分からもわかるように、どうもそこには仏事を終えた直会《なおらい》の席で、ゴイゲン様みずからが、山家者《やまがもん》としての下田原者を虚仮《こけ》にして「愚か村話」の主役に仕立てていった様子が窺えるのです。恐らくゴイゲン様は、白山麓の各地域の報恩講に呼ばれた時などにも、仏事の後の炉辺での冬の夜話といったような寛いだ「場」で積極的にこういった話をしていたのでしょう。その他にも「長頭を回せ」「蝋燭知らず」といった話が当地方に伝承されています。

五　白山麓における「愚か村話」の二重構造
―「白峰話」の可能性―

ところで、白峰村にはこういった報恩講を中心とする「下田原話」の伝承とは今一つ異なる、いわば、当の白峰村それ自体のあり方を考える上で大変興味深い「愚か村話」も伝承されていたのです。その例として、これも山下兵四郎さんの語った「コトシャミセン」という話に注目してみたいと思います。この話の登場人物は白峰村の牛首《うしくび》（白峰）と風嵐《かざらし》の二人の男で、下田原者は出て来ません。牛首というのは字白峰の旧名です。これも長いので梗概で示すことにいたします。

白峰者の京参りと冬稼《ふいすぎ》

牛首と風嵐の若者が、冬の暇な時期に京参りかたがた京の町で冬稼《ふいすぎ》をして来ようと相談する。雪の降り出す頃に二人は京に出かけ、まずは本山にお参りし、京の町を見物する。ある店の看板に「鏡商」とあって、「カカミショウ」とフリカナが付けてある。漢字を読めない二人はそれを「カカ（女房）ミ（見）ショウ」と解釈し、女の見世物だろうと思ったが、銭がないので来年見ることにする。それから冬稼《ふいすぎ》のため、宿の人に頼んで一人は風呂屋の三助、もう一人は八百屋の丁稚になって奉公することになったが、山出し者と皆に笑われたり、叱られたりしながら春まで奉公し、雪の解ける頃に白峰へ戻った。

次の年の雪の降る時節に二人はまた京へ奉公に出掛け、例の店を探すと、今度は「琴三味線《コトシャミセン》指南《シナン》」と書かれた看板が上がっている。それを「コトシャ、ミセン、シナン」と読み、商売をやめて今年は見せないが死なずにいるものと勘違いし、見せないのなら仕方がないと戻って行った。

これは、本願寺参りで京へ上った白峰村の牛首と風嵐の男が、漢字が読めないためにとんでもない意味の取り違えをしたというもので、話型としては『日本昔話大成』の「嬶見所《かかみどころ》」に該当する話です。ところがこの話をよく見ると、単なる笑話としてではなく、かつての白峰村の人々の置かれた厳しい状況が、かなりリアルに表現されているのではないかと思えるのです。それは「冬稼《ふいすぎ》」です。冬稼とは当地方で冬場の出稼ぎのことをいうのですが、二人の白峰者の、京の町での奉公の様子は次のように語られていました。

宿の人に頼んで、一人は風呂屋の三助、一人は八百屋の丁稚《でっち》になって奉公しちょったいとお。奉公してもない（ね）、二人なら山奥から出て来た山出しもんじゃさかい、皆に笑われたり叱られたりして春まで奉公しちょって、牛首も雪の消えた時分に牛首へもどったいとお。

これを見ると、これまで白山麓で見て来た「愚か村話」とはかなり様相が異なっていることに気付かされます。つまり、白峰村の地では、最も小さな字《あざ》である下田原をあんなに笑い者にして来た彼らが、京の町においては一転して山出し者として笑い者にされ、辛い奉公に耐えながら一冬を働き、ひたすら故郷の雪解けを待っているのです。

もう一例、字白峰の加藤勇京さん（明治二十九年生まれ）の「京参りの三人」という話の梗概を掲げてみましょう。この場合は牛首（白峰）の三人が京参りに出掛けます。

　牛首の三人が京参りの途中泊まった宿で、朝起きて顔を洗う時、傍に塩がいっぱい置いてあるので、それを食べる物と心得、塩を舐め舐め水を飲むと腹がポンポンに膨れてしまい、朝飯を食べずに出て行った。女中が宿の主人に告げると、「それは可哀そうなことをした。田舎もんにちがいない」と言う。三人が次の宿に泊まるとまた塩が置いてあり、他の客が塩を指の先に付けて口をゆすいでいるので使い方がわかる。そこで、帰る時に最初の宿へ寄って、以前のは、自分たちがわざとふざけてやったことにしようと相談する。ところが宿の主人は、男たちが今度も出した物を食べ物と思うだろうからと女中に牡丹餅を出させた。すると、これは顔をこするものに違いないと、牡丹餅で顔をこすり、顔じゅう小豆やら餅だらけにして朝飯を食べた。女中は笑いをこらえ切れずに逃げ出し、主人は「可哀そうなことをした。田舎もんちゅうはどうもならんもんじゃ」と言った。

これは『日本昔話名彙』の「風呂場の餅」、『日本昔話大成』の「牡丹餅で洗面」に分類される話で、やはりここでも京参りの牛首（白峰）の三人が、町の人から何も知らない田舎者として、「どうもならんもんじゃ」と笑い者にされているのです。いわば、京都といった大都市が相手の場合には、白峰村それ自体が「白峰話」とでも言うべき「愚か村」に仕立てられていた可能性があると言えるわけです。

白峰村の置かれた立場

ところで、白峰村が「愚か村」とされる可能性についてはいくつか要因が考えられます。一つには、これまで見て来たように、地理的状況として白峰村が白山麓の大変山深い最奥地に位置しているということ。しかもそこは豪雪地帯として知られています。藩政時代の白山麓の風俗を記したものに、手取川を下った平野部の鶴来町出身の儒者である金子鶴村《かくそん》（有斐）の『白山遊覧図記』（天明五年〈一七八五〉）があり、そこには白山麓を訪れた印象として、

その風俗はすなはち太古のごとく、その気候はすなはち異域のごとし。その言や、その事や往々にして外国竹枝の詞を読むがごときものあり。しかも、その境域はすなわち城市を去ること僅か一日の程のみ。何ぞその事の奇かつ異なる。これ記して伝へざるべからず。（原漢文）

（『白峰村史』上巻）

と記されています。同じ加賀の金沢の御城下からわずか一日程度のところにありながら、その風俗・気風が「太古のごとく」とか「異域のごとし」などと、当時の知識人の白山麓に対して抱いていた奇異と偏見の念が相当誇張して書かれているのです。しかしながら、この時代の里の人々の抱

く白峰の印象もまた、大かたこのようなものだったのではないかと思われます。
とにかく、冬場の長い降雪期をいかに過ごすかはこの地に生きる人々にとって最大の課題であり、京への「冬稼」はそのための一つの有効な生活手段だったわけです。ところが、そのことが都市の者たちの目には、とんでもない山奥から来た貧しい出稼ぎ者といった蔑みの目で見られることにもなる。白峰者の登場する「愚か村話」の背景にはそういった状況があったものと思われます。

商業経済と越前の勝山商人、勝山座頭

第二点として生業と商業活動の関わりがあります。白山麓地方では昔から主たる生業としてナギ畑（焼畑）が行われており、決して豊かな土地ではありませんでした。白山麓の「おおつえくずし」という民謡には、次のような文句が唄い込まれています。

十八ヶの名所名物　白山の山の大権現様　風嵐《かざらし》の泰澄大師の御作仏　牛首蚕飼に大蚕飼　島の名高い晒し布　下田原《しもたろ》鍬がら棒に　鴇《と》ヶ谷栗餅　深瀬の檜笠　釜谷ぼうけ　ドッコイ　五味島ごんぼに女原《おなばら》輪竹　瀬戸のいちよの木　荒谷はばけ　尾添《おぞ》一里野に　二口や炭を焼いて暖かな

（『白峰村史』下巻「六、民謡」）

これは婚礼や家屋の新築、法要などの宴席で唄われていたものだそうですが、そこには旧白峰十八ヶ村の名所名物が織り込まれています。米作りのできない山間の土地での蚕糸や晒し布、鍬棒、

白峰村の白山麓民俗資料館に移築された織田家。明治 38 年に建てられたもので、建物も大きく頑丈である。商業・製糸・製材業を営む旧家で、白峰の経済活動に貢献した。（昭和 58 年 10 月撮影）

報恩講料理。この日の御斎（おとき）のために準備された料理がお椀に盛大に盛り付けられる。真宗王国らしい大きな仏壇が印象的である。（白山麓民俗資料館にて昭和 58 年 10 月撮影）

檜笠、箒、脛巾《はばき》、木炭などといった様々な産物は、いわば生活の苦しさの裏返しであったとも言えますが、それらの物品の多くが加賀のみならず、南に境を接する越前の勝山商人の手を通して京阪神へも出荷されていたということです。現在の福井県勝山市とは藩政時代からかなり繋がりが強く、江戸初期には白峰が越前領であった時代もあったとのこと。恐らくはそうした越前の方から白山麓地方に出入りしていた商人たちの活動を通しても、相当山奥の僻地といった偏見を伴って、その代表格である白峰の存在が遠く京都をはじめとする他地域の人々に伝えられて行ったものと思われます。

また、『白山麓昔話集』の「解説」で臼田甚五郎氏は、白峰に笑話が豊富なのは勝山にいた勝山座頭に負うところがあるだろうと言っています。あるいは、越前からのそのような民間の宗教者の出入りなども、白峰の「愚か村話」の形成に加担していたのかも知れません。

民俗慣行としての「牛首乞食」──異郷からの来訪者──

ここにもう一つ、第三点として考えておくべき重要なことがありました。それは「牛首乞食《うしくびこじき》」と呼ばれるものです。雪深いこの地方における冬場の過ごし方には、先程の「冬稼《ふいすぎ》」(出稼ぎ)と今一つ、今日ではもちろん存在しませんが、かつて白山麓一帯のナギ畑地帯に見られた、冬期の民俗慣行としての物乞いがあったのです。

小倉学氏の『白山麓昔話集』「編者ノート」によれば、白山麓の生活困窮者は冬季に江州や大阪へ出稼ぎに行き、それもできない者は乞食に出て、雪解けを待って帰村したとあります。冬場の食糧不足を補うために十一月の下旬頃から十二月にかけて村を出て、春の彼岸を過ぎる頃まで長期にわたって平野部で物乞いをして過ごしたというのです。それはまた、白山麓における報恩講が一段落した後の時期とも重なります。彼らの行動範囲は越前から近江、京都にまで及んだといわれますが、こんなところにも「愚か村話」への要因の一つがあったと思われます。それらが白山麓一帯に見られる民俗慣行であったにもかかわらず、牛首（白峰）がその代名詞のようにされているのは、そこが白山麓でも最も大きく、世間に知られた地域であったということによるものなのでしょう。

「牛首乞食」の実態について、千葉徳爾・三枝幸裕氏のご論文「中部日本白山麓住民の季節的放浪慣行―牛首地区の事例を中心に―」（『国立民族学博物館研究報告』八巻二号、昭和五十八年）に詳細な研究がありますので、少し引用することにいたします。

福井近辺から武生盆地あたりで乞食をする場合には「包み」または「乞食袋」と呼ぶ一定の形の袋を持つ。そして戸口に立って必ず「牛首乞食でござる」と言う。また、家の者（多くは主婦）が出て来て、どこの者かと尋ねたならば、やはり牛首の出身である事を述べた。すると、多くは「そうか、牛首か、よう来た」とか「ほんにまあ、あんな山奥から」などといって、他の土地から来た乞食よりも多くの米をくれたり、飯を食べさせてくれたりして歓待してくれたものだという。

物乞いの際には、このように乞食袋などと呼ばれる一定の決まった形の袋を持ち、「牛首乞食」ときちんと名乗るのがしきたりだったようであり、越前あたりでは大体好意的であった様子が窺えます。しかしながら里人の印象としては、「ほんにまあ、あんな山奥から」といった程度のものなのでした。

ここにもう一つ、大正から昭和の頃の越前地方の市井の様子を活写した『木村松之助手記』というものがあります。現在の福井市南部の下細江に在住した木村松之助という人物の書き残した手記ですが、そこにも「牛首乞食」の様子が次のように記されていました。

また、牛首乞食と言うて、親子づれの乞食も、冬場雪降る中をゴザボーシをかぶって来た。雪の多い山間部落の女や子供の冬仕事に来たものだろう。太田の布村さん方の小屋を常宿にして、毎年来たらしい。そんな時代もあった。

（『日本民俗誌集成』第十二巻）

乞食行が冬仕事であると言っているのは大変正確な捉え方であろうと思われますが、ここに記されているケースが、母と子の親子連れであったということに驚きを禁じ得ません。乞食行は、実は主に女性たちが我が子の手を引いて冬の里の雪道を辿っていたといえるのでした。また、これをみると、毎年訪れる彼らを定宿のようにして迎え入れてくれた家の存在も確認できます。

そんな彼らに対して平野部の人たちはどのような意識を抱いていたのでしょうか。右の千葉・三枝氏の論文では次のように記しています。再度引用してみましょう。

少なくとも牛首乞食の末期まで、平坦部のムラ人たちの中には牛首を異郷と見るイメージがあった。したがって、そこから訪れる牛首乞食をも、一種の異郷人歓待に近い心持で待遇したのではなかろうか。（傍線は引用者）

そこには、「春のことぶれ」を担う異郷からの来訪者を迎える意識が窺えるというのでした。つまり、はるか遠い山奥からやって来た者に対する憐れみと蔑みの気持ちとともに、新しい年を祝福するいわゆる「ほがい（寿）びと」として、その訪れを期待する意識があったというわけです。愚か村話としての「白峰話」が仕立てられてくる要因としては、こういったことなどが考えられるわけでした。

そこにはまず、〔京都←→白峰村〕といった関係において「愚か村」の立場に立たされた白峰村の存在があったと考えられます。しかしその一方で、そのことを回避するために、村内で最も小規模で低位に置かれた下田原を、白山麓という狭い地域内の報恩講での語りを中心に、〔白峰村←→下田原〕といった関係から「愚か村」に仕立て上げて行ったことが考えられるのです。そこからは、白山麓地方における「愚か村話」の、二重構造ともいうべき様相が垣間見えて来るのではないかと思われます。

六　笑われる側の反骨精神―狡猾譚・頓知話の誕生―

これまで「愚か村話」の語られた地域について、その類型的な昔話のあり方と、その地域によってきわめて個別的な成立の状況を具体的に見て来ましたが、その背後には、単に笑話として済まされない厳しい伝承の実態が横たわっていると言えるわけでした。

しかしながら、そこには、いつも一方的に笑われる者たちの姿ばかりがあったわけではありません。白峰村には、そんな状況に対して反骨精神を発揮し、自分たちを笑ってきた都市部の人たちを、わざと無知を装って騙したり、頓知で逆に言い負かすといった話も伝えられていたのです。その一例として、白峰の山下ハツさんの語った「三人のテンポつき」という話を、内容を要約して掲げることにいたします。

昔、牛首と島と下田原の三人のテンポつきが京参りをした。その途中、三人でテンポ（大話）較べをする。牛首の男は、牛首には七里浜舐める大牛がいると言う。島の男は、島には通り天（切利天）に突き通る竹があると言う。下田原の男は、村も小さいし大きい物は何も無いと言いながら、差渡し三里の桶太鼓があり、それは島の通り天に突き出ている竹の先を貰って胴に掛け、牛首の大牛の舌《べろ》を少し貰って皮に張ったものだと言うので、牛首と島の二人は、下田原には叶わないと大笑いになった。

三人が京へ着き、町を見物していると仏具屋がある。下田原者が店に入って行って仏具のリンを手に、わざと「このオタ鉢（団子を作る木鉢）や何文じゃ」と問うと店の丁稚は可笑しがり、何も知らぬ山家者と思って出まかせに三文と答える。下田原者は三文を投げ渡し、リンを抱えて逃げる。丁稚が「ならん、ならん」と言って追い掛けると、リンをガァーンガァーンと叩きながら「なりますわいのう、なりますわいのう」と言って逃げて行った。そのリンが今も下田原のお寺に残っているという。

三人は今度は大阪へ遊びに行く。港に舟がたくさんあるので、「でかいことブネ（舟）があるやァ。ありゃ何ちゅうブネじゃろ」と言っていると、大阪の者に山家者は何も知らんと笑われる。そこで、町の者に舟の説明をさせると「大ブネ、小ブネ、千石ブネ、二千石ブネ」と言ったので、大阪の者が負けてしまった。

これは、牛首と島と下田原の三人のテンポつきの男が展開する話で、まず、白峰村の三人による「テンポ較べ」があり、牛首と島の男の大法螺話に対して、村が小さいからと謙遜していた下田原者がそれを凌ぐ大話をして二人に言い勝ちます。京に着くと、今度はその下田原者が無知を装って仏具屋の丁稚を手玉に取り、仏具のリンをわずか三文でせしめることに成功します。三人はさらに大阪まで出かけ、町の者に強引に「フネ」のことを「ブネ」と言わせてやり込めています。白峰村の三人にとっては、いつも自分たちを見下して笑い者にしていた京や大阪の人たちを狡智と頓知で逆に散々にやり込めるのですから、何度聞いても大変痛快な話だったでしょうし、特に下田原者にとっては、牛首や島はおろか京・大阪の者たちまで笑い飛ばしており、さぞ溜飲が下がるものだったろうと思います。白山麓には、こんな狡猾で頓知の利いた、吉四六や彦八のような人物の活躍する話も生まれて来つつあると言えるのでした。

他の地方の「愚か村話」においても、例えば「佐治谷《さじたに》話」や「越原《おっぱら》話」や「日当山《ひなたやま》話」などのように、その中からやがて頓知者や狡猾者を生み出してゆく例がいくらも見られます。彼らは笑われることを逆手に取って、強い立場の者に対する反骨精神を発揮し、そこに新たな夢を託して行ったといえるのです。

奥能登の「三右衛門《さんにょもん》話」とのかかわり

ところで、京の仏具屋でリンをせしめるという話は、実は奥能登地方において、珠洲の「引砂《ひきすな》の三右衛門《さんにょもん》話」としてよく知られていたものでした。大島廣志・常光徹氏編『三右衛門話—能登の昔話—』(昭和五十一年刊)に「ならぬ鐘」と題する話がありますので、それを要約して示すことにします。珠洲市正院町の角木喜一さん(明治四十二年生まれ)の語ったものです。

引砂《ひきすな》の三右衛門《さんにょもん》がみすぼらしい格好で京の仏具屋に行き、がいいもん(磬子)を買う。店員に「この飯椀《ままわん》の大きいがぁあるがぁ。これが何文や」と値段を聞くと、馬鹿にして「お前といっしょで三文じゃ」と言う。三右衛門はさらに三つ四つ選び、他にも汁椀や煮染めにと言いながら「これで何文や」と言うと、「そんなもん、われ（お前）といっしょで三文じゃわ」と言う。「高い」と言うと、「そらそうやろ、三文でもお前買われんがやったら。こんな安いがぁないわ」と言うのをいいことに、店先に三文を置き、がいももんを被って出てくる。店員が「ならん」と言いながら追い掛けると、ゴォーンと叩いて「なる、なる」と言って持ち帰った。それを珠洲の正院町の本住寺、引砂の浄福寺、粟津の琴江院へ配り、今でも残っているという。

これは、京の町で三右衛門がわざと愚か者を装って仏具の磬子をいくつも手に入れたというもので、実はこれも京の本山参りが話の舞台だったようです。また、先程の白峰の「三人のテンポつき」と同様、手に入れたがいももん（磬子）が地元のお寺に残っているとも言っています。この話は能登一円でも広く話されていたもののようで、私たちが能登半島西端の羽咋郡富来《とぎ》町（現、同郡志賀町）で行った昔話調査でも、同じ話が当地の頓知者で、おどけ者としても知られた千ノ浦又次《ちのうらまたじ》の〈京で買い物〉として伝わっており、やはりお寺にそれを寄付したと言っています（『能登富来町昔話集』昭和五十三年刊）。この千ノ浦又次は北前船の下っ端の船乗りであったとも伝えており、海上からのこういった話の伝播も考えられるところです。

この三右衛門は、発明《はつめえ》（利発）で巧者な笑話の主人公として奥能登地方では相当に人気を得ていたようで、右の昔話集には「三右衛門話」が例話だけでも二十二話掲載されており、その多くが、自分たちを笑い者にする京の町人たちを手玉に取った活躍を語っているのです。常光徹氏の解説によれば、この三右衛門という人物は実在したとも言われており、百姓であったとか、あるいは「おとしべ（酒造り出稼ぎ者）」であったと伝えられています。かつて、冬場になると毎年、奥能登から京都伏見の酒蔵などへ出稼ぎに行く人が多かったといいます。そんな彼らの姿がまた、京の人々からは軽侮の眼差しで見られていたようで、その状況は白山麓の場合と非常によく似ています。常光氏は、「京人の目には、奥能登の地そのものが愚か村的存在に映った時期が想定される」とも述べています（「三右衛門話考」『昔話伝説研究』第五号）。三右衛門とは、恐らくはこうした奥能登に生きる人々の反骨精神の代弁者としての役割を担って造形された人物だったと言えるでしょう。その姿は「吉四六《きっちょむ》話」「彦八《ひこはち》話」などにも通じるものであったと思われます。

さて、常光氏が指摘する今一つの重要なことは、これらの笑話の伝承に客僧と言われる説教僧が大きく関わっていたという事実です。彼らは、二月の春説教・三月のお彼岸・五月の田上り・十一月から十二月の報恩講の頃に来て、寺に数日間泊まって説教をし、頃合いを見て笑話や世間話をしていたというのです。彼らの足跡は越中や加賀にも延びています。そういった宗教者によっても、能登一円でよく知られていた「三右衛門話」が白山麓へもたらされたものと思われます。その中で特に人気を博したのがこの「ならぬ鐘」だったのではないでしょうか。

その他にも、能登からは毎年、木羽《こば》剥《へ》ぎの一団が、親分と呼ばれる人を中心に白峰の山中に入り込み、長期間にわたって山仕事をしていたといい、寛いだ時には笑話や世間話が盛んにされていたとのことです。また、商人の活動や、北前船の船乗りなどの加賀の港への寄港も含め、様々なかたちでの能登と加賀の人々の交流がありました。恐らくはそのような人々の動きの中で、能登の「三右衛門話」が白山麓にもたらされた可能性があるのです。そして、それまで京の町の者に田舎者・山家者と見下され、蔑まされてきた人たちの劣等感を一気に逆転させる力を持った笑話として、特に「ならぬ鐘」といった話が白峰村の人たちの反骨魂に火を付けたのではないかと考えられるのです。

おわりに

「愚か村話」にはまだ考えなければならないことが多くあります。その一つは文献との関係です。昔話で聞かれる「愚か村話」ときわめて類似した内容のものが、実は江戸時代の初期から咄本や狂歌集などに数多く書き留められているのです。主なものだけでも『戯言養気集《ぎげんようきしゅう》』『醒睡笑《せいすいしょう》』『きのふはけふの物語』『万載《まんざい》狂歌集』『耳袋《みみぶくろ》』などといったものがあります。そこに記されている多くの「愚人譚」は、当時の知識人である文人や僧侶、狂歌師、俳諧師などといった人々によって面白おかしく語られもし、また書き留められ、やがて広く庶民の中へ浸透して行ったと思われます。

しかしながら、種々の「愚人譚」に興じていた当時の人々の心の内面に、「笑い」に封じ込められたある種陰湿な「開けない心」「閉ざされた魂」のあったことは否めないように思います。そして、それはつい近年まで当たり前のように「愚か村話」を享受してきた私たちの心の内面にも深く繋がってくる問題であったように思うのです。

私はこれまで、昔話調査をする中で、資料自体が語ることに耳を傾けるようにしてきました。それは取りも直さず、民俗社会に生きる人たちの生《なま》の声を聞くという営みでもありました。その意味で、これらの「愚か村話」もまた、私たちに何を語りかけているのか、もう一度虚心に耳を傾けてみなければと考えています。

若狭路の民間説話

はじめに――貴重な文化の発掘――

『若狭路の民話――福井県三方郡編――』（田中文雅編著。平成二十年、若狭路文化研究会）を初めて見た時は大変驚いた。稲田浩二氏の『若狭の昔話』が昭和四十七年に日本放送出版協会から出て以降、若狭地方には本格的な昔話の調査報告書が出ていなかったように思うのだが、それが二十一世紀に入ってなお若狭地方にはまだこんなにたくさんの昔話があったのか、というのが正直な感想であった。今日、このような民話集が作られること自体が非常に稀有なことであろうし、しかも若い学生を率いて十年を超える長きにわたり同一地域の調査に従事してこられたことに深い敬意を表したいと思う。その意味でも本報告書は、文化的にも非常に価値の高い、貴重な資料であると言えよう。

一　若狭・美浜の地理的状況

若狭・美浜地方の地理的状況は、北に若狭湾、南には京都・滋賀と境《さかい》を接する「山々」がぐるりと取り囲み、その意外に急峻な山懐《ふところ》から耳川が一気に若狭湾に流れ込んでいる。その距離わずか十六キロメートル。この暴れ川とも称された耳川によって作られる平野部に「里」が形成され、今日の美浜町になるわけである。その平野部を幾重にも仕切るように多くの「峠」が存在し、それらを東西に街道が結んで敦賀や小浜、さらには滋賀、京都へと幾筋もの道がつながっている。

また、三方五湖やリアス式の海岸部には小さな天然の良港があり、漁業のみならず物資輸送の水上交通も盛んで、「ヒト」や「モノ」の動きも大変活発だった様子がうかがえる。何も海上交通の要衝は敦賀や小浜だけに限られたものではなかった。このような、早くから拓け、「山」「里」「峠」「川」「海」「湖」に恵まれた若狭地方には、日本の原風景ともいえるものが備わっているようにさえ思える。まさしくそこには「マチとしての小宇宙」が形成されていたといえ、当地方の民間説話はそのような状況の中で長らくはぐくまれてきたものと言えるであろう。

二　民間神話の世界―美浜という小宇宙の創世譚―

昔話・伝説・世間話をここでは「民間説話」と総称しておきたいと思う。それと、本日の話にも関わることであるが、南西諸島での調査を踏まえ、民間説話の中でも特に神話的世界を物語るものをここでは「民間神話」と位置付けておくことにする。その視点から本土を見ると、そこにもやはり神話的な伝承がいくらかあるような感じなのである。

福田晃氏は「民間神話」の思想・主題について、「およそ神話は、大自然から人文に至る宇宙の営みの始原を求め、それを超自然の霊格（神々）の行為として説明するもので、民間神話もほぼこれに準ずる」とし、その根底には「大いなる自然の営みを畏怖する心がある」とおっしゃる。[(1)] また、真下厚氏もこれとほぼ同様の分類をされている。[(2)] そのような民間神話の伝承は、『日本伝説大系』においては主として「文化叙事伝説」として分類されており、この『若狭路の民話』の場合も、基本的にはその分類法を生かして編集されているもののようである。

そこで、本日の私の最初のお話は、まず本書の中から「民間神話」とみてもよさそうな伝承を取り上げてみたいと思う。

A〔民間神話――神々の国づくり〕

〔例話①〕　「1　耳川、一本幣由来」（『若狭路の民話』124頁）

耳川は昔から暴れ川で、あっちへ流れたり、こっちへ流れたり。しかし、新庄《しんじょ》の祭りに使

弥美神社の遠景（三方郡美浜町宮代）

弥美神社の境内。ここで毎年５月１日「王の舞」が催される。

う一本幣《いっぽんべい》で川筋を変えたら、それに従って耳川が流れて行って、今の落ち着いた耳川になったということを聞いてます。耳川流域の部落を鎮める弥美《みみ》神社がある。その所に新庄の日吉神社の一本幣が持ち込まれて、そこで春の例祭が行われる。

その一本幣の由来は、昔、新庄の山の奥の大日という部落に、金の御幣《ごへい》がどこからともなく飛んで来て、よぼという木に引っ掛かっていた。それを持ち帰って祭りに使うようになった。だから今でも（祭りに）よぼの木の手ごろなものを使うようになったと私は聞いてます。

（話者・美浜町新庄　藤原　優）

この話はいわゆる治水の神としての弥美神社の神威を物語るもののようであるが、恐らくは弥美の神の持つ「一本幣」の力によって耳平野が拓かれ、人々が初めてそこに住み着いたことを物語るものであったと思われる。ここに言う「一本幣」というのは、まるで『記紀』の国生み神話の「天《あめ》の沼矛《ぬぼこ》」を彷彿させるようでもある。そこに私は、この話が美浜という「小宇宙」の国土の始まりを説く民間神話だった可能性を見てみたいと思うのである。

次の例話を見ると、よりその思いが強くなる。

〔例話②〕　「38　弁慶と小倉山、洪水山、耳川由来」（『若狭路の民話』152頁）

小倉山と洪水山ちゅう山が二つある。それを弁慶が天秤《てんびん》で担って行って、あんまり重いさけえ一服して下に降ろして、ボイッと投げたら、一方が小倉山、もう一方が洪水山、天秤

手前が洪水山、向こうが天王山。耳川はその間を流れている。

棒放ったら引っ込んで耳川になった。

（話者・美浜町新庄　藤原　優）

これは美浜町にある小倉山・洪水《こうず》山・耳川の成り立ちを説明したものであり、他に洪水山と天王山とするものもあるが、山とは言え小高い丘のような山である。例話では弁慶という歴史上の人物に名を借りてはいるけれども、類話（話者・美浜町興道寺　松井隆夫）を見ると、「大男が桶《おけ》を担って来て、休憩で山に座ったら、足跡が残り、桶から漏れた水が溜《た》まって湖になり、天秤棒を放ったら耳川になった」とあって、大男の足跡が湖になったというふうにも語っており、この話が大男による国土創世の事業として語られていたことがわかるのである。このような創世譚では「大男」あるいは「巨人」、「大人《おおひと》」などというのが一般的で、全国的にも巨人が天秤棒

新庄の奥、松屋地区を流れる耳川の急流。

やモッコで土を運んでいて、そのこぼれて出来たのがこの山だとかいった話がたくさん伝えられている。つまりこれは、巨人の大力によって美浜の山や川ができたということを物語る、ややスケールは小さいが、やはりロマンあふれる美浜という小宇宙の「国土創世譚」であったことがうかがえよう。

ところで、その洪水《こうず》山にはその名称からもわかるように、大洪水のために、耳川上流の新庄《しんじょ》の山から流れて来て、現在の海べりにおさまったという言い伝えもあるのである。これは、近年頻繁に起こっている山津波を想定できるのではないであろうか。

B〔在地の英雄譚――巨人の末裔として〕

その一方で、同じ大力でも、美浜町には次のような伝承もみられた。「24　大力鬼孫兵衛―大石運び、ムカデ」(『若狭路の民話』140頁)や「25　大力しい―駕籠舁き、大食」(同書141頁)などである。これらもやはり大男で力持ちの話であるが、ただし時代は近世社会になっており、もはや先の神話世界の国作りで活躍した巨人ではなく、人間並みの尺度での大男といった感じになっている。その大力にしても、大石を運ぶとか、道で殿様とすれ違う時、引いていた牛の足をひょいと抱え上げて避けたとか、殿様の乗る駕籠を一人で軽々と持ち上げて、橋の欄干から突き出し、殿様を仰天させたとかいった程度のものになっているのである。これは近世社会の中で、在地の伝説の英雄として親しまれてきた話と言った方が良いようである。

しかしながら、そんな彼らにも実はその昔、山野を跋扈し太古の国づくりに力を発揮した巨人の末裔としての姿が揺曳しているのではないかと思ったりもするのである。以上、まずは『若狭路の民話』から、夢とロマンに満ち溢れた話をいくつか紹介してみた。

三　民間神話の世界——洪水・大津波の伝承——

A〔民間神話——洪水・終末神話〕

今度は一転して、大津波や大洪水によって村が全滅するという、いわゆる「洪水・終末神話」といえるものを紹介してみたいと思う。今年の三月に東日本大震災が起こったショックで、話題にするのも気が咎《とが》めたのであるが、お許しいただきたい。実は民間神話の世界にはこういった話がいくつらも伝承されているのであった。

〔例話③〕「40　かれご山由来」（『若狭路の民話』153頁）

うちらの山のこの上、中腹ぐらいに、かれごっちゅう岩がたくさん立った山があるんです。そこへたまたま大津波が来て、その時に鰈《かれい》が杉に留まっとったんで、かれご（鰈五）っちゅう。

（話者・美浜町金山　中村　正）

これは実に簡単な話で、大津波が来て、魚の鰈が杉の木に掛ったのでそこをかれご（鰈五）山と言ったというふうに、わりと軽妙な語呂合わせの地名由来譚になっている。しかしその類話（話者・美浜町南市　吉岡敬祐）を見ると、坂尻を震源地とする大地震があり、大津波が天王山の中腹まで押し寄せて海水に浸《つ》かったといい、村人は御嶽山や天王山に逃げた。津波がおさまり家に帰ってみると、郷市《ごいち》の家の柿の木に大きな鰈が串刺しになっていたとあり、より内容が具体的になっているのである。つまり、そこには若狭の海岸部の大集落をも呑み込んだ壮絶な大津波の伝承の記憶が潜んでいる可能性があるのであった。

美浜町坂尻はその昔、坂尻千軒とも言われていたようである。美浜以外の他の地方でも、かつて「〇〇千軒」とか呼ばれたような大集落が大津波で消滅したといった伝承がいくつもあるのであるが、私の聞き取り調査でも、たとえば海沿いの木野《きの》や敦賀半島の丹生《にゅう》といった集落はやはり「木野千軒」、「丹生千軒」と呼ばれていたという。木野は漁業をしておらず、海上交易で栄えた時代があったのであろう。

次の例話をみると、洪水・終末神話の様相がもう少しはっきりとしてくる。

〔例話④〕「48　くるび、早瀬由来」（『若狭路の民話』158頁）

日向《ひるが》の隣の早瀬の元は、くるびちゅう部落にあったんですわ。そこの漁師が鶏、かしわの肉で魚を釣り、たくさん獲れ良い漁をしたと。

それを続けていた時、夜が明ける前に一番鶏が鳴いた。いつもより早いけど一番鶏が鳴いたから、ちゅうて出たんですわ。ところが突風で、漁に出た船が全部遭難して全滅した。そんでくるびを引き払って、今の早瀬に残った人が移住した。

私らの子供の時分からの聞き伝えでは「絶対に牛、馬、豚とかの肉類を餌に持って行ってはならん」と、それはもうひどう諫《いさ》められとった。それと同時に「弁当のおかずにもかしわとか、豚の肉類は絶対持って行ってはならん」と言って、干し魚《ほざかな》か沢庵《たくわん》か梅干とか、握り飯のような物で漁に行っとった。

早瀬の思いがけない遭難は、鶏の祟《たた》りやちゅうことで、昔の言い伝えを聞いております。

早瀬の日吉神社に奉納されている北前船の模型。船絵馬も多く、海上交易のさかんだった頃を彷彿させる。

（話者・美浜町日向　高橋武雄）

この話は、その昔、常神《つねかみ》半島にあったというくるびという村の漁師が、鶏の肉で漁をした罰で突風が吹き、船が全部遭難したというもので、直接には大津波・大洪水の事を言わず、村人のタブーとしての「鶏食わず」の由来譚として語られているのである。しかしながら、村人がこの遭難を機にくるびを引き払い、現在の早瀬に移住したとも伝えているのである。思うに船の遭難とは、出漁中に大津波と遭遇したことを意味しているのかも知れない。

そのあたりのことは、やはり類話に掲げてある『西田村誌』の記述を見ればよりわかりやすい。「小川の裏の山を越した海岸を血の浦と言い、昔クルビ村があった。ある晩、村の人の出漁中に大津波があり、民家一軒と寺社を残して全滅した。クルビ村がなくなった時、日向は海、早瀬は山、小川は本尊の延命地蔵をそれぞれもらい、地蔵は海蔵院に祀った」とあるのである。こちらではよりはっきりと、くるび村が大津波に襲われて全滅したと語っており、しかもその後、三つの村の人々が海や山や地蔵を分かち合ったと言っているのは、まるで生き残った人間が国土を再分割したことを物語っているようでもある。昨日の金田久璋氏のお話によれば、くるび村もかっては「くるび千軒」と呼ばれていたものらしい。

いずれにせよ、それらの伝承によれば、村人が漁に出ている間に大津波が村を襲い、民家一軒と寺社を残して全滅したと伝えているのである。これは、確かに早瀬集落の元村であった「くるび（久

留見)」村の滅亡を語る洪水・終末神話であったということになるであろう。(3)

南西諸島の洪水神話では、大津波などで村が全滅した後、必ず若い男女(兄と妹の場合が多い)だけが生き延びて新たに村を作り、子どもを産んで繁栄するという、いわゆる兄妹婚による「島建《しまだて》神話」がよく見られるのであるが、この伝説の場合にも、「民家一軒と社寺が残った」と語っているところに、やはりそういった洪水・終末神話との強い繋がりの一端をうかがわせるものがあったといえるのである。

金田久璋氏の『あどうがたり』(4)を見ると、「美浜町内には大津波の伝説が不思議に多い」とあり、関峠に波よけ地蔵が祀られているとか、大田山の中腹の「のた平《だいら》」には津波で逃げて来た人が使った石臼があるとか、例話③の類話のように、坂尻には数百戸の集落があったが、大津波で海中に没したとかいった言い伝えがあったのである。そこには過去に起こった実際の災害の記憶があったのか、あるいは若狭地方の地理的な状況がこういった伝承を引き寄せてきたのか、それは定かではないが、こうして見ると、口碑の世界ではずいぶん大津波や大洪水の話が伝承されていたことを思わざるを得ないのである。

B〔大津波伝承——近江・湖北地域とのつながり〕

次にそれらに関連して、一見民間神話とは縁がなさそうな資料を一つ掲げておく。「26　さぶとね長者」（話者・美浜町丹生　尾崎　明。『若狭路の民話』143頁）である。

この話は、丹生《にう》のさぶとね長者が、「あらはせの砂が絶えても、私の財産は絶えん」などと豪語し、金貸しとして余りに強欲で漁師たちを苦しめたために憎まれ、網に巻いて殺されるが、その祟りでさっぱり漁ができなくなり、人々は墓を建てて供養をしたという。

ところが、これと似た話が滋賀県に伝わっていた。「阿曽津《あそづ》婆《ばばあ》（七野《なな》の地名由来）」（『西浅井《あざい》むかし話』）というのがそれである。(5)これは滋賀県の湖北地方を舞台とする話で、やはり金貸しの強欲な阿曽津婆という人が、村人に恨まれて簀巻《すま》きにして琵琶湖の阿曽津の浜に沈められる。その祟りで嵐と津波が村を襲い、阿曽津《あそづ》千軒といわれた在所が琵琶湖に呑み込まれてしまったというもので、そこの人々は「のーのー」と言いながら津波から逃げたので、新たに住んだ村の名に「野」と付け、それが七つあったので七野《ななの》と言ったというのである。これは美浜町の「さぶとね長者」とモチーフを共有している話と思われるが、それが近江の湖北地方においては、大津波による村の終末を語る話として伝えられていたというわけである。その土地に固有とされる伝説も、よその土地へ行けば、そこでまた新たな装いで語られるというふうに、伝承というのは文字通りあちこち伝わっていくものだということがわかる。

このように、若狭地方にはまだまだ太古の神々の大いなる事業や、その末裔たちの伝承、悲しい洪水の伝承などが息づいていると言えるのであった。

四　「豆こ話」―はったい粉の笑いと豊饒―

次に笑話に話題を移すことにする。いわゆる「豆こ話」に類するものである。これが若狭地方には実に多いのである。

Ａ〔「屁で飛んだはったい粉」――若狭・越前地方の伝承例〕

〔例話⑤〕　「82　豆こ話―屁で飛んだはったい粉」（『若狭路の民話』99頁）

おやつとしては上等の部やったんやな、はったい粉という物をして食べとった。ほたところが客が来て「あら、ええ物食うとるやないかい、それわしにもくれ」って言われるとこりや、自分の食い扶持《ぶち》が少うなるさけえ「おいおい、来た来た、隣さん来たぞ。ちょっと隠そうかい」ってなもんで、この尻へヨイショと入れた。

ところがバアッと屁《へ》が出て、屁といっしょにはったい粉が飛び散ったって。

（話者・美浜町新庄　藤原　優）

これは何とも変な話である。それでも笑い話であることに間違いはなかろうと思われる。ところがなぜかこれに類した話がいくらもあるのである。当地方において相当人気を博した笑い話であったのかも知れない。はったい粉というのはおちらしとも言い、穀物や豆を粉に挽いたもので、私なども金沢にいた子どもの頃におやつとして食べた記憶がある。そのはったい粉を尻《しり》に隠して、屁《へ》で吹き飛ばしてしまったというところにこの話の面白みがあるようである。しかし、それにしても何ともまとまりのない、しかも下掛《しもが》かった匂いがしてくる話ではあった。

右の話の類話の四番目に掲げてある「屁で立ってしもうたハッタイ」（『若狭路の民話』186頁。話者・美浜町新庄　富永イヨ、再話・小林一男）は、元々『美浜のむかしばなし』（一九八二年、美浜町教育委員会刊）に報告があったものであるが、それを見ると、こちらは屋根葺きをしていて見つけた稲の穂の残りを集めて、囲炉裏の火で炒って臼で挽《ひ》き、はったい粉にすると言っているのである。この後は例の如く爺が尻に隠した粉を屁で吹き飛ばして、みんなの顔にかかったという。むしろこの類《たぐ》いの話では、屋根を葺いていてわずかばかりの稲穂を発見し、それを粉《こな》にするというのが一般的なモチーフであったろうと思われる。

また、「101　めじりにつける薬」（話者・三方町田立　山田 宏。『若狭路の民話』110頁）という話の場合も、田んぼの草取りをしていて稲毛で眼を刺した男が、眼医者から粉の目薬をもらい、「めじりにつけるべし」と言われたのだが、処方箋には「め」を「女」と書いて「女尻につけるべし」と書いてあった。そこで男は勘違いをして、薬を妻の尻に付けようとしたら、薬が屁《おなら》で吹っ飛んだというのである。こちらもまことにばかばかしい話であった。やや変形はしているが、先のものと同様の話とみてよいと思われる。

このような話について、美浜町や福井県内においてこれまでに知られているものを見てみると、次のようなものがあった。

（イ）「飛びたった粉」（『若狭の昔話』）

（ロ）「ハッタイと屁」（錦耕三遺稿集Ⅱ『若狭路の暮らしと民俗』）

（ハ）「きな粉とよい婆わるい婆」（『福井県郷土誌・民間伝承篇』）

（イ）・（ロ）の二例は、いずれも美浜町で採録されたもので、先の例話⑤と似たり寄ったりの内容で、やはり同様にわずかな稲穂を見つけてはったい粉を作り、それを屁で吹き飛ばしてしまったといった内容である。こんな話の一体どこが面白いのかと思わず言いたくなってしまうほどである。

しかしながら、そのわずかな稲の穂ということがまずここでは重要であろうと思われる。（ハ）の「きな粉とよい婆わるい婆」を見てみると、そこにはこんな表現が見られた。「（くしゃみをして）きな粉がぷーうと吹き上り、前より倍になって吹きもどり、もうそこら一ぱいになって、夜は爺と婆は、喜んでそのきなこをかいて食った」と語っているのである。こちらはくしゃみで吹き飛ばしたというように、やや上品な形になってはいるが、どうもこのきな粉が倍になって戻って来たというところがポイントのようである。わずかな穀物の残りで作った粉が、神のご加護のゆえか、その量が倍に増えて爺と婆のもとに戻ってきたというわけである。ただこの（ハ）の話自体は、それを真似した隣の婆が同じようにくしゃみをして粉を飛ばすと雀にみんな舐められたといい、いわゆる

「隣の爺」型の昔話になっている。

つまりこれらの話は、一つには、善良で貧しい爺と婆の（ということは）、つつましく生きる庶民の豊かさへの願いが込められているのではないかと思われるし、二つには、その豊かさに関わって、本来的にはこのようなとんでもない性的な笑いがここではやはり重要であろうと思われるのである。

B〔「屁で飛んだはったい粉」――東北・北陸地方の伝承例とその機能〕

ところで、私が初めてこれと同じような話を知ったのは『若狭の昔話』の「飛びたった粉」であった。その後、石川県南加賀地方の昔話調査で「おちらしの話」（『南加賀の昔話』）を聞き、その後ちょっと気になって探してみると、富山県や新潟県からも同じような話が次々と見つかったので驚いた記憶があるのである。

そして、やがてこれらの笑話が、東北から新潟県にかけて伝承されている「豆こ話」といわれるものであることがわかってきた。野村純一氏のご研究(6)によれば、「豆こ話」というのは、共同体社会において昔話が語られる時、まずは語りの場の雰囲気を盛り上げるために「最初に語る話」としての機能を担っていたとのことである。

「豆こ」とは女性の隠し所を指す隠語でもある。『岩手県上閉伊郡昔話集』の「爺婆と黄粉」には、土間の隅から見つけた一粒の豆こを大鍋に入れて掻き回すと大鍋いっぱいになり、それを臼で挽くと臼いっぱいの黄粉になる。それを猫や鼠に食われないように爺と婆の布団の間に入れて寝ると、夜中に爺さんが大きな屁をし、婆の尻にくっ付いたので、それを爺がもったいないと言いながら、みんな「ペッチャラ、クッチャラ」舐めてしまったという、一見卑猥なとんでもない話が記録されているのである。こういった大胆な「性的な笑い」もまた語りの場における「最初に語る話」としての機能を持って、豊饒を願う人々の思いを繋ぎとめてきたのであろうと思われるのである。

収穫を終え、人々が一年のうちで最も寛げる時期には、神に収穫を感謝し大いに昔話が語られたということであるし、そんな日は「ハレの日」でもあった。そのような時に、来たる年の豊かな実りを願う気持ちを込めて、直会《なおらい》のような語りの場を盛り上げるために、まず「豆こ話」などといった特定の昔話を語ることが求められたということのようである。

ただ、私たちの調査した石川県やこの美浜町の資料などからは「最初に語る昔話」といったような位置付けを証明するものは全くうかがえなかった。もし、かすかにでもご記憶の方がおられたら是非お教えいただきたいと思う。

C〔「婆さんの柿もぎ」の伝承例〕

さて、いま一つこれらと同様、昔話のある機能の存在を思わせる笑話が『若狭路の民話』に収められていたので、次に触れておきたいと思う。少し長いので梗概で示す。

〔例話⑥〕 「ばさんの柿もぎ」（『若狭路の民話』185頁）

（梗概）爺と婆が、家の周りの柿の実がうまそうに実ったので、柿もぎをする。ところが爺は柿の木に登って、うまそうな実は自分が一人占めにし、婆には一つもやらない。そこで婆はハサンボ（挟ん棒）を使って柿をもぎ始める。上を見上げるときんきんに熟した柿が見えるので、力いっぱいその熟柿《ずくし》をひねると、木の上の爺が「痛い、痛い」と言って木から落ちた。婆が熟柿と思ったのは爺のキンタマであった。

（話者・美浜町新庄　富永イヨ、再話・小林一男）

この資料も元々は『美浜のむかしばなし』に報告のあったものである。柿をめぐっての「猿蟹合戦」と見紛うような語り出しから、柿をくれない爺に業を煮やした婆が自分でハサンボ（挟ん棒）を持ち出して柿をもぎ始め、熟柿と思ってひねったのが何と爺さんの急所で、爺さんは痛がって木から落ちてしまったという。こちらはより一段と露骨な、とんでもない下掛った笑い話になっている。とても子どものいる前では話せない内容であろう。

ただ、内容としてはこれだけの話なのであるが、これにもやはりよく似た話が近隣の滋賀県や石川県にも伝えられていたのであった。

（イ）「お婆さんのつかんだもの」（『伊吹町の民話』）

（ロ）「お婆さんのつかんだもの」（『西浅井むかし話』）

（ハ）「雪隠《せんちゃ》の屋根葺き」（石川県石川郡尾口村〈現、白山市〉の調査資料）

である。これらはいずれも先の「豆こ話」と同様、爺が屋根葺きをしていた時に、婆が爺の大事な局所を下から持ったので爺が痛がったというもので、例話⑥の柿もぎの場合とは少し異なるが、やはり、内容的には爺の急所をいじって痛い思いをさせており、同様の話と見做せるのである。

また、（ハ）の「雪隠の屋根葺き」は、昭和四十八年に私たちが白山麓地方の昔話調査をした時のものであるが、その内容は、雪隠（便所）の屋根葺きをしていた爺が足を踏み外して下へ落ち、婆に助けを求めると、婆は針仕事の針を持ったまま助けに行って、針刺しと間違えて爺の大事な処をチクチクと刺し、爺は「痛い、痛い」と言ったというものである。これらの話は、婆さんが爺さんの大事な処をどうこうして痛い思いをさせたというところが話のミソであろう。

この「雪隠の屋根葺き」について、語り手である河岸てる子さんとその夫の市松さんは、これを「しまいの話」と言っていたのであった。「くそ話でとり」とも言われるように、話もくだけて下掛ったものになってくればもう昔話も終わりになるという。お二人は「最初に語る話」とは言わなかったのであるが、その言い方からすれば、何かしらそこには、語りの場における何らかの機能が働いていた可能性を暗示しているようでもある。

そして、これらに類した話についても、かつて野村純一氏は、「最初に語る昔話」として語られ

ていることを新潟県などの事例から報告しておられた。「最初に語るむかし」というのがそれである。(7)

新潟県の話の場合は、爺さんの隠《かく》し所とは言わないが、やはり爺と婆が土間で拾った穂と小豆《あずき》で牡丹餅をこしらえると、どこからか蜂がブーンと飛んできて、針で爺や婆をチクチクと刺すような仕草が語られ、牡丹餅を蜂に投げつけると言っている。蜂と針の違いがあるにせよ、やはりチクチクと刺す行為に「雪隠の屋根葺き」との共通性を感じさせるものがあるであろうし、また、「一本の穂と小豆《あずき》」も「屋根葺きで見つけた稲穂」も、モチーフとしては同じと言っていい。これらの話もやはり「豆こ話」の一つと言ってよいであろう。そして、このチクチク刺すような仕草というのが、まず最初に一座の笑いを誘う効果があったであろうし、また次の語り手を指し示す手段ともなっていたようである。

それにしても、なぜそこまでして「ばさんの柿もぎ」や「お婆さんのつかんだもの」や「雪隠《せんちゃ》の屋根葺き」などといった話が爺さんの大事な部分をいたぶるのか、と思わざるを得ない。しかしながら、そこには当然のごとく、「性的な笑い」が生殖・繁栄に繋がるものとして象徴的に期待されていたはずなのである。そんな笑いに打ち興じつつ人々は、ささやかに豊かさへの思いを託していたと言えるのかもしれぬ。しかも登場人物としては「爺と婆」であることがめでたくもあり、その場に最もふさわしい存在であったと考えられるのである。

五　「弘法伝説」―今日に生きる伝承―

『若狭路の民話』には「弘法伝説」も数多く収録されている。当地方では大変人気のあった話のようで、恐らくどの集落に行っても聞ける話ではないかと思われるほどである。

次に、美浜町佐田の田辺アサヲさん（大正三年生まれ）という方からお聞きした弘法大師伝説を紹介することにする。アサヲさんからは「蕎麦と麦」と「弘法と大根」の二話をお聞きしているが、そのうちの「蕎麦と麦」は弘法大師を絡ませながら、蕎麦の根がなぜ赤いのかというふうな「由来話」になっているので、動物昔話に分類されている。(8) ここでは「弘法と大根」を話題にすることにしたい。

〔例話⑦〕　「弘法と大根」（平成十三年八月二十六日、松本聞き取り）

大根でも、ここの村の大根がおいしいっちゅうことは、お大師さんのおかげやて。

大根を洗っている時に、お大師さんが通りなったんやね。ほいで、隣の村の山上というところの村の人が、お大師さんが、

「大根、一本くれ」っちゅうがやった。そやけど、

「うちのはえぐいさけ、あかん」っちゅうてやらなんだんや。

ほいたら、ここ（佐田）の村の人は、

「うちの大根はおいしいさけ、どうぞ食べてください」っちゅうてあげた。

ほいで、佐田の村は大根がおいしい。ほいで、隣の山上はおいしないて。そういういわれや。

これは伝説なので具体的な美浜町の地名がどんどん出てくる。それを見ると大変面白いことがわかってくる。まず佐田の人が、自分のところの大根が美味しいのは、弘法大師が所望された大根を差し上げてちゃんともてなしたからだと言い、それに比べて山上の大根がまずいのは、お大師さんに「えぐいさけ、あかん」と言って上げなかったからだと主張する。山上の人が聞いたら「ナニ！」と怒ってしまいそうである。

ところが、「33　弘法と石芋」（『若狭路の民話』149頁）という話の類話（話者・美浜町大藪　山口留二）を見ると、織田《おった》は大根は取れるけど里芋が取れない。それは弘法大師に「これは石だから食べられん」と言って芋をやらなかったからだと言っているのである。織田とは実は佐田のことで、佐田で取れる大根のことを「織田大根《おったおおね》」と呼んでいる。従ってこの話では、里芋を出し惜しみしたという佐田の立場がちょっと微妙になっているのだ。しかしまた、「36　弘法水」（『若狭路の民話』151頁。話者・美浜町菅浜　高田千代子）では、今度は佐田の人が弘法大師に快く水を差し上げたので、夏は冷たく、冬は暖かい水が湧いていると伝えており、こちらでは少し信用回復といったところであろう。

このように、弘法大師伝説の場合には特に、各集落ごとの対応とその因果が実にさまざまに入り乱れて伝承されていると言えるのであった。

ところで、先程の例話⑦の「弘法と大根」について、少し山上の方を弁護しておくと、私の聞き取りでは、山上の大根のほうが本当は大変柔らかくておいしいのだそうで、それに比べて佐田の大根は堅くて（まずいとは言わない）、漬物などには適しているとのことであった。それではまるでこの話は、山上の大根に対する佐田の人の負け惜しみの感がないでもない。このように、弘法大師伝説を見ると、単なる伝説としてではなく、土地に根付き、実際の生業にまつわる伝承としてきわめてリアリティを持って語られている様子がうかがえるのであった。

実際、美浜町の東部に位置し山東地区と呼ばれる、敦賀市に近い集落では特に大根の生産がさかんであり、競って敦賀の朝市に出していたということであるし、佐田で聞いた話でも、「大根出し《だいこだ》」といって、真夜中のうちに大根をいっぱい積んだ大八車やリヤカーを子どもたちにも手伝わせて関峠まで押して行き、敦賀の朝市に間に合うように運んだものという。これらはいわば生活のかかった伝承でもあったのである。

諸国を旅する弘法大師は、その土地の人々にとっては自分たちの現実の生活を左右する神様のような存在だったのであろう。若狭地方には特に弘法大師にまつわる様々な伝承や民俗が伝えられているようである。

そのほかにも興味深いものとして、「善坊」の話や「愚か村話」などにも触れたかったのであるが、時間的な余裕がなくなった。以上、少しでも若狭路の民話のおもしろさを楽しんでいただければ幸いである。

注

(1) 福田晃編『民間説話―日本の伝承世界―』(世界思想社)。それによれば、民間神話は大きく㈠国土の起源(ⓐ神々の国づくり ⓑ巨人神の足跡 ⓒ神々の葛藤 ⓓ神々の土地分け)、㈡人類の起源(ⓐ夫婦の始まり ⓑ兄妹婚姻 ⓒ日光感精・卵生型 ⓓ日光感精・英雄誕生型 ⓔ日光感精・昇天回帰型 ⓕ日光感精・昇天邂逅型 ⓖ日光感精・控舟型 ⓗ犬聟入 ⓘ蛇聟入 ⓙ天人女房)、㈢文化の起源(ⓐ火の始まり ⓑ穀物の始まり ⓒ家屋・舟・道具などの始まり)の三つに分類されている。

(2)「沖縄の民間神話」(『シリーズ ことばの世界 第一巻 つたえる』日本口承文芸学会編)。それによれば民間神話は、まず「創世神話」として、島の起源(天からの土砂による島造り、巨人神の天地分離、漂える島など)・人間の起源(原夫婦天降、人種子天降、兄妹婚姻など)・文化の起源(鳥の穂落とし、穀種盗み、火の起源、家の起源など)、「神々の神話」として、始祖神話(日光感精《かんせい》、天人女房、蛇聟《むこ》入、犬祖《けんそ》など)、神々の神話(神々の土地争いなど)に分類されている。

(3) これら若狭地方の津波の事例に関しては、金田久璋氏の「哭きいさちる山河―常民の記憶のなかの津波伝承―」(『季刊 やま かわ うみ』二〇一一年夏号〈創刊号〉)に詳細な紹介がなされている。

(4)『あどうがたり―若狭と越前の民俗世界―』(福井新聞社)

(5) この資料は黄地百合子氏からご教示をいただいた。

(6)『昔話伝承の研究』(同朋舎出版)

（7）野村純一編『増補改訂　吹谷松兵衛昔話集』。

（8）「蕎麦と麦」については、『若狭路の民話』の「21　そばの根の赤い訳」（38頁）の類話にすでにアサヲさん自身の資料が示されており、しかもその本文に相当するものは『美浜のむかしばなし』（一九八二年　美浜町教育委員会刊）に報告があって、『若狭路の民話』188頁にも収録されている。

II

北陸の西行伝承

民俗社会の中の西行伝承
―若狭・越前を中心に―

はじめに

西行の昔話・伝説からのアプローチは近年、花部英雄氏や小林幸夫氏、西澤美仁氏、中西満義氏といった「西行伝承研究会」当時からの方々によって少しずつ研究成果が積み重ねられて来ているようである。今回話題にする福井県の若狭から越前地方にかけても意外に多くの西行伝承がみられるようなので、それらの中からいくつかの伝承について紹介し、考察を進めていこうと思う。しかし、その多くはすでにどこかで存在が確認され、すでにどなたかが研究の手を染めているというものがほとんどであろう。そこで本日は、北陸の西行伝承にみられる特徴と、それが地域の生活文化や民俗性とどのように関わっているのかについて少しお話できればと思っている。

小浜市東相生の「西行さん」（地蔵堂）

一　「西行清水」と「西行さん（地蔵堂）」の由来

かつて私は、若狭の小浜市周辺の「西行清水」について考えてみたことがある。(1) 西行清水についてはすでに江戸時代初めの『若狭郡県志』（成立、延宝年間〈一六七三～八一〉）や『若狭国志』（成立、寛延二年〈一七四九〉）などの地誌に書きとめられている。ここでは小浜藩の下士で郷土史家・歌人でもあった牧田近俊の手になる『若狭郡県志』(2)を引くことにする。

在リ二下中郡桂木村一ニ、伝言、西行上人廻国之時、到リ二于斯ノ処一ニ使下シテ土人ヲ掘ラ上レ之ヲ、故ニ名レク之ヲ矣、又有下テ決スル二勝負ヲ一者上、偶々飲ニメハ此ノ水ヲ、則必負クト云、

西行が廻国して桂木村の地を訪れ、土地の人に井戸を掘らせたのでその名があるという。あまりにも単純な話で、「西行上人」の名がなければ「弘法清水」にでも分類してしまいそうであるが、その後に、勝

負を決する時たまたまこの水を飲むと必ず勝負に負けるとあるので、それならばこれは「西行戻り」に類する話ということになるであろう。

地蔵堂のすぐ脇の「西行清水」

そこは、若狭西部の名田庄村から南川に沿って東の方向へ、起伏のある峠道を上って来た村境《むらざかい》で、峠を上がり切って広々とした相生《あいおい》と言われる一帯を「西行なわて」と言い、かつて「西行狐」が出没したとも伝えている。そして、その一角に今も土地の人に親しく「西行さん」と呼ばれる小さな地蔵堂と清水の湧き出る小さな泉があるのである。

ところで、勝負を決する者がこの水を飲めば必ず負けてしまうと記す江戸期の地誌からは、かすかながらそこがかつての庶民の信仰の場としてあったことがうかがえるのであり、おそらくはその

小浜市西相生の若宮神社。この右手に「西行なわて」が広がり、その背後には南川の流れがある。

昔、峠道を上って来た旅人が一旦はここに足を留め、土地の精霊の声を聞く、あるいは精霊と来訪者との間に問答がなされたというような遠い記憶があったのではないかと推測する。そしてそこに廻国する西行が重なって、土地の精霊との「言問い」の問答において西行の敗北・退散を語る伝承のあったことを暗示しているようでもある。

西行伝承を考える場合、こういった土地の精霊との関わりを語ることは重要な要素の一つであったろうと思われる。そして、西行が土地の精霊と相対峙し敗退するといった趣向は、結果として在地の神の力を顕彰することになり、共同体社会の新たな繋がりと絆を形成する大事な用件だったのではないかと思うのである。今ここでは触れないが、「西行の歌作り」とか「西行と子ども」といった問答話で西行が言い負かされ、退散するという昔話などもその類の民間伝承と言えそうである。

ところで、この地蔵堂を土地の古老たちは親しく「西行さん」と呼んで、幼い頃には、学校の帰りにこんこんと湧いている清水を飲みに競争で走って行ったものだと言っており、また現在は、長旅をして来た西行にあやかって足の病気を直してくれるという、地蔵堂の御利益のほうが強調されているようであった。(3)

二　谷田部《やたべ》坂と「白玉椿」の歌

さて、右の「西行清水」をさらに北東へと進めばやがて谷田部《やたべ》坂の長い上りがあり、そこを上り切り、下ればもう小浜の市街地に入るという境目のところに八百比丘尼ゆかりの青井の神明神社があるのである。そこにもまた西行の詠んだと伝える「白玉椿」の歌が、江戸前期の当地の地誌類には多く記録されているのであった。早い時期のものからいくつか紹介しておこう。

まず『若狭国伝記』(4)（信友本。谷盈堂桜井曲全子輯録。成立、寛文年間〈一六六一～七三〉）には次のように記されている。

谷太部坂

西行法師廻国ノ時、此坂ヲ越テ詠ル、

若狭路やしら玉椿八千代へて

又もこしな《こゆべき》ん谷田部坂かな

是相伝ル所也、又云白花ノ椿此所ニ〔始〕生シケルト也、

これもやはり廻国の西行がこの坂で、「若狭路やしら玉椿八千代へて又もこしなん谷田部坂かな」と歌ったというのである。「又もこしなん」が別本では「又もこゆべき」とあるが、いずれにせよそこには西行の「小夜の中山」の歌が想起されているようでもある。

次に『若耶群談』(5)（千賀璋著。成立、延宝八年〈一六八〇〉頃）を見てみよう。

矢田辺坂

佐藤西行曰、若狭地也白玉椿八千歳経天又毛越奈牟矢田辺坂哉、矢田辺坂、在後湍山西可半里、坂経屈曲、長而稍険、白玉椿猶存開花、巌頭小祠、称白玉椿社、

花寿八千春色繁　八田辺坂寄雲根

西行遂逐南華去　猶有玉椿不寓言

これも内容的には『若狭国伝記』と同様、やはり白玉椿の歌にちなむ谷田部坂での西行の事跡として伝えているのである。白玉椿を愛でて去り行く西行を漢詩に詠んでいるのが他と異なるところであろう。

ところが、それから七〜八十年時代を下って、『若狭国志』(6)（稲庭正義著。成立、寛延二年〈一七四九〉）あたりになってくると、西行作とすることに対する疑念が生じてきているのであった。まずはその本文を掲げてみよう。

谷田部坂

在熊野山ノ南ニ。阪頭谷田部・青井二村ノ界。有リ古歌云ク、若狭路也、白玉山茶花《シラツバキ》、八千世経天、又毛喩ュ辺幾《ベキ》、谷田部坂加奈。此ノ歌為ニ釈ノ西行所ト詠スル、未ダ詳ナラ。

これでは、傍線を附したように、古歌としての「若狭路や」の歌を一応は西行詠歌としながらも、「未ダ詳ナラ」と言っており、その実作について疑ってもいるのである。

これとほぼ同時期の『拾椎雑話』「追加」[7]（木崎惕窓著。成立宝暦七年〈一七五七〉）を見ると、先の『若耶群談』の著者でもある千賀樟の『向若録』を引き、そこに「若狭路也白玉椿八千代経てまたもこへなむ矢田部坂哉」という西行法師の歌の記載があるとしつつ、「此歌何に見へたるやさたかならすといへとも俚人の云伝る事既に久し、必しも其故有つらん」と記しているのである。そしてさらに、『若狭郡県志』が「西行清水」のことを載せているのに「矢田部坂」のことは記していないと指摘し、「愚按するに此歌西行の集になきを以ての事歟」と言っているのであった。西行実作歌の存在の有無から伝承の真偽を勘案する著者木崎惕窓《きざきてきそう》の姿勢はきわめて考証的であるといえるが、その一方で「俚人の云伝る事既に久し」と、民間における西行伝承についても触れるところがあるのであった。確かに白玉椿の歌の西行実詠を証するものはなく、やはり木崎惕窓の指摘する通り、俚人の久しく伝えてきた西行伝承歌とみるのが穏当なところであろう。

ところで、実はこの「若狭路や」の歌は、天野信景《さだかげ》の『塩尻』巻五に「若狭路やしら玉椿八千代へてまたもこへなむ矢田部坂かは」とあって、これを八百姫明神の御神詠としていたのであった。また、萩原龍夫氏の『巫女と仏教史』によれば、現在のさいたま市岩槻区黒谷の田中義一家に、八百比丘尼が残して行ったとされる肖像画「印本八百比丘尼画像」があり、その絵の上部に「玉つはきみやい《（ゐ）》久しきわかさしの八千代かはらぬ花のおもかげ」の歌が記されているという。それらからすれば、本来的にはやはりこの歌は、八百比丘尼ゆかりの地において八百比丘尼が詠んだものとして伝えられていたとすべきであろう。それを当の若狭の小浜の地においては西行に置き換えて伝承されてきたということになる。

なぜそのようなことになるのか。ここからは臆測の域を出ないが、一つの可能性としては、端的に言って中世若狭の守護大名武田氏の存在と、江戸時代初期、関ヶ原の敗戦後、当地の京極家に身を寄せた連歌・俳諧師斎藤徳元の存在があったのではないかと思われる。小浜の地には、かつて武田氏の許に都から歌人や連歌師、狂歌師などの文人が盛んに訪れており、あまりにも文事にかまけ過ぎたがために戦国大名に脱皮できず、滅亡の道を歩んだとさえ言われている。その一族には狂歌・俳諧の世界に知られた雄長老や、細川幽斎のような人物も縁続きにいるのである。そのような文化的伝統のある土地で、後に江戸で俳諧連歌の重鎮として活躍した斎藤徳元は、江戸に赴く前の一時期、若狭において京極忠高公に仕え、そこでの俳諧仲間との活動や、彼を慕って訪ねてくる仲間も多かったようである。(8) そんな彼らがよく集まって茶会や句会を催した場所の一つが、神明神社のすぐそばにある妙徳寺であったようであり、『塵塚誹諧集』などにもいくらか作品が残されている。その中に、

昔若狭国に八百歳になりける老尼の有けるとなりその名を白ひくにといへり扨こそ

綿ほうしかふるか雪の白比丘尼

越前陳といへる比若州三方郡に佐柿と云所の城にて

しら玉か何そ椿はやたへ坂

といった句も残されているのである。「綿ほうし」の句は小浜でのものであろうし、「越前陳（陣）」とあるのは三方郡美浜町佐柿にあった国吉城のことで、忠高公にお供した陣中での作であったであろう。そんな彼らが八百比丘尼ゆかりの地で、白玉椿のことを話題にもし、また、廻国する歌人西行に託して白玉椿の歌を詠ませるという趣向を巧《たく》んだのではなかったか。この白玉椿の伝承歌の、八百比丘尼から西行への転換には、中世から近世にかけての小浜という土地の育んだ文化風土と彼ら文人たちの手が深く関わっていたのではないかというのが私の一つの推測である。

八百比丘尼神像（小浜市青井の八百姫神社）

三　八百比丘尼の霊と西行

さて、当地で没したと伝える八百比丘尼にはもう一つの伝承があった。それは、八百比丘尼が実は尋常な死に方をせず、その魂魄が成仏できずに漂泊していたというものである。『若狭守護代記　五』には次のように記されていた。

五年（元和五年＝一六一九）未今年小浜ノ西青井白玉椿ニ

小社ヲ始テ建立ス是則同所神明ノ神主菊池某カ計ヒナリ是ハ去ル頃ヨリ比丘尼ノ形現シ舞遊ヒ人ニ行アヒテハカキケスヤウニ失ヌ此所ハ昔八百比丘尼ノ住跡ナレハ定テ其霊魂ニテアルヘシトテ小社ヲ建八百比丘尼ノ宮ト名ク其ヨリ怪キモノハ夜々不出ト云今ハ歯瘡ノ宮ト世人申テ歯の痛ムニ願ヲ掛レハ愈ト云々

傍線部を見ると、八百比丘尼の死後、その霊魂が夜な夜な浮遊していたので神明神社の神主であった菊池氏の計らいで八百比丘尼の宮という小宮を建立したというのである。それは、比丘尼の魂が成仏できないでいたことを物語っていよう。なぜ元和五年なのかはわからないが、斎藤徳元はその頃すでに京極家に仕えていた。後世『若狭国志』の書写をし、それに多くの注記を施した伴信友の『若狭国志伴信友註』(9)にも、

(熊野山)白比丘祠。旧記、元和五年比丘尼之鬼出現舞遊、奇怪折々有之候ニ付、八百尼ノ霊カト評、小祠ヲ熊野山ニ建崇祀、怪止云々トアリ。

と記されている。ほぼ同じ内容なので、「旧記」とは恐らく『若狭守護代記』のことを指すのであろう。伴信友はそれを参考に右の注を施したものと思われる。

また、『拾椎雑話』巻十二には、空印寺の石塔建立のいわれについての記述に次のような一文が見られた。

一、巌窟、八百比丘石塔の事は、五世良白和尚の夢に老尼来り、我菩提すくなし、頼むよしを

云、既に三度に及ふ。是によつて初て比丘尼の墓を築、当今三界万霊の墓の所にあり、開
山の墓と相並へり、

そこにもまた、「我菩提すくなし」と空印寺の和尚に再三訴える八百比丘尼の魂の描写がみられるのであった。やがてその石塔は空印寺脇の巌窟内に収められたと伝えている。

八百比丘尼入定窟（小浜市男山、健康山空印寺）

ところで、若狭・越前の伝承研究に大きな足跡を残した杉原丈夫氏は、「八百比丘尼考」のご論考[10]で、「八百姫神社も空印寺も、八百比丘尼が死後成仏できず、魂がこの世をさまよって救済を求めていたことを認めている。八百比丘尼伝説の根底に、魂の漂泊とその救済説話が横たわっていたのである」と指摘しておられるのであった。

また、鈴木棠三氏は『若狭大島民俗記』[11]において、「名所踊り」の中に、「ここは若狭の小浜とよ　後瀬山から吹き下すころげの橋とはこのことか」と唄っていることに着目し、それが、八百比丘尼が小浜

の浅間《あさま》にある「ころげの橋」の石で転んで死んでしまったという伝説によるらしいと言っているのである。この「ころげの橋」については、『若耶群談』の「白尼洞」の項に「古呂美橋」とあり、また、先に引用した『若狭国志伴信友註』に、「（転橋）考、寛永八年ノ町帳ニ、今ノ富田町ヲかうろぎ町ト仮名ニテ書タリ。信友云、橋ノ名モかうろぎ橋ナルベシ」と記されている。

「ころげの橋」として使われていたと伝える平たい大石。今は小浜市の小浜神社境内にある。

つまり、八百比丘尼が転倒して不慮の死を遂げたと伝える場所は、実は青井の神明神社を下って小浜の町に入るところにあった「転橋（ころげの橋・こうろぎ橋）」のことのようである。そこが「橋」であったことが重要であろう。今でも土地の人はころげ橋とかころん橋と言って、ここで転んではいけないと言い伝えている。そして、そのすぐ先には空印寺があるのである。西行と八百比丘尼との「白玉椿」の歌の重層性ということから想像をたくましくすれば、西行には、八百比丘尼の霊魂が成仏できず浮遊しているという場所を訪れ、八百比丘尼の詠歌として伝えられていた「白玉椿」の歌を敢えて読み返すことで、その霊を回向し鎮めるといった役割、あるいは趣向があったのではないかと推してみるのである。それは、西行という人物の持つ歌の力、歌の呪力のなせる技でもあったであろう。そこには、亡き崇徳院を白峰に訪ねたという西行の姿が揺曳しているようにも思われる。

四　「富士見西行」の文殊山

次に越前地方の伝承について考えてみることにする。『帰鴈記』四二[12]（松波伝蔵著。成立、正徳二年〈一七一二〉）に見える西行歌に関する記述である。

文殊《もんじゆ》が嶽《だけ》といふ山も尋常《よのつね》より目だちと見ゆる。西行法師が読たりといひ伝へし歌

富士見てもなににかはせん角原《つのはら》の
もんじゆが嵩《だけ》の雪のあけぼの

これは越前における「富士見西行」の江戸期における最も早い資料である。現在の福井市の最南部に位置する角原というところに小高い文殊山があり、その麓の旧街道沿いに古来交通の要衝であった浅水《あそうず》がある。そこの浅水川に架かる浅水橋から眺める文殊山を富士に見立てて西行が歌を詠んでいるというのであるが、これも類型的なものであろう[13]。

ところで、時代が下って、次の『越前国名勝志』[14]（竹内寿庵著。元文三年〈一七三八〉）を見ると、

そこにおもしろいことが記されているのである。

越ニ来テ富士トヤイハン角原ノ文珠カ嶽ノ雪ノ曙　西行

或人云、世俗伝テ曰、

富士ミテモ何ニカハセン角原ノ文珠カ嶽ノ雪ノ曙

ト詠シケレハ、老翁来テ、

富士見スハ富士トヤイハン角原ノ文珠カ嶽の雪ノ曙

ト詠シ直シケルトナン。彼老翁ハ文珠化身ノヨシ申シ伝フ。

ここでは西行が作ったとされる歌を、「越ニ来テ富士トヤイハン角原ノ文殊カ嶽ノ雪ノ曙」としているが、その次の傍線を附した「世俗伝テ曰」より以下の記述からは必ずしも西行の事跡と判断することはできないものの、少なくとも先に示した『帰鴈記』の歌を、文殊の化身である老翁によって「富士見スハ富士トヤイハン」と詠じ直しをされたというのである。従って、これもやはり西行の事跡として伝えられていたものと見做せるであろう。

このような西行詠歌の添削の趣向は、たとえば『若狭の昔話』に報告された「西行の歌作り」などとも共通のものと見ることができる(15)。そこでは、西行が「伝え聞く鼓の滝へきてみれば、岸辺に匂うタンポポの花」と詠んだのを、山中の一軒家の老夫婦と娘から次々と、鼓にちなんで初句を「音に聞く」、二、三句を「鼓の滝をうちみれば」、四句目を「河辺に匂う」と手直しされ、西

福井市浅水町から眺めた角原町の文殊山

行は己の慢心を自戒し、修行に励んだという。そして、和歌を添削したのは和歌三神であったといっている。

　而してその内容は、宝暦十年（一七六〇）に刊行された『勧化一声電』上巻の「一念仏意ニ契《カナ》ハント欲《ホツ》セバ極楽ヲ欣《ネガ》フベシ」の話ときわめて類似しているのである。西行の和歌と添削の一部に少し違いはあるが、そこでもやはり西行歌の手直しをしているのは和歌三神なのであった。花部英雄氏はこの「西行鼓が滝」の話について、「西行咄と説教」(16)の中で、江戸時代初期の『新撰狂歌集』巻上に、「摂津国鼓の滝にてよめる」と題して鼓の滝の狂歌が載せられていることから、狂歌そのものの中に「西行鼓が滝」が胚胎している可能性を述べ、また同論文において、『勧化一声電』上巻の右の西行歌を取り上げ、そこに説教勧化の実態をも見ておられるのであった。つまりそこには、狂歌師や説教僧による幅広い活動と伝承の実態が想定されているのである。

　ちなみに、『月刈藻集』下にも、西行の詠んだ「スルカナル富士ノ煙ノ空ニキヘテ行衛モシラヌワカ心哉」の歌を、俊成が「スルカトイハデモヨシ。風ニナビクトアリタキニコソ」と添削した逸話[17]や、俊成の許を訪れた西行が庭前のくちなしの花を手に取って、「ロナシニキハノアルコソフシキナレ」と詠むと、俊成が前栽の残菊の枝を折って西行の膝に置き、「キクノ花トテミヽモアラハヤ」と言い返し、西行が退散したと記している。このような狂歌咄が当時相当に人口に膾炙していたことがうかがえるのである。

また、宗祇作と伝える連歌学書『分葉』は、一語で二つの意味のある語について解説したもので、長享二年（一四八八）成立とされるが[18]、そこに、

一、つゝ　（中略）はやし崎まはではいかゞとをるべきつゝみの滝をうちながめつゝ
　　これはきと打見たる様也。興じたる心なり。

といった記載があり、その頃すでに連歌師の間では「鼓」を題材に、「はやす」「まふ」「うつ」などの縁語を駆使して「鼓の滝」を詠み込み、それこそ言葉に遊び、狂歌に打ち興ずる世界が存在していたと言えるようである。小林幸夫氏はこのような狂歌の生まれる「場」として、「舞や鼓の遊びにうち興じる宴の座」を想定しておられるのであり[19]、やはりこのような西行の歌作りの伝承に連歌師や狂歌師などが深く関わっていたことが思われるのであった。

ところで、この富士と見立てられた文殊山については、『木村松之助手記』[20]に明治〜大正頃の「文殊山祭り」のことが記されている。木村松之助は近在に明治二十九年〜平成四年まで生きた人

物である。その手記に四月二十五日の文殊山祭りの時の人々の動きが詳細に書き留められている。子どもたちは二、三銭の小遣い銭を親から貰い、友達と連れ立って山に登り、大人たちは酒と肴の入った提げ重《じゅう》を手に山に登って、古いお宮に参拝してから三々五々飲食をする。露店が道の両脇に並び、艶歌師や女郎衆も登ってきたという。その賑わいから、このわずか三百数十メートルの小高い山が在地の人たちにとっての山入り・山遊びをする場所であったことがわかるのである。

つまり、当地の「富士見西行」の歌からうかがえるのは、土地の人たちにとっての信仰の山であった文殊山を「富士」に見立てて西行伝承が形作られ、しかも、文殊の化身たる老翁に歌の添削までされているということなのである。これもまた、いわば西行の詠歌とその敗北を物語る狂歌咄ということになるであろう。その背後には、恐らく在地の近世共同体社会の形成における柱としての文殊信仰があったものと思われ、その信仰の優位を「富士見西行」に託して伝えてきたであろうことが思われるのであった。

五　浅水《あそうず》と浅水橋

さて、ここで浅水に架かる浅水橋のことについて少し触れておく。『催馬楽』に、

浅水《あさむづ》

浅水の橋の　とどろとどろと　降りし雨の　古《ふ》りにし我《われ》を　誰《たれ》ぞこの　仲人《なかびと》立てて
御許《みもと》のかたち　消息《せうそこ》し　訪《とぶら》ひに来《く》るや　さきむだちや

という歌がみえる。浅水川に架かった橋を渡ればとどろとどろと音を立てるように、雨が音を立てて降る。そのふるではないが、年を経て古びてしまった私を一体誰が仲人を立ててやってくるのかというのが歌意であろう。ただ、ここでは傍線部の、橋を渡るととどろとどろと音が鳴り響くというところに注目してみる。

『帰雁記』三六に、

あさむつの黒戸の橋といふは今の浅水の橋の事か、定かならず。しかあれども俗に黒戸の橋といふ。

たそかれにね覚て聞ばあさむつの黒戸の橋をふみとどろかす

宗祇法師諸国名所記には

朝六つの橋は忍びて渡れどもとどろ〱と鳴ぞ詫しき

と記されている。浅水橋をその昔は黒戸の橋とも言ったようである。ここでも、黄昏や未明に橋を渡る時の音が問題になっている。その音の響きへの異常なまでの関心からは、恐らく「橋」という場において、「とどろとどろ」の音に象徴されるような、土地の精霊と出会い、耳を澄ましてその

福井市浅水の朝六ッ川に架かる朝六ッ橋。たもとの碑に西行の「越に来て」の歌と芭蕉の「朝六つや月見の旅の明けはなれ」の句が記されている。

発する声を聞くといった伝統があったのではないかと思われるのである。そして、そこにはなぜか連歌師宗祇も絡んでいるのである。

『太平記』には、越前で戦う新田義貞を慕って下って来た勾当内侍《こうとうのないし》が、この橋を渡ろうとした時に使者と出会い、義貞戦死の報を聞いて泣く泣く都へ戻って行ったとある。これもまた、橋という「場」において「死の知らせ」を聞くといった趣向なのであろうし、伝統的な「戻り橋」の伝承を踏襲したものともいえそうである。

また、杉原丈夫氏の『若越民話の世界』(21)によれば、ここから東南の方向に少し離れた福井市徳尾町に人柱伝説があり、浅水川に何度橋を架けても流れてしまうので、橋の下に棲む主《ぬし》に、おふじという娘を生贄として人柱にすると、それから橋が流失しなくなった。それでこの橋をおふじ橋と呼んだというのである。これもやはり、人の死と死者の供養を語るものであったろう。「おふじ」という娘の名前にも、すぐ北に聳える文殊山の「富士見スハ」の歌との関連を思わせるものがある。

西行が「富士見スハ」の歌を詠んだとする浅水というところは、北国街道沿いの、古歌にもよく詠まれた場所であり、江戸時代には本陣が置かれた水陸の交通の要衝であった。松尾芭蕉も奥の細道の旅の終盤に当地を訪れているのである。そのような所が中世から近世にいたるまで連歌師や俳諧師・狂歌師といった文人たちの活動の場としてさまざまな話の寄り来る場所ではなかったか。そして、そこにまた西行伝承も引き寄せられていったのではなかろうかと思うのである。

六　冬野寺と宗祇・西行

その浅水から東の方向に文殊山が望まれ、反対に少し西へ行ったところにその昔、冬野寺があったという。『帰鴈記』には、かつて木曽義仲が陣を敷いたと伝える冬野山のことを述べ、次いで「此麓の冬野寺《ふゆのでら》は西行法師が宿りし寺なりと云伝ふ」と記している。しかるに、それから百年後の『新訂越前国名蹟考』(22)（井上翼章著。文化十二年〈一八一五〉）には、「福井中領　冬の村」の項に次のような歌を記しているのである。

○古書云。西行一冬冬野寺に住して、あるあした一首を詠す。(同注考)

今そしる垣ねを埋む白雪の寒さはけしき冬野寺とは

出典としている「同注考」とは、雨森華玉子の『帰鴈記注考』（宝暦七年〈一七五七〉）のことのようで、そこに西行作という「今そしる」の詠歌が掲げられているのである。さらに時代を下って、渡辺市太郎編『若越宝鑑』（明治三十二年）にも、初句を「今はしる」として同歌が載せられている。ところが、昭和五十四年刊の『麻生津村誌』第十章「城跡と名勝史跡」の項にはさらに次のような内容のことが記載されていた。

五、冬野寺跡

西行一冬冬野寺に住して詠める

今ぞしる垣根を埋む白雪の寒さはげしき

冬野でらとは

又、主のもてなしあしかりければ

浅水のあかくむことはよもあらじ

うしろは冬野まへは河北

右の「今ぞしる」の歌は『帰鴈記注考』や『新訂越前国名蹟考』を参照しているようであるが、傍線を附した部分の出典はわからない。先程の『若越宝鑑』の「朝六橋」の項にも同様の記述はあるが、これとて出典ではない。大体『麻生津村誌』の記述には、記述者の文章と引用文献との境目にややもすると曖昧な点が多く、記事の信憑性に若干疑問が残るのであるが、少なくともここに書かれていることから推測すれば、冬野寺の主のもてなしが良くないので、「あかくむことはよもあらじ」と、冬野寺に背を向けそっぽを向く西行の怒りの様子が伝わってくるようである。

ところが、これとよく似た宗祇の逸話があったのである。杉原丈夫編『越前若狭の伝説』によれば、冬野寺の和尚が京に上り、宗祇という連歌師と親しくなり、越前へ来たら必ず訪ねてくれと約束をして別れた。宗祇が旅の途次越前へ行き冬野寺を訪れると、碁を打っていた和尚は居留守を使って会わなかった。そこで宗祇は「はるばるとなつかし顔に来て見ればあきも果てたり冬野寺かな」と詠んだ。するとたちまち寺院僧坊が悉く焼失し、廃寺になったというのである。この話を杉原氏は『越前国古跡拾集記』からの引用であるとしている(23)。春夏秋冬を織り

冬野町の城山（じょうやま）。ふもとに猿田彦神社の鳥居が見える。

込む作歌の技巧とともに、裏切られた宗祇の西行をも凌ぐ怒り・歌の呪力の凄まじさを見せつけており、その根底に共通の話材があったのではないかと思われるほどである(24)。宗祇は越前領主朝倉氏との親交もあり、実際に越前の地を何度か訪れてもいる。そのような文化的伝統もあって後世、連歌師や狂歌師、俳諧師といった人たちや土地の文人たちが集い、このような咄なども好んで伝えられていたのかも知れないのである。

七 「西行と女」の昔話と狂歌咄

最後に、私たちが石川県の能登地方の昔話調査で聞いた資料を紹介する。『能登富来町昔話集』所収の「西行と歌競べ」と題する話である(25)。その内容は、西行が山道で蕨を取っている子どもに「子どもや子ども、蕨を取って手を焼くな」と発句を言うと、子どもに「西行が桧笠はめて、ずこ(頭)焼くな」と言い返される。次に神社で「唐《から》に天竺《てんじく》この朝《ちょう》にない」の句に上の句を付けよと書いてあるので、三、四日そこに泊まって寝ずに考え、「三日目のその方々を尋ぬれば」と付けて満足していると、草を刈る子どもに「人良うて我身悪いと言う者は」と付けられ、西行はまた負けたというのである。これはいわゆる「西行と子ども」の狂歌咄である。そして、それに続けて次のような話が語られていたのであった。

そしたら、また川あったといね、昔ね。その川に、昔のことなら甑《こしき》ちゅもん洗とったお母さんがおったといね。ほして、ま、ちゃんぺ出いて洗とったといね。そしたら、西行さんはそこで一句作ったといね。

「西行は四国西国廻れども、ちゃちゃに甑は今見始めや」ちゅうた。ほうしたらその姉さまね、「ちゃちゃに甑があればこそ、おおぜの子どもむしあげた」。そうしたら、また西行さん負けた。

で、人間ちゅうもんは、あんまりできるちゅうことを自慢したらだちゃかんもんやちゅがいね。それみいんな神様やったがいと。子どもになったり姉さんなったりして出てござった。

これは「西行と女」の型の話である。旅をする西行が、たまたま川で前をはだけて甑を洗っている女を見て「ちゃちゃに甑は今見始めや」とからかったところが、逆に「ちゃちゃに甑があればこそ、おおぜの子どもむしあげた」と歌い返され、西行が負けたというのである。

同様の話を私たちは同じ石川県の南加賀の地でも聞いている。「おちょんに杓文字《しゃもじ》」と題する話で、こちらを語り手は西行ではなく弘法としている(26)。それは、暑い日に裸でこね鉢で団子を捏ねていた女が、弘法が来たので慌てて杓文字で前を隠すと、すかさず弘法が「おちょんに杓文字は見初めじゃ」とからかい、女が「おちょんに杓文字があればこそ、多くの子どもを掬い出す」と応じたので問答に負けて逃げて行ったというのである。「ちゃんぺ」「ちゃちゃ」「おちょん」とは女陰を指すこの地方の隠語である。つまりこれは、甑やこね鉢や杓文字といった生活道具に性的な意味を込めて、「おおぜの子どももむしあげた」とか「多くの子どもを掬い出す」といった多産・豊饒を醸し出す言葉の技巧が効いていると言え、村の女の当意即妙の返歌に西行はしてやられたというわけである。しかもみごとに下がかった話に仕立られているのである。このような下がかった性的な語りを通して好き者西行譚が造形されてきたともいえる。そして、これもまた形としては、旅の途中に訪れた土地で、その土地の精霊との歌問答に西行が敗北して逃げ帰るというパターンであったと言えよう。右の能登の昔話で、問答の相手を「それみいんな神様やったがいと。子どもになったり姉さんなったりして出てござった」と言うところにそのことがうかがえる。

この手の話は、民間説話の「豆こ話」や「しまいの話」などとも密接に関わっているようで、共同体社会のハレの日の語りの場において、その性的な笑いで豊饒を希求する在地の人々の思いもあり、かなり受け入れられてきた話柄のようである。これに類した昔話は福井県の若狭地方を始め北陸地方にかけて多く聞かれるのである。

ところで、能登の例話についていえば、子どもが付けた「人良うて我身悪いと言う者は」という上の句や、その末尾に「人間ちゅうもんは、あんまりできるちゅうことを自慢したらだちゃかんもんやちゅがいね」といった教訓的な一文が付け加わっているところをみると、これなどはむしろ、そのような話が能登や加賀を盛んに行き来していた説教僧（客僧）による伝承を思わせるものがあるのである。

八　伝承の「場」の問題

花部氏は先に紹介した「西行咄と説教」[27]の中で、『勧導抄』の中の「西行と麻」という話（花部氏が名付けたもの）について紹介しているが、その本文で注目したいのは、ある村で、ずっと麻が不作で困り切っていた村人たちが、たまたま隣村に来ていた西行を連れて来て、麻が豊作になるように縁起の良い歌を詠んでくれと頼み込み、村人一同が西行の周りをぐるっと取り囲んで今か今かと歌を詠むのを待ち構えているといった様子を「新談義を聞くごとくなりし」と言っているところである。これは花部氏も注目されるように、現実の「談義の場」を彷彿させるものがあるであろうし、また、西行咄の歌の力は、こういったかたちでも広く民衆の中に浸透し、伝えられていったものと思われるのである。

今一つ紹介すると、石川県の白山麓地方の『石川県鳥越村史』に、旧石川郡（現、白山市）の鳥越村三ツ屋野の秋祭りにおいて獅子舞踊りに唄われる甚句が記録されていた。今は当該部分だけを掲げ、前後を省略する。

五、西行法師という人は、初めて東《あずま》へ下る時、熱田の宮にて腰を掛け、こんな涼しいお社を、何で熱田と名をつけたね、そこへ神様飛んで出て、これこれ西行これ西行、西《さい》という字は西《にし》と書く、行《ぎょう》という字は行くと書く、西へ行くへの坊さんが、何で東へ行くのかえ。

これはよく知られた「熱田西行」であるが、こういったものが甚句で唄われていることも、西行伝承が民俗社会に深く根をおろしていた一つの証拠であろうし、祭りの場で西行ゆかりの、しかも「笑い」（西行が笑われるという意味で）を含む唄を披露することがめでたさを証明することにもなるのである。それほどまでに西行伝承というのは日本人の生活と民俗社会に深く関わったところにあったといえる。

おわりに

とりわけ西行は伝承世界の中で、きわめて広く民俗社会に受け入れられ、庶民生活の中に溶け込んで行ったと思われるし、そのことがまた、より一層西行伝承の意味を複雑にしているものと思われる。西行伝承研究が一筋縄ではいかないゆえんでもある。そこには、早く古典文学の世界における西行自身の描かれ方に淵源を求められるものもあるであろうが、それらの知識・教養を踏まえて、西行と同様、旅人として廻国の人生を生き、訪れた土地々々で、歌の力・歌の呪力を発揮しながら庶民の生活や信仰に深く入り込んで行った連歌師・狂歌師・俳諧師、あるいは説教僧などといった人たちの営みが案外大きかったのではないかと思われるのである。そして、それを受け入れて行った在地の文化とその担い手の存在も十分に考えてみる必要があるであろう。そういう意味で、こういった民間説話からみた西行伝承の研究というのは、特に時間をかけてコツコツと一つずつ丹念に事例を見つけ、それに検討を加えて行くという作業の積み重ねの中でしか確たるものは見えてこないのではないかと考える。

注

（1）「若狭の西行伝説─小浜周辺の伝承圏をめぐって─」（『伝承文化の展望─日本の民俗・古典・芸能─』平成十五年、三弥井書店。後に拙著『民間説話〈伝承〉の研究』に所収。三弥井書店、平成十九年）
（2）杉原丈夫・松原信之共編『越前若狭地誌叢書』下巻所収（松見文庫、昭和四十八年）
（3）平成十三年に小浜市東相生の四方イヨさん（大正七年九月生まれ）から筆者がお聞きした「西行さん（地蔵堂）」の話による。注（1）の拙稿に翻字資料を紹介している。
（4）杉原丈夫・松原信之共編『越前若狭地誌叢書』下巻所収（松見文庫、昭和四十八年）
（5）杉原丈夫・松原信之共編『越前若狭地誌叢書』下巻所収（松見文庫、昭和四十八年）
（6）杉原丈夫編『越前若狭地誌叢書』続巻所収（松見文庫、昭和五十二年）
（7）福井県郷土誌懇談会『拾椎雑話・稚狭考』（昭和四十九年）
（8）斎藤徳元については特に最近の研究成果として、安藤武彦氏『斎藤徳元研究』上・下巻（平成十四年、和泉書院）および『武将俳諧師徳元新攷』（平成十九年、同）が詳細をきわめている。
（9）杉原丈夫編『越前若狭地誌叢書』続巻所収（松見文庫、昭和五十二年）

（10）福井民俗の会・加能民俗の会・富山民俗の会編『北陸の民俗―北陸三県民俗の会年会記録第一集―』、昭和五十八年）
（11）『日本民俗誌大系』第十一巻・未刊資料Ⅱ。昭和五十一年、角川書店。
（12）杉原丈夫・松原信之共編『越前若狭地誌叢書』上巻所収（松見文庫、昭和四十六年）
（13）西澤美仁氏「日野の西行伝承」の注㉓（『實踐國文學』第五十三号、平成十年三月）に、早い時期のものとして正徳三年序（一七一三）の寺島良安『和漢三才図会』の「岩城山権現」に、「ふじみずはふじとやいはん陸奥のいはきの嶽をそれと詠ん」とあることから、「富士見ずは」の和歌が西行に付会されたのが岩木山であった可能性を見ておられる。それとほぼ同時期の越前の地誌にもこういった歌が載せられていたことが注目されるであろう。
（14）杉原丈夫・松原信之共編『越前若狭地誌叢書』上巻所収（松見文庫、昭和四十六年）
（15）稲田浩二編。昭和四十七年、日本放送出版協会。語り手は遠敷郡名田庄村納田終の中野栄太郎氏（明治三十四年四月生まれ）である。
（16）花部英雄著『呪歌と説話―歌・呪《まじな》い・憑き物の世界―』（平成十年、三弥井書店）
（17）中西満義氏「有明山の西行―西行伝承歌をめぐって―」にこの話を含む「富士見西行」についての詳細な考察がある。平成十六年～十九年度科学研究費補助金基盤研究（B）研究成果報告書『西行伝説の説話・伝承学的研究（第三次）』、平成二十年。
（18）本文は山口明穂氏「宗祇『分葉』（翻刻）」（秋山虔編『中世文学の研究』）に依った。なお、宗祇作を否定する説もある。
（19）小林幸夫氏「西行狂歌咄論―歌徳説話と狂歌咄―」（『咄・雑談の伝承世界―近世説話の成立―』。平成八年、三弥井書店）

（20）『日本民俗誌集成』第十二巻「北陸編（2）石川県・福井県」所収。平成九年、三一書房。

（21）福井県郷土新書3。昭和五十一年、福井県郷土誌懇談会。

（22）杉原丈夫編。松見文庫、昭和五十五年。

（23）この資料は江戸期のものであるが、杉原氏によれば著者、著作年ともに不詳であるという。

（24）宗祇には今一つ、『拾椎雑話』巻二十五「他邦」に、宗祇が廻国して大内義隆の許を訪れた時、定家卿の小倉山の色紙百枚を一人占めしているのを憎み、半分の五十枚を所望しそれを方々へ配ってしまった。その宗祇の怒りのためか間もなく大内氏は滅亡したという話が記されている。しかし、大内義隆は宗祇没後に生まれており、これも説話伝承である。

（25）立命館大学説話文学研究会編。昭和五十年・五十一年度調査報告書。語り手は羽咋郡富来町酒見の音花サツキさん（明治三十九年十二月生まれ）である。

（26）旧江沼郡山中町荒谷の河原仁作氏（明治四十三年十月生まれ）の語ったもの。この「おちょんに杓文字」については拙稿「語り手の担う文化力―南加賀の昔話伝承から見える世界―」（『語りの講座　昔話を知る』平成二十三年、三弥井書店）において昔話と狂歌咄から、歴史上の歌人西行を見事に逆転させた好き者西行の形成を考察している。（本書「Ⅰ　昔語りの伝承世界」所収）

（27）注（16）に同じ。

民間説話の中の西行
―越中・加賀を中心に―

はじめに

西行は、その実像とはかけ離れた物語、説話、縁起、伝説、昔話、世間話、歌謡などの世界で実に生き生きと語り継がれてきた。そして、それらが日本文学の領域を超え、日本人の民俗文化の中に大きな足跡を残して来たといえる。その中で、花部英雄氏は西行伝承研究の視点と方法について、

①物語や説話、伝説などを、史実やその作品を視野において解釈していく従来からの文学的方法

②縁起や記録、伝説などを、寺院や宗教者などと関連づけ、説教唱導の視点からとらえていく方法

③民間に伝わる伝説や昔話などを、管理者や伝播・伝承者、あるいは民俗と関連づけながらとらえていく民俗学的方法

④随筆や紀行、地誌などの西行記事を、西行愛好者による知的・趣味的営為としての視点からとらえていく方法

の四つに的確に分類しておられる。（1）私はその顰《ひそみ》に倣って、これまで主に北陸地方の西行伝承についていくらか考えてきた。

北陸路には思いのほかに西行伝承が多いようである。（2）まず、福井県の若狭地方には「西行と子供」「西行とはね糞」「西行の歌作り」といった昔話とともに「西行清水」や「白玉椿」の伝説があり、また、越前地方にも同様に「西行と子供」「西行と亀」などとともに「富士見西行」や「冬野寺」の伝説があり、冬野寺の伝承には西行が連歌師宗祇の伝承とも深く関わって語られていることが知られるのである。そこには連歌師や狂歌師、俳諧師などといった人達と地元の文人たちの活発な交流があったようである。（3）また、石川県には「西行と子供」「熱田西行」「西行と女」といった話があり、「西行と女」が、一方で「豆こ話」や「しまいの話」などといった、豊饒を願う共同体社会の語りとしても機能していた可能性があるのであった。また、北陸路を盛んに往来し、民俗社会に深く入り込んでいった説教僧（客僧）の活動などもあったようである。（4）さらに、加賀地方において、後に触れる富山県砺波市の西行と西住の伝承とも関わると思われるものがあった。そのような状況の中で、富山県においては西行伝承がどのように伝えられていたのであろうか。

一　富山県の民間説話の世界から

一言で言うと、富山県にもやはり西行伝承が多く見出される。まず最初の資料として、野村純一編著『柳田国男未採択昔話聚稿』(5)に収められたものを掲げてみよう。歌人でもあった高安周吉氏の「富山県東砺波郡地方」と題される短い昔話報告で、戦前の『昔話研究』に掲載されなかった原稿のようである。

西行と鼓の滝

昔、西行ァ旅に出て、鼓の滝見に行ったと。そして、こい歌詠んだと。

音にきく鼓の滝を来て見れば岩べに苔とたんぽぽの花

それを聞いとった子供ァ、「鼓の滝ださかひ、打ちみれば、にしりや、ええがに」言うたと。西行ァ「それもさうだ」言うたと。

西行と子供

昔、西行ち人居ったと。或る時、旅に出て、富士の裾野を通ったと。そしたら、子供達ぁ土筆を摘んで居ったと。西行ぁ子供に向うて、「あんたらち、土筆つんで手、つくな」言うたと。そしたら子供達ぁ「御房はん。あんた檜木笠かぶって、頭やくな」言うたと。

西行と萩と蟹

昔、西行ち人旅に出たと。道でおんこしたなって、萩の枝の上におんこしたと。そしたら、萩がはねかへって、おんこァ、ぱーツととんだと。西行ぁそれ見て、

　西行はいくらの旅をしたけれど萩のはね糞今はじめなり

と詠んだと。

［ナシ］

昔、西行ち人旅に出たと。道でおんこしたなって、おんこしてをると、蟹匍うて来たと。西行のおんこァぽとんと蟹の甲の上落ちたと。

　西行はいくらの旅をしたけれど糞の横ばひ今はじめなり

と詠んだと。

これらはいずれも他愛のない言葉遊びの昔話で、いわゆる西行狂歌咄とされるものである。その中で「西行と鼓の滝」は、西行が鼓の滝を訪れて歌を詠むと、何と子どもに「鼓」の縁語をもって、第三句の「来て見れば」を「打ちみれば」に訂正されたというもの。手直しの方法には種々あるが、全国的にもよく知られる話柄である。福井県の『若狭の昔話』の「西行の歌作り」[6]では、和歌の手直しをするのは山中の一軒家の老夫婦とその娘であった。それは和歌三神の化身で、西行は己の慢心を悟って修行に励んだという。また、石川県の能登地方で私たちが聞いた「西行の歌競べ」（『能登富来町昔話集』[7]）では、西行がある神社で「唐《から》に天竺《てんじく》この朝《ちょう》にない」の上の句を付けるため何日

も寝ずに考え、ようやく、「三日目のその方々を尋ぬれば」と付けて得意顔でいると、やはり子どもたちに「人良うて我身悪いと言う者は」と付けられ、これも負けてしまう。この昔話などは、その人倫を説く言い草が説教僧による伝承であることを思わせるものがあるのである。(8)

ところで、富山県の小矢部市矢波には「鼓が滝の不動尊」という話がある。(9) それは、俊寛伝説で知られる宮島峡の子撫川《こなで》支流である岩屋堂川の上流に鼓が滝というところがあって、盆の頃、水量が少なくなると落ちる水音が洞に反響してぽんぽんと聞こえるのでこう呼ばれたという。そして、源義経が奥州平泉へ逃れる途中、この岩屋堂に夜露を避けて宿った時、滝の音に愛妾静御前の鼓の音を偲んだと伝えている。ただし、こちらは西行が登場せず狂歌仕立てにもなっていない。「鼓の滝」と来れば即西行と思いがちであるが、そうでない伝承もあるのである。ついでながら、右の子撫川には、これもやはり、一般には西行伝説として知られる「泡子塚」(10) の話が伝わっているが、こちらも西行とは言っていない。西行としない伝承のほうが古いものと考えられなくもない。

次の「西行と子供」もやはり、西行が子どもたちを相手に、その手の中にある土筆《つくし》に掛けて、「手を突くなよ」とからかったのを、逆に「檜木《ひのき》笠かぶって、頭《ず》やくな」と言い返される話で、言葉遊びの機知が興味深い話である。全国的には「わらび（蕨）」とするものが多く、西行が「わらび（藁火）で手を焼くな」と言って同様にやり返されるもので、石川県・福井県にも類例が多い。

その次の「西行と萩と蟹」は「西行とはね糞」や「西行と亀」として知られるもので、その相手は昔話としては珍しく動植物である。例話では蟹を相手に「西行はいくらの旅をしたけれど糞の横ばひ今はじめなり」と詠むだけであるが、石川県能美郡（現、能美市）に伝わる話(11)では、道端で西行が大便をすると突然動き出したので同様の歌を詠むと、何と蛙に「道の端にはえまいもの、だちん《（駄賃）》とらずの大荷物」と歌で言い返され、西行が蛙にさえも負けたと言っている。むしろそこまで語るのが一般的な伝承といえ、この場合も相手を亀とするものが全国には多いようである。いずれにせよ、歌の得意なはずの西行が、その歌をして思いがけず敗北し退散するという、いわゆる西行戻しの狂歌咄である。

二　石動山《せきどうさん》山麓の西行伝承

右において、まずは戦前の高安周吉氏のまとめられた西行昔話を見てきたのであるが、今夏（平成二十五年）、花部英雄氏と石川県との県境の石動山麓にある氷見市大窪という集落において、高森政信氏と高森英俊《えいしゅん》氏のお二人から同様のお話を聞くことが出来た(12)。大窪は「大窪大工」の名で知られ、石動《いするぎ》神社の宮大工であった。昔はここが石動山への本道であったとのことである。まず、高森政信氏の語る「西行と小僧」を紹介する。

西行ちゅう人がね、こっち上がって来て、その裏に小さなお寺があったんやて。そこの小僧に、いらんことを言わにゃいいがを、小僧は蕨《わらび》を取っがやと。

「小僧、小僧。蕨《わらび》を取って手を焼くな」ってこう言うた。いらんこと言わにゃいいがを。そしたら小僧は、

「坊主、坊主。桧《ひ》の笠《がさ》かぶって頭《ず》こ焼くな」

そしたら、西行さんな負けてしもうて、

「こりゃ、石動山へ行きゃあ、こんな子どもでさえこんなはしかい《（賢い）》もんが、石動山へ行きゃあとてもかなわん」と思うて戻ったと。そういうようなのが「西行もどし」の話や。


これもやはり、子どもと問答して西行が言い負かされるというものであり、ここに登場する子どもとは、実は神に近い存在、土地の精霊と見ることができるであろう。高森英俊氏からも同内容の話をうかがっているが、こちらはお寺の小僧ではなくこの村の子どもであったという。

両氏からは「西行もどしの石」の話もうかがっている。その内、高森政信氏のお話は、西行が石動山へ上がろうとここまで来て腰を下ろしたので、「西行もどしの石」と言うといい、現在田んぼの縁にある石は、上の方から転がって落ちて来て道に出ていたもので、本当の「西行もどしの石」は、長坂神社を造営する際に村の人が持って行って石林（石台）に

「西行もどしの石」とされる大石

使ったという。一方、高森英俊氏が祖父や親から聞いたところでは、「西行もどしの石」はここからすぐ下の方にある一抱えほどもある大石で、ここら辺には大きな石がないから上から落ちて来たものだろうとのこと。その石が転がると天災が起こる前兆だと伝えており、いかにも石動山らしい伝承といえる。石動山麓の同じ集落内ながら、お二人の話には微妙な違いも認められるのである。

　高森英俊氏にご案内をいただくと、草薮を掻き分けた崖の下の小道脇に確かに大石があり、そのすぐ手前には地すべり止めの地蔵を祀る祠があった。そこは急峻な地形で、よく地滑りが起こる場所だということであった。ただ、このお二人のお話からは、この石が「西行もどし」と命名された事情がまだよく掴めない。

　ところが、そのことを説明すると思われる資料が『富山県石動山信仰遺跡遺物調査報告書』(13)の「一〇．石動山の伝説」にあった。「西行もどしの岩（大窪）」と題された話である。長いので要約して示すことにする。

　諸国修行の西行が氷見の地へ来た。せっかくだから北陸で名高い石動山にお参りしようと大窪口を登って来ると、道端に大きな岩が転がっていた。一服しようと岩に腰を下ろした。そこへ平左衛門という土地の百姓が、一間《いっけん》程もある、大きな叺《かます》のようなたてという荷物を軽々と背負って山坂道をやって来た。西行が驚いて「中味は何か」と尋ねると、「こりゃ二十一日や」と答える。その意味が分からず再度頭を下げて尋ねると、平左衛門は、二十一日のことをみなぬかというからみなぬか（皆糠）だ、だから軽いと答える。西行は「なるほど、みんなぬかとは、これは参った」と感心し、山の入口の百姓でさえこんなにはしかい《賢い》のなら石動山の僧たちはもっと賢いに違いない、もう少し修行を積んでからでないと石動山に登る資格はないと戻ることにした。それでこの岩のことを「西行もどしの岩」というようになったという。

二十一日のことを三七日《みなぬか》＝皆糠と判じるのは、話としては目新しいと思われ、また、百姓の名前を平左衛門とするのは、そこに大きな荷物も平気の平左の意を掛けていると勘繰りたくもなるが、要は村人の頓知に西行が負け、石動山を目前にしてすごすごと退散したというわけである。これに続けて子どもを相手の「わらび（藁火）」の話があり、さすがは北陸随一の石動山だけのことはあると言って西行は帰って行ったというのである。恐らくは先程の「西行と子供」の問答も、この大石に腰掛けてなされたということだったのであろう。

右の『富山県石動山信仰遺跡遺物調査報告書』にはもう一つ、「不動の大椿（長坂）」[14]という話が掲載されている。これも石動山へ登ろうと麓の長坂まで来た西行が、泊めてもらった家で親切にもてなされる。家人が水に困っていると聞き、その家の椿の木の根元を杖で突いて呪文を唱えると水が湧き出し、里人の難渋がなくなったという、いわゆる「弘法清水」に類するものであった。大窪の少し手前の長坂集落に、現在もその椿と伝える古木があるが、近くの古老に聞いても、すでに清水の記憶は失われているようであった。

ともかく、石動山山麓にはこのような西行話が伝えられていたのである。そこが石動山という修験の霊山へ赴く聖地であり、西行の腰掛けたと伝える石が、古来より聖域としての結界を示す石でもあったことが思われるのである。そのような場所に西行という歌の名人と伝えられる人物が訪れ、土地の精霊と問答の末、言い負かされて退散するという話が造形されているわけである。その根底には、石動山を聖域とし、その神聖さと石動《いするぎ》修験の信仰を主張する伝承の存在があったと考えることが可能であろう。

三　砺波の西行・西住伝承と尾崎康工

その一方で、砺波地方には尾田武雄氏のご報告(15)にあるように、西行と西住にまつわる伝承が色濃く伝えられていたのである。それは、富山県砺波市庄川町三谷にある西住塚に関わるもので、江戸時代後期以降の諸書に書き留められている。その中で、数次の加筆を経て天明六年（一七八六）に完成したとされる宮永正運《しょううん》の『越の下草』(16)がある。正運（一七三二〜一八〇三）は江戸後期、砺波郡下川崎村（現、小矢部市）出身の農学者で、和歌・漢詩・茶道・連歌・禅・俳諧にも通じた人物であるという(17)。その当該箇所を引用してみる。

一・西行庵旧跡　般若郷三谷村にあり。

西行円位法師諸国行脚の時、西住を伴れしとかや。此西住は、西行北面の官たりし時の陪従にて、元は越中の産也といへり。西行法師と共に髻を切随従し、此処を尋ね来りしに、西住病悩に染み、今をかきりとなられし時、西行上人

もろともに眺め〱て秋の月ひとりにならん事そ悲しき

終に此地にて西住空しくなりしに、上人ねむころに葬り、一基の塚を築き、石碑を立猶菩提をつとめんとて、此里に庵を結び住給ひしとなん。又歌に

散花を惜むやとゞ（ママ）まりて又来ぬ春の種となるへき

諸共に眠り〱て倒ふせんと思ふもかなし道芝の露

此二首は、三谷の庵りにての詠也といへり。

まとろみて物もきへなはいかゝせん寝覚そあらぬ命なりけり　西住法師

これによれば、西住は越中砺波の生まれで、西行とともに諸国行脚の途次、そのゆかりの地である般若郷三谷村において病を得、空しくなったという。その折に西行が「もろともに」の歌を詠み、その後、西住を丁重に葬って一基の塚を築き、ここで庵を結んだのだという。そこには念仏聖的な西行像が窺えるようでもある。

しかしながら、これが事実でないことは『山家集』「雑」の部をみれば一目瞭然であろう。「もろともに」の歌は、都において同行であった西住の死に際して、眼前の秋の月を、かつて西住と一

緒に眺めた月の記憶に重ね合わせ、これから一人きりになってしまう悲しさを歌ったものであろう。また、「散花を」の歌も、やはり『山家集』「春」の部に「散る花を惜しむ心やとゞまりて又来ん春の種になるべき」と見え、越中とは関わらないようである。「諸共に眠り〱て」の歌に至っては、やはり『山家集』「雑」にみえる「何処《いずく》にか眠り〱て倒《たふ》れ伏《ふ》さんと思ふ悲《かな》しき道芝の露」の初句を「もろともに」にすげ替え、西住の死を悼むものに仕立て直しているといえ、「三谷の庵りにての詠也」とは到底言えないのである。「まとろみて」の歌は『千載和歌集』「巻第十七　雑歌中」に確かに西住の作歌としてあるが、それによれば第二句目が「さてもやみなば」とあって、錯誤がある。

　このように、いわば「もろともに」の歌を核に、西行・西住の古歌の知識をふんだんに駆使して、彼らを越中の般若郷三谷の里に引き寄せることで新たな説話を創出する姿勢が見られるのである。しかも、この地で西住に死を迎えさせ、西行の手によって懇ろに葬らせて、石碑まで建立したと伝えている。その姿は、例えば『山家集』「雑」部の西住の死を悼む数々の歌や、『撰集抄』巻六第五「西住上人発心之事」において、西住の死を見届け、高野山へ納骨する西行の姿とも共通のものがあるようである。そこには、当地において、西行・西住に関する和歌や説話伝承に特別の関心を持った者の所為が窺えるのである。

　西行・西住を砺波の般若郷三谷と結び付ける機縁の一つとしては、尾田武雄氏が指摘するように[18]、そこが平安時代より徳大寺家荘園の般若野荘として砺波市東部地域に展開していたということがあったと思われる。従来の研究からも周知のように、西行の在俗時は佐藤義清という北面の武士であり、徳大寺家の家人でもあった。

ところで、『越の下草』には右の三谷の西行庵旧跡に続けて次のような記述が見られる。

一・西住墳の石碑　今は庄下郷大清水村一向宗永願寺門内にあり。

石の高さ土より上二尺五寸、厚さ一尺七寸、横一尺一寸、石は山中の自然石と見へて、苔むしたる堅石也。

伝へ云。慶長十六年大清水村に御亭建ありし時、御奉行原五郎左衛門殿諸方より大石・奇石引寄せられしに、いかゝ取ちかへけん。此碑石を弁へす引来りしに、御奉行西住の碑なる事を知り、故の処へ返すべしとありしを、永願寺の住僧出て、ここまで此石の来りしも又因縁ある事也。願くは愚僧が寺地へ引入れたしとの望みにて、御奉行諾して預られしと也。（以下略）

これは、現在の高岡市戸出《といで》大清水の真宗大谷派永願寺境内にある西住墳の石碑についての説明で、慶長十六年（一六一一）に三谷の地から当寺に移されたとされる経緯を物語るものである。尾田武雄氏はそれについて、元来は三谷にあった石碑を、庄川の大洪水のため永願寺に置かれたもので、三谷に戻されたりもしたが、再度当寺に戻った経緯があるのだという[19]。

その戸出の地には江戸時代中頃、宮永正運に先だって越中の著名な俳人尾崎康工（一七〇二〜七九）

という人物がいた。彼は芭蕉の遺風を慕って全国行脚をし、近江の義仲寺にも墓守として長く滞在したという。その康工が安永四年（一七七五）、右の西住墳の石碑に関わって『西住墳記』[20]を著している。宮永正運の『越の下草』完成の十一年前である。そこには、蕉風を慕うことはもちろん、例の西住碑および西行・西住の事蹟と、越中の俳人たちによって、安永三年（一七七四）に西住碑の前で興行された俳諧連歌歌仙の記録が記されているのである。その中で、西住の死を語る箇所は次のような内容である。私意により本文に句読点を補った。

かなたこなたにたとりて西住上人、山もとの三谷てふ里に悩ミ給ふ。神氣《ムナキ》いやかいなく、今はあやうくそ侍るめれ。かくにも慰る人なけれハ西行上人、

〽もろともになかめ〳〵て秋の月ひとりにならん事そかなしき

となんおハしける。終に称名もろともに往生し給ひぬ。西上人なく〳〵石きり、芝削、墳を築、碑を建たまひけり。（割注＝撰集抄にハ都の庵にて亡ふと。一説に、西住ハ越中三谷の産にて西行は士也。西行上人北陸二三度往来の時、築れし勧請塚ともいふ。）（以下略）

この部分に関して、内容的には先に掲げた『越の下草』の西行庵旧跡の記事と大きな違いはなさそうである。成立は『西住墳記』の方が先行するようであるが、両書はほぼ同時代、同地域での成立といえる。双方の著者の年齢差が三十年あり、互いに何らかの交渉があったかどうかは不明で、『西住墳記』の歌仙の中にもその名は見当たらない。しかし、西行・西住の伝承と石碑の存在から

すれば、これは彼らだけの知識ではなく、当時の越中の俳人たちの共有するものであったろうことは十分窺えるところである。またその碑について、右の割注によれば、西行が当地を二、三度訪れた際に築いた勧請塚であるとも伝えており、いずれにしても当地への西行来訪を固く信じていたようである。

今一つ資料を示すことにする。戸出の尾崎康工と親交のあった金沢の俳人に堀麦水《ばくすい》（一七一八〜八三）という人物がいる。その著『続三州奇談』巻一(21)で、この永願寺の古碑について、麦水が康工と『山家集』などを引き、西行による西住追憶の一つの証拠であることを語り合った後、次のようなことを記している。

> 戸出の康工なる男と共に、石碑の前に涙こぼし侍りしを、かたへに加賀の江沼郡なる人居合せて、老(ママ。左か)は必ず爰ぞとのみ思ひ給ひそ、我郷の山中なる道に西住の塚あり。何がしの寺に其筐のもの正しく残りありなど云ふに、道も遠からず、そこも知る人のある所なればと、しばし加州へ杖を返して是を尋ねぬる。

麦水が永願寺の古碑の前で康工とともに西行・西住の昔を偲んで感涙にむせんでいると、そこに加賀の江沼郡の人が居合わせ、我が郷里にも西住の塚があって、某寺にもゆかりの物が残っているというので早速そこを訪ねたというのである。この人物もたぶん俳諧仲間であろう。砺波から南加賀の江沼の地は数十キロメートルも離れており、決して「道も遠からず」というわけにはいかないが、その距離以上に双方の地の近さが窺える内容である。ただ、著名な俳人で加賀の小松にも住んだことのある麦水が、加賀の江沼の西住塚のことを知らないという点はやや疑義が残るが、少なくともそこには、特に江戸中期以降、芭蕉を慕う加賀や越中の俳人たちの活発な交流活動があったことを思わせるものがある。それは、西行を敬慕したとされる芭蕉[22]が、奥の細道の旅で北陸路を通ったという事実を踏まえ、それ以降の各務支考や岩田涼菟といった芭蕉の門人たちの来訪や、彼らに強く影響を受けた地元の俳人たちの動きが見られたこととも深く関わるものであったろう[23]。

砺波地方における中世の西行・西住伝承が如何なるものであったか、今は不明としか言えないが、近世に至り、特に中期以降の蕉風俳諧の隆盛の中で彼ら俳人たちの好みとして、聖《ひじり》的西行像を伝承の中から取り出し、その最も親密な同行である西住を砺波の地に引き寄せ、その死を弔うという形を取って二人を顕彰して行ったのではないかと思うのである。

四　南加賀の西行・西住伝承—都もどりの地蔵—

ところで、右の『続三州奇談』に書かれた山中なる道の「西住の塚」とは何であろうか。その疑問を解く手がかりの一つとして、現在の石川県加賀市八日市町に西行と西住の伝承があった。そこは旧江沼郡である。まずは口承資料と思われるものとして『加賀市民話伝説集　資料第一集』[24]

に収録されている「みやこもどりの地蔵」の話を掲げる。

動橋町と八日市町との間に小さな石造りのほこらがあり、中にはこけしのようなかわいい石造りの地蔵様が安置されています。この地蔵様には、こんな話があります。

鎌倉の昔、歌人西行は友人の西住をつれて北陸行脚の旅に出ました。山中町の奥、九谷でしばらく足をとめましたが、やがて西行は都にもどりました。いっぽう西住の方は奥山の風景にひかれて、西行を北陸道の宿場であった動橋の附近で見送り、もとの東谷奥村西住にとどまりました。

もろともにながめながめて秋の月　ひとりにならんことぞ悲しき

しかしのちに、西住は西行のおもかげをしのんで八日市の地を再び訪ね、身代地蔵を建立しました。（中略）土地の人々は、これを「都もどりの地蔵」と呼んで、あかずの堂とされていましたが、地元の人々の協力でこの石堂の屋根をはずして内陣を調べたところ、中世のものと思われる高さ一尺五寸、胴まわり一尺、首がさし込みになっているという珍しい石像があり、堂の石格子から投げ込んだと思われる古銭もたくさん発見されました。石像の作風や古銭類などからみて、西行ゆかりの地と考証され、ここで西行、西住の主従が別れ、この地

都もどりの地蔵

蔵様が西住の建立したと伝えられている地蔵様であることがわかったようです。

都戻りで宿場の灯り／早くときたや背の荷物

これは有名な宿場音頭の一節です。（中略）町の古老は、「地蔵様の近くで車が川や田んぼに落ちても、だれも死んだりけがしたりせん。やっぱり地蔵様がまもってくださっとるんじゃ」とお花やお菓子のおそなえを絶やすことがありません。そして八月二十四日、町の子どもたちによって今も地蔵盆が続けられています。

少し引用が長くなったが、これは加賀市動橋《いぶりはし》町と八日市町の境目にある小さな地蔵様の祠の由来を伝えるもので、それにまつわって西行と西住の事蹟が語られているわけである。内容は、江沼郡山中町（現、加賀市）の奥の九谷に修行のために訪れた二人が、やがて西行だけ都へ戻ることになり、西住がここまで西行を送って来て別れを惜しんだというもので、そこに「もろともに」の歌を配している。そして、西住は後にその場所に身代わり地蔵を建立し、それを土地の人たちが「都もどりの地蔵」と呼び、今でも宿場音頭で歌われて、そのご利益と信仰が生きているというのである。右の資料は口承資料を元にしながらも、「もろともに」の歌を始め、いくらかの知識を加えた再話の手を経ているようにも思えるけれども、『続三州奇談』の記述は、恐らくこの地蔵の祠のことを指して西住の塚と称したものかと思われる。

この「都もどりの地蔵」のことは、江戸時代後期の頃にはすでに地元の地誌類に記録されていた。

大聖寺藩内の名所・旧跡・神社・仏閣などの口碑伝説を記録した『芨憩紀聞《ばっけいきぶん》』（塚五明著。享和三年〈一八〇三〉）[25]の中に次のような記載がある。

○八日市　往還に地蔵あり、此の所を都戻りと云ふ。西行法師西住法師と行脚の折から、九谷辺に暫足を止む。其の後都へ戻らんと両僧此の処まで出づ。西住は九谷辺の地勝れ、他に又あらじと九谷へ戻り、今の西住村の所に閑居すと。故に西住村の名ありと云ふ。西住村の中に西住の塚跡とてあり。西行は西住に別れて都へ戻りし所とて、此の所を都戻りと云ふ由。

○西住　此の領に西住法師居住せしと云ふ。今村中に西住が塚跡とてありしとぞ。

これによれば、先程の口承資料における八日市の西行・西住の事蹟に関する内容がほぼ尽くされているようであり、西行が西住と別れてこの地蔵の場所から都へ戻ったことによる「都戻り」の呼び方もすでになされているのである。ただし、なぜか「もろともに」の歌を記さず、また、西住による地蔵建立のことも言わない。

ところで、その西住村に関して、そこに西住が居住したことと「西住が塚跡」があったことを記している。実はこれが西住の塚なのではないかと思われるふしがあるが、「塚跡」ということであれば、この時期すでに失われていたとするのが妥当であろう。

また、同じく大聖寺藩内の地誌・紀行を記した『江沼郡雑記』（宮永理右衛門著。江戸末期）[26]には次のようなことが記されている。

○御郡奉行奥山廻り。　扨杉水村・西住村を通る。昔は此西住村に西住法師の庵室の跡ありしといふ。今は知れず。可レ惜。此西住法師は、今八日市村と動橋村の領境にて、西住《（ママ）》法師に行合ひし咄残りて、其所の地名を今も都戻りといふ。八日市村の東地蔵ある所なり。昔この所にて西行と西住行合ひしに、西住《（ママ）》西行にいひ負けて京へ帰る。依て都戻の名ありといふ俗説あり。

ここでもやはり、西住の庵室の跡があったが、今は分からないと言っているのである。そして、その内容は『芨憩紀聞』とは異なり、西住村に庵を結んでいた西住が八日市村の地蔵の所で西行と行き合い、事もあろうに二人が問答をし、西行が西住に言い負けて京の都へ帰ったので都戻りの名があるということを「俗説」として伝えているのである。「西住西行にいひ負けて」とあるのは逆で、恐らく「西行西住にいひ負けて」の書き誤りであろう。これによると、境の地での問答譚的な性格がより強くなっていると言える。このことからすると、西行と西住の組み合わせの形態を取ってはいるが、「西行が問答で言い負けて引き返す」といった、いわゆる西行戻りの伝承がすでにその根底にあったものと思われるのである。

つまり、ここで考えられることは、この境界の地に建てられていた地蔵に関して、一つには身代わり地蔵の信仰が存在し、今一つとして西行戻りの伝承が語られて来たのではなかったかということである。そして、恐らくはそこに何がしかの作為が働き、親密な師弟関係にあったとされる西行と西住の別れの場として新たに設定し直されていったのではないかと思われるのである。私はその動きも、特に江戸中期以降の北陸の俳諧興隆の動きの中で捉えてもよいのではないかと考えている。

五　山中・西住村の西住霊碑と加賀の勝光寺

さて、この「都もどりの地蔵」のある場所から動橋川をおよそ二十キロメートルほど遡ると山中町の奥の九谷村に行き着く。そこから少し奥にかつて西住村があった。そこには神人《じんにん》の滝があり、西行と西住の修行場であったとも伝えている。村は昭和二十九年三月に廃村になったが、そこに二基の石碑が並んで建っている。ただし、これが『続三州奇談』のいう「西住の塚」でないであろうことはすでに述べた通りである。二基の石碑にはその正面に「西住上人」と「西住霊碑」と記されており、その内まず霊碑によると、左側面には西行・西住の事蹟が次のように記されている(27)。

西住法師は本俗名は源次郎兵衛尉なり於西行法師の弟子なり、西行法師が弟子西行(ママ)法師を従へて北国行脚の際、文治四年加賀国動橋村の都戻にかかりしが、西行法師は京都に向ひ、西住法師は山村入り此の地に駐り草庵を営みて終身他行せず。建久四年八月三日遂に寂す。是より、此の地を西住と称す、其の後は永遠と或時は大村、或時は小村となり遷り換り続けしが遂に昭和二十九年□りて山中、山代方面に転住せり、

吁嗚二師　浮雲富貴　行往雖殊　蘭臭同気
青山得所　我不願行　遺徳長在　一邪風清
勝光寺　住職　弓波　真惴　作／中江与三松　書

この霊碑は昭和二十九年の廃村の際に建立されたと記されており、西行と西住が北国行脚で動橋村を訪れたとする文治四年（一一八八）も、西住が建久四年（一一九三）八月に当地で示寂したことも恐らく事実ではあるまい。碑文が何を元にしたものか判然としないが、『石川県江沼郡誌』(28)に、「僧西行弟子西住を従へ、北国行脚の際本郡動橋村の都戻に抵りしが、西行は京都に向ひ、西住は此の地に駐り、草庵を営みて住せしが、建久四年八月三日遂に寂す。是より此の地を西住と称するに至れりといへり」とあって、西行・西住の事蹟に関する部分はほぼ同文と言え、恐らくはこれを元にしたものとみられる。この石碑の一文を草したのは加賀弓波《ゆみなみ》の勝光寺住職真惴《しんずい》である。

しかるに、もう一方の「西住上人」と記した碑の左側には「願人勝光寺恵達」、右側には何と「建久四年三月建立」とあるのである。八月に寂したとあるのに三月建立では矛盾も甚だしい。また、この勝光寺恵達の名は、実は幕末から明治初期の宗教や社会を記録した「官途日簿」の作者として知られることから(29)、恐らくは一九世紀後半に生きたこの人物のことを指すものと思われる。そうであれば、石碑もその頃の建立と推され、やはり内容的には荒唐無稽と言わざるを得ず、時期的にも『続三州奇談』のいう西住の塚ではあり得ないことになる。ただ、その『続三州奇談』の中の記述を見ると、戸出大清水の「西住の古碑」について、「実にも石の彫り、建久の頃の古びとや」とあり、俳人仲間の間ではあるいは西住が建久年間に没したとすることが通例になっていたのかも知れないのである(30)。

しかしながら、西住村における西住上人の顕彰碑建設事業に、加賀の勝光寺の住職が二度まで深く関わっていたということは事実として言えるわけで、『続三州奇談』で「何がしの寺に其筐のもの正しく残りあり」と言っているのはこの勝光寺を指しているのかも知れない。この点は今後の課題である。

その勝光寺は、現在も加賀市打越《うちこし》にある浄土真宗本願寺派の寺院である。歴史は古く、真宗以前は天台宗であったが、覚如に帰依して改宗し、明徳元年（一三九〇）、本願寺第五世の綽如《しゃくにょ》が勝光寺と改めたと伝える。元は同市弓波《ゆみなみ》にあり、弓波山と号している。かつて、山中町の西住村周辺にあった村々はすべてこの寺の門徒であったらしく、その結び付きは強かったようである。先程の八日市町の「都もどりの地蔵」は、この勝光寺からJR北陸本線に沿って南西へ三キロメートル弱の場所にあり、しかも、かつて勝光寺があったとされる弓波《ゆみなみ》町は、現在の都もどりの地蔵からは一キロメートルも離れていないのである。その近くには忌浪《いみなみ》神社もある。弓波は地元では「いみなみ」「いんなみ」とも呼んでいるらしい(31)。相互の繋がりについてはもっと調べる必要があるのであるが、そのすぐ近辺においても「西行と子供」「西行とはね糞」といった昔話が報告されており(32)、この都もどりの地蔵の周辺にはやはり西行伝承が集中していたといえそうである。

六　芭蕉を慕う俳人たち―井波瑞泉寺の浪化《ろうか》上人―

ところで、この弓波の読みから連想されるのが富山県東礪波郡井波町《いなみまち》（現、南砺市）である。その井波町には浄土真宗大谷派の名刹瑞泉寺《ずいせんじ》がある。この瑞泉寺もまた勝光寺と同様に明徳元年（一三九〇）、本願寺第五世の綽如によって建立されたと伝えているのである[33]。井波別院でもあるこの大寺は今日でも絵説き説法が盛んである。また、加賀市の勝光寺との関係は不明だが、小松市に同名の勝光寺（真宗大谷派）があり、江戸後期の鶴来町出身の儒学者である金子鶴村《かくそん》の『鶴村日記』[34]には、小松勝光寺の住職の娘が瑞泉寺へ嫁したことが記されている。寺院関係などを中心とした加賀地方と砺波地方との緊密な繋がりが十分考えられる一例である。

その井波瑞泉寺にかつて第十一代住職の浪化《ろうか》上人がいた。寛文十一年（一六七一）～元禄十六年（一七〇三）の人である[35]。若くして亡くなったようだが、早くから越中における優れた俳人として知られ、芭蕉の直弟子でもあった。彼は芭蕉門人や加賀俳壇の人たちとも強い繋がりがあったようである。その浪化の手になる「翁塚記」[36]によると、芭蕉を深く敬慕した彼は、芭蕉の七回忌にあたる元禄十三年（一七〇〇）六月、京からの帰途近江粟津の義仲寺に詣で、墓下の小石を拾い取って越中へ持ち帰り、井波の浄蓮社境内の傍らに庵主とともに鍬を持って方墳を築き、加賀・越中の門人たちとその墓前で手向けの句会を催したとあるのである。また、七月の盆の頃には支考が訪れ、無縫塔を造立したという。また、時代は下るが、幕末から明治にかけての金沢の郷土史家である森田柿園《しえん》（一八一二〜一九〇八）の『越中志徴』巻一[37]には、芭蕉の歿年、浪化が江戸の也寥《やりょう》法師から贈られた芭蕉の遺髪を塚に納め、黒髪塚を築いたとあり、浪化の「しつらひは旅のやうなり魂祭」の一句が添えられている。

このように、越中の地においても浪化上人を始め、同時代の人々やそれ以降の芭蕉を慕う俳人たちの手によって、幾つもの芭蕉塚が建立されていったようである。その背景には、各地域における主に真宗寺院の僧侶たちや俳壇・俳諧連衆の活発な活動、および外部からこの地を訪れた幾多の俳人たちの刺激があったといえるのである[38]。

彼らは芭蕉を慕う一方で、越中では『西住墳記』や『越の下草』など、加賀でも『続三州奇談』や『芨憩紀聞《ばっけいきぶん》』『江沼郡雑記』などに窺えるように、芭蕉が尊敬したという西行をも慕う気持ちが篤く、それぞれの地において、西行・西住の説話伝承を絡めて語ろうとしたもののようである。『加越能古俳書大観』[39]所収の俳句集を検しても、彼らが西行のことを詠んだ俳句がいくらもあるのである。その中で一例だけ示すと、金沢の生駒万子《まんし》の『そこの花』（元禄十四年〈一七〇一〉）に、浪化の作として次の一句が見える[40]。

兼好のさひしく居られけれは、
西行も雪の降夜は菜飯かな

ここに兼好が出てくるのが少し奇異であるが、浪化も親しく出入りしていた東礪波郡（現、南砺市）の古刹である真言宗安居寺《あんごじ》の背後の安居山に、吉田兼好の夢塚があると伝えられている(41)。その由来は、安居寺の門前に住む男が山で鉦と錫杖を掘り当て、家に持ち帰ると一人の法師が夢枕に立ち、「世の中の秋田刈までなりぬれば露も我が身も置どころなし」と和歌を詠んで消えた。そのことを安居寺の住職良宥に語ると、それは兼好法師の歌であると言い、それらを埋めて塚を築き、秋の田塚と名付けたというのである。この話自体は元文二年（一七三七）のこととしているのであるが、鉦と錫杖を埋めたということであれば、そこに修験山伏などの介在を考えてみることもできるであろう。恐らくこういった伝承はそれ以前からあったと思われ、浪化はそのような伝承を元に句を作ったものと思われる。俳句の内容は雪の降る夜、もう寄る辺がないと嘆く兼好の歌に、温かい菜飯を持つ西行をそっと添わせてみたといった具合で、その軽妙さは蕉風というよりむしろ美濃派と呼ばれた支考などの影響が窺えよう。『そこの花』にはほかにも浪化の作ではないが、「西行の苔清水にて」と題して三句、「西行法師の歌のこゝろを」の詞書で支考の「烏めといはれてやすし花の中」という句が収められており、やはりそこには西行を慕う気持ちが表れていると言える。

ところで、この安居寺の観音堂の前には西行歌碑があり、近くの安居山には西行谷があるという[42]。歌碑自体は明治十九年の建立のようであるが、そこには、「山里は庭の梢の音までも世をすさめたる気色なるかな」と記されている。これは『西行法師家集』雑の部に、

遁世の後、山家にてよみける

山里は庭の木末の音までも世をすさみたるけしきなる哉

とある歌で、西行出家当時の作のようである。西行出家時の思いを後世の人が慕って歌碑を建立したと言えるのであるが、これも視点を変えれば、西行が出家後に安居寺を訪れ、この地に遁世した

安居寺の西行歌碑。裏面に西行が当山に詣でて歌を詠んだこと、長く忘れられていたのを惜しみ、菊池五世が風雅の士に伝えるため明治十九年に建立したことを記す。

弥勒山安居寺本堂（南砺市安居）

時の歌のように装っているとも言えるであろう。ここにも西行を越中の地に引き寄せようとする動きが窺えるのである。近くの西行谷の存在も気になるところである。いつ頃からそういう言い方があったものか今のところ不明であるが、当地においても西行伝承と深い関わりがあったことだけは言えるであろう。安居寺の歴史は古く、創建を奈良時代の初めと伝える。そこに、中世以降、修験山伏や出家・遁世した聖たちの存在を考えてみることもできよう(43)。このように、近世を遡っての西行伝承形成の可能性もそこにはあるのであるが、今はこれ以上の言及は控える。

その安居寺には、結社の句会の作を書き付けた多くの扁額が奉納されており、ここにも俳諧結社の人々が多く集った様子が見受けられるのである。

おわりに

ここに示してきたものは、あくまでもほんの一例に過ぎないが、北陸地方における西行伝承には、特に近世、地方で活躍した俳人を中心とするいわゆる文化人の活躍と、お互いの属する結社としての俳諧連衆の活動、さらには国境《くにざかい》を越えてそれぞれを繋ぐネットワークのようなものが密接に機能していたのではないかと思われる。その動きの中で数多くの句集が編纂されており、そこにはその時代時代における越中・加賀・能登の俳壇の人たちの様々な交流がみられるのである。彼らはまた、芭蕉の門人などとも緊密に交流し、その後の時代においても絶えず外部から訪れる俳人たちを受け入れ、自らの活動の活性化に努めてきたものと思われる。そこにはいわゆる旅に生きる俳諧師・連歌師・説教僧などもいたことであろう。そのような中で、芭蕉の句碑を盛んに建立して顕彰し、芭蕉が敬愛した伝承の中の西行を文化として受け入れて来たのであった。彼らは、日本の近世社会において盛んになった「文化としての西行」の担い手として、北陸の文化高揚に大いに貢献したといえるのである。

注

（1）「特集『遊歴雑記』初編中巻六十八「田畑村西行庵の異物作事」—西行伝説と文人趣味—」（昔話伝説研究会編『昔話伝説研究』第二十三号、平成十五年。後に同氏著『漂泊する神と人』に所収。平成十六年、三弥井書店）。なお引用上、その表記を一部私に整理している。

（2）拙稿「北陸路の西行伝承—加賀・越前・若狭—」（『西行伝説の説話・伝承学的研究』平成十三年三月）、および、上記を増補した「改訂・北陸路の西行伝承」（『西行伝説の説話・伝承学的研究　第二次』平成十六年三月）に報告がある。

（3）これらのことについては拙稿「民俗社会の中の西行伝承」（『西行学』第三号。西行学会編、平成二十四年）において論じている。（本書「Ⅱ　北陸の西行伝承」所収）

（4）注（3）の拙稿、および同「語り手の担う文化力—南加賀の昔話伝承から見える世界—」（『語りの講座　昔話を知る』平成二十三年、三弥井書店）参照。（本書「Ⅰ　昔語りの伝承世界」所収）

（5）野村純一編著『柳田国男未採択昔話聚稿』（平成十四年、瑞木書房）

（6）稲田浩二編。昭和四十七年、日本放送出版協会。

（7）立命館大学説話文学研究会編。昭和五十・五十一年度調査報告書。

（8）拙稿注（3）でも触れている。なお、越中礪波の浄土僧と伝える龍正の『勧化一声電』（宝暦十年〈一七六〇〉刊）上巻「一念欲レ契二仏意一者可レ欣二極楽一」に「西行鼓の滝」の話が記され、その末尾で、「我ノミ善《ヨシ》」と思う西行の慢心に対して「我身ワロシト思モノアランヤ」といった昔話と類似の評言が繰り返されている。

（9）石崎直義編『越中の伝説』（昭和五十一年、第一法規出版）

（10）泡子塚の伝承に関しては、小林幸夫氏「滋賀県坂田郡米原町醒ヶ井周辺の西行伝承資料」、花部英雄氏「「西行泡子塚」伝説と赤子塚」がある（ともに文部科学省基盤研究（B）（1）研究成果報告書『西行伝説の説話・伝承学的研究　第二次』平成十六年三月、所収）。

（11）注（5）所収の山下久男氏「能美郡昔話」の中の「西行法師」の話。

（12）平成二十五年八月十八日。花部英雄・松本孝三による聞き取り。

（13）（14）昭和五十九年三月、氷見市教育委員会発行。なお、岡田隆氏『西行伝説を探る―西日本を中心に―』（平成十四年、朝日カルチャーセンター）にもこれらの資料が紹介されている。

（15）「北陸の西行と西住伝承」（西行学会編『西行学』第三号、平成二十四年）

（16）昭和二十六年、富山県郷土史会編集発行。その後、昭和五十五年に北国出版社から刊行。本稿では昭和五十五年刊のものを参照した。尾田武雄氏の注（15）に詳しい。

（17）（18）（19）尾田武雄氏（注15）による。

（20）高岡市立図書館蔵。表紙に「西住墳記　全」とある。尾田武雄氏よりいただいたコピーを参照した。記して感謝申し上げる。

（21）昭和八年、石川県図書館協会刊。昭和四十七年に復刻版が出された。

（22）目崎徳衛著『芭蕉のうちなる西行』（平成三年、角川書店）、花部英雄氏「芭蕉における西行伝承」（西行学会編『西行学』第四号、平成二十五年）などを参照。
（23）越中における彼らの活動と交流については、和田徳一著『越中俳諧史―芭蕉・浪化とその遺風―』（昭和五十六年、桜楓社）に詳細を尽くしている。
（24）加賀市小学校国語部会編。昭和四十九年三月、加賀市教育委員会・加賀市教育振興会発行。五十六頁の小冊子で、表紙の表題と奥付けの題名に齟齬がみられる。
（25）昭和六年、石川県図書館協会。昭和四十六年に復刻版が出された。
（26）昭和十二年、石川県図書館協会刊の『大聖寺藩史談』所収。昭和四十六年に復刻版が出された。
（27）『郷土』第十四号（昭和五十一年二月、野尻与之佐編。石川県立大聖寺高等学校郷土研究クラブ発行）による。同クラブの昭和五十年七月の当地域における民俗調査をまとめた報告書である。
（28）大正十四年、石川県江沼郡役所発行。「第三十三章　東谷奥村」の項。
（29）『石川県の地名』（日本歴史地名大系17。平成三年、平凡社）一一九頁による。
（30）『西行物語』を始め『三国伝記』『西行一生涯草紙』などは西行没年を建久九年（一一九八）双林寺としており、そのような伝承と関わるところがあるのであろうか。
（31）『石川県の地名』（日本歴史地名大系17。平成三年、平凡社）一二六頁による。
（32）池端大二氏「加賀地区における西行伝説―「汐越の松」の歌を芭蕉は西行歌と信じたか―」（『平成三年度国語研究』29号。平成四年、石川県高等学校教育研究会国語部会）に報告がある。
（33）綽如の北陸での動静については、井上鋭夫著『一向一揆の研究』（昭和四十三年、吉川弘文館）に詳細に論じられている。
（34）文政十年（一八二七）九月十七日の条。「新纂郷土図書叢書第二回」『鶴村日記』下巻（一）。昭和五十三年、石川県図書館協会。

（35）浪化上人の事蹟については注（23）の和田徳一著『越中俳諧史―芭蕉・浪化とその遺風―』に特に詳しく論じられている。また、千秋謙治著『瑞泉寺と門前町井波』（平成十七年、桂書房）も読みやすい。

（36）金沢藩士・生駒万子《いこままんし》（一六五四〜一七一九）の句集『そこの花』（元禄十四年〈一七〇二〉）に収められている。『加越能古俳書大観』下巻（昭和十一年、石川県図書館協会。昭和四十六年復刻版が出ている）による。なお、和田徳一氏前掲書（注23）によれば、この句集は従来、万子または万子と支考の合著とされてきたが、実は浪化自身の撰著であるという。

（37）昭和四十八年、富山新聞社刊の復刻版による。

（38）注（23）の和田徳一著『越中俳諧史―芭蕉・浪化とその遺風―』による。

（39）（40）注（36）の『加越能古俳書大観』上巻・下巻による。

（41）小柴直矩著『越中伝説集』（昭和三十四年、富山県郷土史会叢書第四）による。なお、江戸後期の『北国奇談巡杖記』、『福野町史』（昭和三十九年、富山県東礪波郡福野町役場発行）にも同様の記載がある。

（42）尾田武雄氏（注15）による。

（43）『北国奇談巡杖記』巻之二に「安居寺の濫觴」として簡単な記述がある。『福野町史』の「安居寺」の項によれば、兼好法師や宗祇法師が当山に遊んだとあり、また西行谷や宗祇池の存在も示されている。なお参考までに、伊勢の西行谷については小林幸夫氏の「伊勢の西行説話―西行追慕のかたち―」（『伝承文学研究』第五十六号、平成十九年）に言及があり、伊勢の西行谷神照寺に住んだ比丘尼が西行伝承の形成に関わっており、また、西行谷近くにあって伊勢神宮の祀官を務める岩井田家が、毎年正月六日に「初連歌」を興行し、連歌師や俳諧師が集ったという。同氏「西行草庵の地」（『国文学解釈と鑑賞』第七十六巻三号「特集　花と月と漂泊の歌僧　西行」。平成二十三年三月、至文堂）にも同様のことについて触れられている。

Ⅲ

加賀・能登のまつりをたずねて

加賀の竹割り祭・グズ焼き祭

毎年二月十日、石川県加賀市大聖寺町《だいしょうじまち》の菅生石部《すごういそべ》神社では、御願《ごがん》神事として勇壮な竹割り祭が行なわれる。加賀市といえば、近くに山代温泉、片山津温泉、少し離れて山中温泉や粟津温泉があるというふうに、むしろ加賀温泉郷として知られているところである。

その地は古墳時代からの歴史を有し、大和朝廷の頃は江沼臣《えぬのおみ》が南加賀地方一帯を統治していた。この菅生石部神社の名は古くは延喜式にも登場してくる。また後世、中世の文芸の中にもたびたび登場するのである。たとえば、『平家物語』や『源平盛衰記』には、朝日将軍の異名をとった木曽義仲が、平維盛率いる平家の大軍を蹴散らしながら北陸路を一路都へ駆け上るが、その折、戦勝を祈願してここに神領を寄進したことが記されているし、『義経記』には、後にその義仲を追討し、さらには平家を西海に沈めた功績にもかかわらず、兄頼朝に疎まれて都を追われ、失意のうちに奥州へ落ち延びる源義経主従が、奥州への無事到着を願い、この「菅生の宮」を拝して通りすぎたことを記している。この菅生石部神社にまつわって、一度は歴史の表舞台に勇名を馳せた英雄たちの命運が期せずして描き出されているのであった。

*　*

さて、この竹割り祭はその名の示すとおり、菅生石部神社の氏子である敷地町と岡町の二つの町内の若衆数十人が白襦袢・白鉢巻き姿になり、各戸から一本ずつ奉納されたおよそ四百本の太いみごとな青竹を、神社の境内でわずかな時間のうちに勇ましい掛け声とともに打ち割ってしまう行事である。

祭の当日は、午前十一時過ぎ、境内の篝火が勢いよく燃え上がると同時に、白装束の若衆らが青竹を手に手《てんで》に取り、かけ声もろとも頭上高く差し上げて一気に地面に振り下ろすのである。次々と、手当たり次第に太青竹を振り下ろし、叩き割ってゆく姿は勇壮そのものだ。気合いが入り、その中の幾人かはいつのまにか上半身が裸になってしまっている。厳冬の季節なのに若衆の上半身からは汗が流れ、篝火のもうもうたる煙と体から立ち上る湯気が、耳をつんざくような激しい音響の中で妙に鮮やかな印象となって残る。瞬く間に竹は一本残らず打ち砕かれ、その残骸を雪の上に晒すことになる。その濃く深い緑色は、白い雪の色に映えて何とも美しい。

菅生石部神社境内での勇壮な竹割り祭。(昭和51年2月10日撮影)

この竹割りはおおよそ三十分ほど続けられる。若衆らは興奮の最中《さなか》にあり、時には周囲で見物している人たちに向かって大竹を振り上げる者もある。観衆は悲鳴を上げて難を逃れようとする。そんな光景が境内のあちこちで繰り広げられるのであった。

＊　＊

大竹割りが終わると、今度は二十メートルほどもある大綱を社殿から引っ張り出して、境内をところ狭しと引きずり回す。白い息をはずませる若衆の頭上に容赦なく水が注がれる。この綱はいわゆる蛇体と見なされているようだ。引きずり回す時も、その大綱は前と後ろでしょっちゅう逆方向に引き合うので、しばしばその動きが停滞した。最初に私が訪れた昭和五十一年には、何と蛇体が真ん中から真二つに切れてしまった。その時は何か意味があるのだろうと思って見ていたのであるが、後で祭の世話役の方にうかがうと、「あれはハプニングで」とのことであった。

やがて、蛇体は境内の石段を何度か上り下りした挙げ句、社前を流れる大聖寺川の流れの中に若衆の大きな掛け声とともに投げ込まれて祭は終了するのである。正午前には終わってしまうので正味一時間もかからないが、見物の人たちも一体となって緊張の連続であった。

祭事の後、人々がそれぞれに散ってゆくと、境内は先程までの喧騒がうそのような静けさに包まれる。そして、無残に打ち砕かれたあの青竹が、踏み荒らされた雪の上に横たわっている。ふと気がつくと、帰ってゆく人たちの手には、先ほどの青竹の破片の大きいのやら小さいのやらがあった。どうもその竹の切片は、もらって持ち帰るものらしい。境内にはまだ少数だが、黙々と竹を選んでいる人や、神官に鉈で小さく切ってもらっている老人の姿もあった。聞けば、延命息災の効があるという。私も親のためにと、小さなのを一つもらってカバンの中にしまい込んだ。

＊　＊

大蛇に見立てられた大綱が大聖寺川を日本海へと流れて行く。（平成12年2月撮影）

さて、この竹割り祭の由来についてはいくつか説がある。その一つは、天武天皇の御代に、寳祚長久国家安全を祈り、五穀豊穣の御立願によって行なわれたと説き、それゆえにこれを御願《ごんがん》神事と称するというもので、地元の人には「敷地のゴンガン」とも呼ばれている。今一つは、「蛇行する大聖寺川の水害に悩まされ続けた人びとの、治水の願いが生み出したオロチ退治の農耕儀礼」（『石川県の歴史散歩』）とするものである。それは、荒ぶって水害をひき起こす大蛇を大聖寺川の水神と見做す信仰の反映とみられよう。その霊威を鎮めることが豊饒につながるのである。

　ところで、この年の三年ほど前、竹割り祭の由来を説く次のような伝説を聞く機会を得た。ここから少し離れた加賀市細坪町を昔話調査で訪れた時、中谷勇さんという一古老からうかがったものである。その内容とはこうである。あまりに旱天が続くので村人たちが雨乞いをすると、夢にお告げがあり、村から毎年娘を一人生贄にして献上すれば雨を降らせてやるというのである。そこで仕方なく娘をやる約束をすると、まもなく雨が降り始めた。その時から村人は、毎年かわるがわる娘を差し出すことにしたのであるが、その日が近づくにつれて人びとの苦悩は募るばかりだった。そこで、何とかしようと恐る恐る山を捜索してみると、何と大蛇が棲んでいたので、村の若い衆が総出で二手に分かれ、手に手に竹槍を持ち、白装束姿で大蛇を襲撃した。そして、その蛇体を大聖寺川へ投げ込んだというものである。これもやはり、水を支配する水神の象徴である大蛇と、農耕との密接なかかわりを示す話といえよう。

＊　＊

これに類似した話が、同じ加賀市動橋《いぶりはし》町の振橋《ふりはし》神社にも伝わっているのであるが、こちらは「グズ」という名の悪魚退治譚である。その由来について、境内に掲示されている「振橋神社霊験記」には、「当振橋神社の境内は往昔樹齢数百年の大木古池などうっ蒼と繁茂し怪魚、怪蛇など棲み、時により怪魚河下より逆のぼり、深夜鳴動し或は妖蛇火を吹き、人民その害を被ること甚しく、其の度毎に人身御供の如く必ず妙齢の子女を失いたれば、人民戦々兢々として仕事も手につかぬ有様なりと、そこで村人氏神様へ助け給へと参篭し御祈願したれば、霊験あらわに神、旅の修業者に姿を変え通りかゝり給ひ、直ちにこれを誅戮退治し給ひたりと、村人その御威徳に感泣歓喜し詞（祠）を建立し、大巳貴神を祀れりと言ふ。当社の祭礼は毎年八月二十七日より三ヶ日なるが、当日は氏子中毎戸より薪を集めて境内の中央に左義長の如く大火を燃やし、即ち化ぐず退治の斉火と称し、神の御威徳に感謝せる神事を行ふことを習わしとせり。近隣の人これを呼ぶにぐず焼まつりと言へり」とある。やはり若い娘を人身御供に要求する怪魚を、氏神が退治するというもので、祭神は大巳貴神である。これが、竹割り祭とは違って、暑い盛りの八月二十七日から三日間のグズ焼き祭として伝わっているのであった。

その祭礼は大変勇壮なもので、巨大な悪魚をいくつもこしらえ、町中を担いで練り歩くのである。少し小ぶりな子供ぐずから始まって、見上げるほど大きな青年会ぐず、ぐず連ぐずなどが振橋神社を皮切りに夕刻から次々と繰り出し、延々と日が暮れるまで動橋小学校やJR動橋駅前などの各所に立寄り、午後十時を過ぎる頃に振橋神社に到着し、焼却してぐず退治が終了するのである。

振橋神社境内に鎮座する悪魚「グズ」

ところで、この悪魚退治のことが「振橋節《しんきょうぶし》」あるいは「振橋踊り《しんきょうおどり》」と称して、当地方では祭礼の時や婚礼、宴席でも歌われているのであった。『石川県の民謡』（民謡緊急調査報告書。昭和五十六年刊）によれば、「動橋町の祭礼や盆に振橋神社境内で歌われるもので、テンポは遅く歌い易い。動橋川の上流地方の江沼郡今立町や加賀市柏野方面から伝えられたもので、口説節の一種」とある。少し長いが、引用してみよう。

○アーア　そろうたそろいました踊り子様が　スゲの編笠かの子のしぼり　ドッコイサードッコイサー（以下ハヤシ略）　手拍子そろえて掛声かけて　笛と太鼓で踊りにかかる　口説く文句は何よときけばお袖文七　グズ焼まつり

○アーア　加賀の動橋で見せたいものは秋の祭りのグズ焼祭り　それにからんで哀れなはなし　村の長者に問屋の源左親の代から十村（とむら）をつとめ　欲な算用（さんにょ）に横暴をきわめ　あま

加賀市動橋町のぐず焼き祭。これはぐず連ぐず。（平成 13 年 8 月 27 日撮影）

た小作を苦しめたれば　鬼だ畜生（ちくしょ）と呪われ通し　されど娘にお袖と言うて　年は十七谷間の百合（ゆり）よ　鬼の小町とはやさるうちに　村の若衆の文七殿と　いつか嬉しい逢瀬（おうせ）を重ね　末は夫婦の契り（ちぎり）を交し　夢の月日が流れるうちに　父の源左が疫病にかかる　もだえ苦しむある夜のことに　森の古池（ふるち）の化（ばけ）グズ出でて　なんじ命と娘を代えて　人身御供（ひとみごくう）に差出すならば　病治して助けてやると　無茶な話も我が身のつらさ　娘頼むと両手を合しゃ　お袖可愛いや唯あきらめて　哀れ悲しく覚悟を決める　源左憎けど娘がふびん　そこで村人氏神様へ助け給えと願いをかける　七日七夜の誠（まこと）がとどき　旅の修業者に姿をかえて　雨に嵐ののたうつ夜に　これを退治てアノ下された　どっと村人よろこびあげて　われもわれもと薪を集め　天をこがしてグズ焼き殺す　あくま地に伏し五穀はみのる　心改め源左ェ門は　金や財宝（たから）をみな投げ捨てて、みことまつりしほこらを立てる　今も今とて鎮守の杜（もり）に　斉火もやしてみことのいさほ　たたえひ（し）たいしグズ焼まつり（動橋町）

（『石川県の民謡』民謡緊急調査報告書）

源左という悪徳長者の愛娘の人身御供の災厄に絡ませて、氏神が村人と力を合わせて怪魚グズを退治すると語っているのである。右の点線部分の意味がちょっと分かりにくいが、北陸放送編の『石川県の民謡』（昭和四十二年刊）によれば、この部分は「大巳貴《おおみき》の神《みこと》がこの地を通り、民の願いで誅戮《ちゅうりく》給う」とあって、祭神である大巳貴神が旅の修行者に姿を変えて訪れ、グズを退治したとある。つまり、「振橋神社霊験記」とほぼ同様の伝承が記されているのである。ここには、来訪神の姿で現われた氏神による村人たちへの祝福と五穀豊穣の祈願が込められているといえよう。

＊　＊

そういえば京都の鞍馬寺本殿前で毎年六月二十日に催される「竹伐り会」にも、竹割り祭と同じような話が伝わっていた。その昔、この寺で護摩を修していた僧が大蛇に襲われそうになったが、毘沙門天の呪文を誦して退治したという。そこで二十日の当日には、本堂に吊ってあった雄竹・雌竹を下ろし、導師の秘法が終わってから近江座・丹後座に分かれて、山刀で雄蛇に見立てられた太い雄竹のほうを切り、その速さを競うことになった。近江座が勝てばその年の米の価格は安いなどといっているが、つまりはこの竹伐り会には、蛇体をあらわす竹を切ることによる大蛇退治の伝承が生きているのであり、そこには、農耕に関わって、その豊凶を占う年占的な意味合いがあったといえるのである。

菅生石部神社の竹割り祭の場合も、大蛇は豊饒をもたらす水の神としての存在意義をなお失ってはいない。そのことを物語るように、大聖寺川が日本海に注ぎ込む塩屋の漁港では、流れてきた大蛇の綱を拾って鰯網のもと綱にすると豊漁になると言い伝えているのである。

＊　＊

さて、この竹割り祭は氏子である敷地町と岡町の人たちの手で行なわれている。今でこそ大分かたちがくずれてきた面もあるらしいが、神事としての精進潔斎は今も欠かさない。まず、祭の前の六日には、若連衆《わかれんじゅ》（十五歳以上の男子）を中心に、敷地町の区長を務める小坂さん宅で一日がかりで大綱を作るのである。（私の訪れた年は八日におこなったそうだ）そして、注目すべきは、女性がこの祭礼に一切関与することができないことである。したがってその日を、「嫁の里帰り」ともいうそうである。

この大綱は必ず敷地町のほうから出すことに決まっていた。それに対して岡町のほうでは、祭の当日境内で燃やす篝火を奉仕することになっていた。篝火に付ける「忌火」も、代々岡町の辰川家で、必ず火打ち石からつくるということであった。

さて、いよいよ祭の当日を迎えると、祭に参加する若連衆は、三軒の「湯の宿」で早朝の四時頃から沸かされた湯に入って身を清める。湯の準備はすべて、十五歳に満たない子どもたちで構成される小若連衆《こわかれんじゅ》の仕事とされており、祭の前日には各家々から薪をもらい集めてきて、湯の宿に置いておくのである。
今日ではこのようなしきたりも、生活様式の大きな変化から厳密に守ることが不可能になってきているると、区長の小坂さんは話しておられたが、それにしても、まだこのような勇壮な祭が伝えられているというのは驚きであった。私たちの忘れてしまいかけている民俗的なエネルギーがまだこの祭には強く受け継がれているように思われた。

豊饒の大地揺るがす御願祭《ごんがんさい》

能登・富来《とぎ》のくじり祭

能登半島の外浦、日本海の荒波がうち寄せるところに羽咋郡《はくいぐん》富来町《とぎまち》（現、羽咋郡志賀町）がある。名勝能登金剛がそのすぐ北に連なる。

今冬（昭和五十一年）訪れた時には、海岸に突き出た岩膚にどす黒い高波が叩きつけ、車で海岸線を走る私たちに遠慮なしに波しぶきが降りかかってきた。風が強く波が荒い冬の日本海の凄まじさを目の当たりにする思いがした。ところが、それも夏になると非常に穏やかな海に一変するのである。それでも時々は風の強い日があるようだ。富来町の海岸線に沿った村は漁村が多く、「ますほの小貝」で知られる増穂ヶ浦《ますほがうら》という入り江も、今日ではやや大きな漁港になっている。

＊　　＊

西行上人の『山家集』に、「潮染《しほそ》むるますほの《を》小貝《こがい》拾《ひろ》ふとて色の浜とはいふにやあるらん」の一首がある。これをもって江戸時代の末期、加賀藩士で郷土史家でもあった森田柿園《もりたしえん》の手になる地誌『能登志徴《のとしちょう》』には、「按ずるに、此歌は西行の山家集に載たり。西行は当国に下向せし人と見えて、その故蹟此かしこにいひ伝へたれば、もしは此八幡浜にてよめる歌ならんか」と、あたかも西行上人の当地来訪を事実であるかのように記しているが、おそらくは『撰集抄』に載る見仏上人説話に引き寄せられた結果であろう。その『山家集』（陽明文庫本）の詞書によれば、「内《二条院》に、貝合《かひあはせ》せんとせさせ給《たまひ》けるに、人に代《かは》りて」とあるから、都の貴顕の歌会での代詠だったものと思われる。

福井県敦賀市の敦賀半島の先端に近い色の浜というところにも、やはり西行の歌にまつわって同様の伝承があり、実際に「ますほの小貝」と呼ばれる淡いピンク色の小さな貝が採れる。そして、西行を慕ったかの松尾芭蕉も、奥の細道の旅の終局に、敦賀から舟に乗ってそこにおもむき、「小萩ちれますほの小貝小杯《こさかづき》」「衣着て小貝拾はんいろの月」「浪の間や小貝にまじる萩の塵」「寂しさや須磨にかちたる浜の秋」の句を詠んでいるのである。能登と敦賀と、双方の地には、北陸の海伝いに古来深いつながりがあったといえるのである。

＊　＊

さて、その富来町で、毎年八月末頃になると、村中あげて賑やかに八朔祭《はっさくまつり》が行われる。町全体が大きく四地域に区分され、そのうち、町の中心部の東増穂《ひがしますほ》地区が八月三十一日夜から九月一日にかけて行う以外は、大半の地域が八月二十四日から二十五日にかけて行っている。

この中で一番賑やかで盛大なのが東増穂地区である。これは八幡《やわた》の八幡《はちまん》神社の祭礼で、三十一日の夜、東増穂地区の十五の字から大小さまざまのキリコ（切籠）が、それぞれの字の若者や子どもたちに担がれて八幡神社へ向かうのである。明かりを灯されたキリコが激しく揺れながら練りゆく。大きなキリコになると、その高さが三メートル以上にもなり、青竹を組んで二十人ぐらいの若衆が持ち上げるとその高さは四メートルを超える。しかもかなり重いものらしい。これを大きな掛け声とともに持ち上げると、独特の囃し言葉を言い立てながら進んでゆくのである。そのてっぺんからは、運動会の棒倒しゲームのごとき綱が三本ほど垂れており、キリコの転倒を防止するために、何人かずつそれを引っ張ってキリコを支えながら行くのであるが、キリコがあまりに激しく揺れ動くので、逆に綱持ちのほうがキリコにぶら下がり、引っ張り回されているだけのようにも見える。

法被《はっぴ》を着て祭に参加している人たちは、出発前からもう一杯引っかけているらしく、八幡神社へ向かう参道でもしばしば一升びんをがぶ飲みしたり、酒樽を持ち上げて頭から被るように呑んでいる光景も見られた。その中に、どう考えてもまだ小学生としか思えない法被姿の少年までがガブガブやって路上に大の字になっていたのにはいささか驚かされた。さすがに今ではそんなこともないだろうと思うし、あれが、喉の渇きを癒す水樽であったことを信じたい。

＊　＊

八幡神社が近くなるにつれ、真っ暗な参道には明るいキリコの列が延々と列を連ねて続く。若者たちが威勢よく担ぐ特大のキリコ。若い女性たちの担ぐやや小さめのキリコ。こちらのほうは薄明かりに美人画が浮き上がって一段と妖艶さが漂う。それから、子どもたちが担ぐ本当に小さなキリコ。ところがこいつが一番騒がしいのだ。それらのキリコには、それぞれ思い思いの趣向を凝らした絵や文字が描かれている。キリコの合間合間には、鉦と太鼓の音がひっきりなしに鳴り響いている。あたりが暗闇なだけに、遠くから響きわたってくる太鼓のドロドロドロドロという音は余計にはらわたに沁み込んでくるようだ。

一連のキリコの動きは、先がつかえて立ち止まることがしばしばだったが、それは神社の境内へキリコが一つ入るごとに、境内中をところ狭しとひと暴れするのと、そこに到着する前に、もう参道で暴れるキリコが多いからで、ひとしきり宮入が終わるまでは他のキリコは前へ進むことができないのである。

* *

この八幡神社までの道行きが見物に来た女性にとっては災難なのである。この祭が俗に〝くじり祭〟と称される所以なのであるが、この祭の夜だけは、法被を着るか、それとも余程の知り合いでない限り、若い女性たちは男どもに次々とくじられてしまうことになる。ちなみにくじるとは、この土地では女性の陰部にさわることである。観光などでたまたま見にきた者はてきめんにやられる。キャーッ、キャーッと叫んで逃げ惑い、見物の雑踏の中に逃げ込む者や、あまりの恐怖に路上にへたり込んで泣き出す女性も出てくる始末。

とにかく、くじるほうは酒の勢いを借りて三、四人で肩を組み、卑猥な囃し言葉を大声で言いながら女性に襲いかかるのである。目に余る場合は村の長老格の人が止めに入ったり、地元の女性が助けに入ったりするが、それ以外はもう無礼講である。今日ではそれでもかなり自粛しているとのことで、昔はもっとすさまじく、油断をするとよく物陰へ引っ張り込まれることもあったという。

実はその囃し言葉がまた何ともいえず露骨である。口々に「べべセェ、べべセェ」と囃し立てているのだが、「べべ」とはこの地方の方言で女性の性器そのものを指し、「べべセェ」とは性的行為そのものを意味しているのである。道徳的にははなはだ不謹慎な物言いではあるが、民俗学でいうと、このような生殖を示す言葉が作物の豊饒を期待する人々の気持ちを表現しているのである。

本来、八朔祭とは農耕儀礼の一つで、二百十日を迎えた収穫時期を控えて、農作物を風の被害から守り、無事に穀物が実を結ぶようにと願う祭なのである。風の被害だけでなく、農作物の大敵である害虫を祓う虫送りや悪魔祓い、あるいは神送りなどと合わさっている場合も多い。富来町の八朔祭の場合、風の被害を抑え、風神を退散させることによって穀物に付く悪霊を退散させるという意味があるという。日本海に突き出た能登半島は、とにかく日本海からの強い風がまともに吹きつけてくる。富来町に風戸《ふと》とか風無《かざなし》といった地名があるのも宜《むべ》なるかなである。

＊　＊

ところで、この祭が別名「くじり祭」といわれるのには次のような言い伝えがあった。私たちの調査資料である『能登富来町昔話集』（昭和五十三年三月刊）から例話を示してみよう。

富来祭の由来

富来の領家《りょうけ》の地区にね、領家の浜に八幡馬場いう、まあ、神様そこに寄られたから八幡馬場ちゅうのに変わったんですけど。領家の浜へ、あの、神様が石の船に乗られて、そいで、領家の浜へ着かれた。

先に、その、女の人が見つけたらしいんです。そこに通りあわしたのが、この若宮さんの先祖のお爺さんが通りあわせて。そいでその、取りっこしたわけなんですね。私の物《もん》だ、俺の物《もん》だ言って。どうしても、その女の人がきかなかったらしいです。そこで、お爺さん、やむなく、まあ、(股に)手入れた。ほしたら、女は「ひゃあ」って言って放した。その隙にお爺さんは、神さんを抱っこして、ここのお宮さんに連れておいでたんやて。

そいで、まあ、何年おいでたかは分からないんですけど、その、この人の先祖は、家畜が好きだったらしいんです。馬がいたんですね。その神様が、馬糞が臭いから、その、そこの国道の通《とお》っとこに山があるんですよ。その山へ遣《や》ってくれって。そいで、そこにまあ、何年おられたか、それもわからないんですけど。そいで、八幡《やわた》へ移られたんです。

そいでその、この人の先祖が、若宮さんの先祖が、その、女の股へ手を入れたもんだから、くじり祭と、こう言う。私ら、俗にくじるちゅうんですよ。

(富来町相神《あいかみ》　村井石太郎)

富来川河口に位置する領家町。『能登富来町昔話集』より転載。

その内容はこうである。その昔、石の船に乗せられた神様が海を漂い、富来の領家の浜に漂着した。そこの女の人がまず発見し、自分のところへ導こうとすると、領家の西北にある相神《あいかみ》の男がちょうど居合わせて、俺の物だと言って互いに奪い合いになった。お互いに譲らず埒があかないので、男は女の股へ手を入れ、女がひるんだすきに神を自分の村へお連れし、相神の若宮に祀ったのだということ。ところが飼っていた馬の糞があまりにも臭いので、八幡という村にお移ししたと伝えているのである。

調査当時のノートによれば、領家の浜に流れ着いたのは母と子の二体の神ということであった。そして、その神様を若宮に祭ったという人のご子孫が今も相神に住んでおられたので、このお話をうかがうことができたのであるが、それを語ってくれた村井石太郎さんという方は明治三十九年生まれで、昭和五十一年の調査当時は七十歳、当代で二十四代目にあたると伝えているのである。現代にまでつながる伝説の真実性にもおどろかされるが、それが事実であってもなくても、在地における真実として、おそらくは中世の頃にこういった漂着伝承が形成されたものであろう。

また、その乗ってきた石の船とはうつぼ舟のことと思われる。うつぼ舟というのは中空になった小さな舟の意で、その中に神や聖なる人が籠められて人間界へ訪れるとされる。いわば昔話の「桃太郎」の桃や「瓜姫」の瓜などもこのたぐいと見られよう。我が国の海沿いの地域に多く伝承される漂着神の信仰である。日本海上に突き出た能登半島には、このような伝承もまた多いのである。

さて、領家の浜に漂着した二体の神は、それぞれ別に祭祀されることになったという。初めに流れ着いた領家の住吉神社には母神が祭られ、これを神功皇后としている。また、子神のほうは八幡《やわた》の八幡神社に祭られることになったという。ならばこちらは応神天皇ということになるであろう。

＊　＊

祭礼は各字からのキリコが八幡神社に参集すると、八幡神社の神輿が領家の住吉神社へ向けて出発する。これを「御旅《おたび》」という。子神である八幡の神の巡行である。一連のキリコもこれにつき従うのである。神の巡行にこのような灯明はつきものである。もっとも、八朔祭に壮麗なキリコが登場したのはそう古いことではなく、以前は高張り提灯を竿に付けて振ったものだという。

時刻はとっくに夜中の十一時をまわっている。神輿は途中、増穂ヶ浦の海岸を通って住吉神社に入るが、キリコはそこからそれぞれの字へ戻ってゆく。子神である八幡神を迎えた住吉神社では、東増穂の主だった人たちが同席して祝詞が深更に及ぶまであげられるのである。神輿はここで一夜を明かし、翌九月一日、昼から再び八幡神社へ向けて出発する。これを「御立《おたち》」という。この日もまた、参集した各字のキリコは盛大にひと暴れするのだ。

この祭が年に一回、八朔祭の時に、八幡の神が母神である住吉神社のほうへ巡行し、対面を果たすというので、これを夫婦神と思っている人も他村には多くいたが、これはやはり母子神とすべきであろう。ともかくも、こういった、海から漂着した神を祀ること、あるいは祀らねばならないという意識の裏側には、海の彼方から流れ寄るものが神聖なるもの、畏怖すべきもの、そしてそれを祀ることが人びとに幸（サチ）をもたらすと信じられた古代からの海の信仰が生きているといえる。それは海沿いの漁村に特に多く見られる信仰である。領家もかつては海を生活の場として生活する人びとの村であった。現在でも富来町の海沿いには半農半漁の村が多く、また、船員となって遠洋航海に出る者も多いという。

＊　＊

今日、早場米の産地として、八月の二十日を過ぎると稲の取り入れが一斉に始められる。そのため、八朔祭が行われる頃には田に稲穂がほとんど見当たらないという妙な具合になっているが、本来ならば、やはり祭礼をしてから収穫の喜びを分かち合ったのではなかろうか。十月下旬には秋祭が待っているのだ。

新しい政治が次々と常民の暮らしと生活意識を否応なく変えてゆき、豊かな文化の伝統を消滅させてゆく。しかしながら、富来町の祭を見ていると、まだまだそこに住む人びとの祭にかける情熱を感じる。都会などへ働きに出ている若者も数多くいるが、正月には戻らなくても、この祭の時だけは必ず帰ってきてキリコを担ぐのである。祭というものがいつの時代になっても、故郷を出た者の気持ちをつなぎとめ、心の底に郷愁を形作り、生きるための活力を与えてきたのだ。

＊　＊

ところで、羽咋郡富来町から東方、こちらは外浦とは対照的に波穏やかな内浦の七尾湾に能登島がある。その東部の鹿島郡能登島町の勝尾崎というところに次のような話が伝わっていた。『石川県鹿島郡誌』（昭和三年、鹿島郡自治会発行）の「伝説」の項に記されているものである。

○勝尾崎。　昔鰀目《えのめ》（東島）より一里なるめぐり（暗礁）へ長さ三十三尋の大鯨馳上りぬ、鰀目祖母ヶ浦の両村各々我が物にせんと相争ひしが遂に鰀目村の有に帰し勝尾崎に引寄せ之を埋めたりと、鯨を引寄せたる所を鯨船といふ。俚謡あり「下のめぐりへ鯨が上る祖母ヶ浦ほんたは胸やいた」と。

これは、互いに相接する鰀目、祖母ヶ浦両村の大鯨をめぐっての争いを記したものであるが、郡誌に掲載された経緯は不明である。単なる獲物争いのようにも見えるが、その奥にはやはり、聖なる寄り神の姿が揺曳しているように思われる。大鯨を自らの土地に引き寄せて祀ることこそが村人の信仰にとって重要だったのであろう。神話的な話である。「鯨船」という地名由来、それにまつわる俚謡の存在がそのことを物語っていよう。

＊　＊

それから、これは「くじり」にまつわる笑話であるが、未来社刊の『若狭・越前の民話』の「地獄問答」という話の中に、日本一の相撲取りが地獄へ行き、閻魔大王に四十八手を知っていると言ったら、ショウヅカの婆さんは七十八手知っているから相撲を取れと言われ、三十手の差があるので土俵際まで押し込まれた時、婆さんのももをくじって（つねって）勝つことができた。閻魔大王が婆さんになぜ負けたのかと聞くと、「相撲取りのクジッテ（九十手）には勝てませんわい」と答えたというもの。昔話としては「閻魔の失敗」の類話といえよう。再話資料とあるが、福井県坂井郡の田中卯之助という方の語った話と明記してあるので、その地に伝承されていたものであろう。

これに類する話は、江戸小咄に大力の板額《ばんがく》のお鶴という女と、一番弱い角力取りの黒玉の話としても知られている。すなわち黒玉は女に「九十手《くじって》」で勝ったのである。

＊　＊

さて、この稿を書いた数年後、昭和五十七年頃だったと思うが、昔話調査に訪れた奄美大島で『奄美の民間説話』と題するビデオテープ二巻を入手できた。地元のコシマプロダクション（株）制作で、制作者の越間誠《こしままこと》さんから直接いただいたものである。その二巻目が「伝説・神話編」で、その中に「鯨松の由来」というのがあった。奄美方言で語られているので内容の詳細はわからなかったが、画面には語りのあらすじのテロップが流れている。そこにはこう記されていた。

鯨が大きな岩をのせ泳いできた。それを見た小湊《こみなと》の女神と名瀬勝《なぜがち》の男神が競って招き合った。一計を案じた男神が女神の腰巻がほどけたといい、身づくろいをしている内に招き寄せ、今の所にとまったという。（語り手　藤枝休蔵さん　明治四十二年生まれ。名瀬市小湊）

説明はこれだけであるが、小湊の女神と名瀬勝の男神は今もそれぞれの神社に祭られているというのである。遥かに遠く海路を隔てて、能登の「くじり祭」の由来とあまりにもよく似ているのに驚いた。また、『奄美大島　大和村の昔話』（南島昔話叢書2　昭和六十一年、同朋舎出版）にもこれと似た話として「志戸勘曽根《しじゅわんぞね》（漁礁）の起源」と題する話が報告されていた。簡単にそのあらすじを紹介しておこう。

沖から茅葺きの家が流れて来て、それはネリヤ（竜宮）からの贈り物だというので神女《ノロ》たちは浜へ出て高膳を供え、名音《のん》の神女は「名音に寄ってください」と言うし、志戸勘《しじゅわん》の神女は「志戸勘に寄ってください」と、さかんに拝み競争をしていたが、どちらへも行かず、そのまま真ん中に沈んで漁礁になった。一説に、志戸勘の神女が霊力が強いので、志戸勘の沖に沈んだともいう。

（語り手　徳　常豊さん　明治三十六年生まれ。大和村大金久）

この話は、当地では民間神話として伝えられているようである。能登の伝承とのつながりはよくわからないまでも、漂着する神を招き寄せて祀るということが、余程人々の暮らしと信仰に重要な意味を持っていたことがうかがえるのであった。私たちの先祖は、海の彼方から訪れる神々の恵みを受けて初めて平穏に生きてゆくことができると信じていたのである。

Ⅳ　昔話資料

〔昔話資料〕中島すぎ媼の昔話（選）

私たちが中島すぎ媼から昭和四十八年～五十一年までに聞き取った昔話は、そのほとんどを昭和五十四年六月三弥井書店から刊行した『南加賀の昔話』に収録し、その本文が紹介されている。

そこで本資料では、『南加賀の昔話』刊行以後の昭和五十五年・五十六年に、すぎ媼から松本が追跡調査のかたちで聞き取った昔話を中心に翻字し掲げている。なお、本書の中でも触れており、また、すぎ媼の語る昔話の特徴を顕著に示す話柄として「玉取姫」「女房の口」の二話を『南加賀の昔話』から再掲載していることをお断りしておく。

なお、例話末尾の≪　≫内の書き込みは、すぎ媼が語り終えた後すぐに附け加えられたもので、語り手の伝承上の心意、民俗性、伝承系譜といったものがうかがえる。

1. 桃太郎

あるところに爺ちゃんと婆ちゃんとおったんや。ある日、爺ちゃんな山へ柴刈りに行くし、婆ちゃん川へ洗濯に行ったんやて。そしたところが、大きな桃が流れてきたんやと。あんまりおいしそうで一つ食べてみたんやて。そしたところが、おいして、

「も一つ来い、爺におましょ《（あげましょう）》」って言うたんや。そしたら、またでかいのんふらふらと流れてきたんやて。ほしたとこが喜んで、拾って帰って。家《うち》へ持って帰って箱の隅《すま》へ入れといたんやて。

そしたとこが、爺ちゃん、山から帰ったんやて。そして、爺ちゃんな、

「何《なん》かないんかいや」ったら、箱の隅《すま》に桃を一つ入れてあるさかいに。拾ってきて。食べにゃ。持って来て」。ほいた、爺ちゃん、何こさ知らん行って、箱の蓋取ったんやて。そしたら、桃どこの騒ぎか、いっかい《（大きい）》赤ん坊がすわっととったんやと。爺ちゃんびっくりして、わたしらにゃ子どももおらんし、難儀するんでも、与わったんかなあと思て喜んで。そして婆ちゃんに、

「折角、桃どこの騒ぎか、でっかい赤ちゃんが、男の子やが、お前も喜んでくれ。わたしゃうれして、そこで踊っとったんや」って。ほいたら婆ちゃんな、

「あら、そうかな。わたしらには昔から子どももも、あたわらんし《（授からないし）》、ひとつもそんな子ども育てた覚えもないし、そらぁうまいことしたなあ」て言うて。そして、喜んで、お湯沸かいてお湯使わしてやって、婆ちゃんと二人が可愛がって養うとったんやて。

　そしたとこが、段々大きなっていったんやて。そたら、男の子のでっかいのやし、力付いとるのやし、でっかい木を引っこいで、家《うち》の屋根にもたせるんじゃ。そしたら婆ちゃんなそう言うて、

「気の毒な。あんな子にならんかと思たら、でこなって《（大きくなって）》、力もあるんやし、どういうことしたもんや」って。婆ちゃんな、家入って、そういうことはこの息子になってもしてくれるな。そんなことをしとるような子どもじゃったら、鬼が島へ行って鬼退治に行ってござい」って、婆言ったんやて。したら、

「そうですか」。桃太郎てそれ付けてあるんやぞ、名前や。

「桃太郎さんやさかいに、桃ん中から出たんじゃし、お前みたいな人はどっから授かってきたんじゃやらわからんさかいに、ずうっと行ってござい」って言うたら、

「そんならわたしゃ、どっこへでも行きます」って言うて。そして、その婆ちゃんな、

「そんなら何かこしらえてあげるか。持っていかないかんし。何か食べのに。黍団子こしらえてやるさかい待ちなさい」って。そして、黍の粉を挽いて、黍団子していっぱい並べて、そしてそれをいっかい《（大きな）》かばんみたいなに入れて、そして担がせて。

「ひもじなったらこれを食べては行きなさい」って。そいたら、

「はい」って。そして、ずうっと出て行ったんやて。

　ずうっと鬼が島まで行くんやさかいに、ずうっと行っては、しばらく休んでは黍団子出いて食べては行っとったんやて。ほしたら、向かいの山から、

「ホーイ」って呼ばるんやて。

「ふふふん、変なこりゃ、誰や知らん」て聞いとったんやて。座って。ほしたところが、でっかあい岩がゴンゴロゴンゴロとまくれてきたんや。あらあ、何やろかなあと思たら、その人の足の傍までまくれてきて、ほいてホ

カアンと割れたんやて。そしたとこが、

「あんなでかい岩が割れるはずぁない。何じゃろかな」。たら、中からひょこんと人が一人《いちにん》出たんやて。たら、その人ぁ柿太郎という人やった。

「あんた、何しに出ていらした」ったら、

「あんたの友だちになって行くさかいに、友だちにしてください」って。ほいて、

「そりゃうれしいわな。わたし一人して行かれるかなぁと思ては休んではおったんやに」ったら、

「わたしゃ柿太郎っていう人や。そやさかいいっしょに行きましょう」って。そいてずうっと二人がまた行ったんやて。

　ほしたところが、またしばらく行ったら、また山の頭でホーイ手呼ばるんやて。ほったら、またでかあい岩がゴンゴロゴンゴロまくれてきたんや。ほいたら、誰や知らん、また友だちが来たんかなあと思て、また座って黍団子出いて食べておった。二人《ふたあり》が、誰《こんた》やったんやろなあと話しておったんや。そしたら、今度またその岩まくれてきて、その人らの前にちょんと座ったんや。そして、またその岩が割れて、そして、また中から人が一人ひょこんと出たんや。

「あんたたちゃどこへ行かしゃる」。たら、

「鬼が島へ鬼退治に行くんや」って。

「あら、そうか。ほんならわたしもいっしょに行きましようか」って。そして、ずうっと出て来て。

「あんた、誰って言うんじゃ」って言ったら、

「わたしはからすけ太郎」。そんな名じゃった。そしたら、

「そうですか、そんならいっしょに行きましょう」って言うて行った。

　そしたら、ずうっと行ったとこが、鬼が島へ行った。そこのでかあい門が閉まっとるんやて。で、

「柿太郎、この門をぱあっと蹴れやれ」と言って。ぱあんと蹴る。そんなもん何ともない、ただ蹴っただけで何にもならなんだ。また、そんならからすけ太郎、

「今度ぁ、わたしゃ蹴って《（ろくに）》みましょう」って。で、蹴ったけど、何も、音もろくらかしせなんだんや。ほしたら桃太郎ぁ、

「あんたたちゃやっぱり弱いなあ。わたしゃ蹴ってみようかなあ」って。ほしてぱあんと蹴ったらぎいっと開いたんやて。そしたら、その中を、

「さあ、柿太郎さん、入りなさい」って。そしたら入ったんやて。ほたら鬼ゃ中におって、柿太郎呑んでもたんやて。そしたら、

「おい、どこ行ったんや。入ったんやに」って。ほいて、

「からすけ太郎、ほんなら入って見てらっしゃい」て、そして入れたらまたその人も呑んでもたんや。そしたとこが桃太郎さんな、業《ごう》が沸《わ》いて（腹が立って）、

「あの入った人をどこへやったんや」て言う。たら、

「あんな人、邪魔になるさかいに呑んでもたわ」。そう言うんじゃて、その鬼ゃあ。ほたら、それ、わたしは承知せんぞ。どうでも出いていくさにゃいかん」て。

「そんなら入って休みなさい。出いてあげるさかい」って。そして鬼ゃ理屈なもんじゃ、薬缶みたいなもんを持って来て、何やら煎じて飲んで、そしてカースカースってしたんや。そしたら口からひょっと出たんや。からすけ太郎が。ほた、もう一人柿太郎がおるんや。ほんならもう一杯飲んでって、また一杯飲んでカースカースったらまた出たんやて。そいたとこが、桃太郎、

「ああ嬉しや。そんなひどいことやるんならわしの言うことを聞け」って言うたら、

「そうですか」って言う。そして、鬼ゃそこらあたりを駆け回っては歩いとったんやて。

そして、桃太郎な、

「あんた、なんでこんなとこにおるんじゃ」って言うたんや。たら、

「鬼が島やさけここにおらにゃどうしようもならん。人が来たらみんな取って食べてみてやらにゃいかん。鬼じやさかい」

「そんなんしてお前たちしとるか」って。ほって、話しとったんやて。ほいて、そんなにして人をみんな取って食べる鬼を殺いてやらにゃいかんと思て、桃太郎さん。桃太郎さんな、負けんと何でも言うて喧嘩しとったんや。それから鬼も何も殺いてやろうと思うて、ほいて、何やら道具出いて、それで突き刺いて殺いたんやて。そして、柿太郎やらからすけ太郎やらに、

「さあ、今じゃもう楽じゃさかい、お前らも出い」って。その人ら隠れとったんじゃけど、出て来て。そして、三人が鬼を退治たさかい、家《うち》へ帰らにゃいかんていうて、そしてずうっと帰って行ったんじゃて。

そしたとこが、鬼もひどいもんやな。海の傍まで来た

ら、年寄りの婆みたいになって、ゴオゴオゴオゴオと臼碾いとったんや。そしたとこが、その婆が、

「あんたらどこへ行ってきたんや」て言うた。そしたら、

「鬼が島、鬼退治に行ってきたんや」って言うんじゃ。

その鬼、化けて出たもんやったんか、その人らみんな海へまくれ込んで、我が身もいっしょにほうやって殺いてもたんやて。そしたら、それで桃太郎さん、おしまいしてしもたんや。


（昭和五十六年五月二日聞き取り）

2. 蛇聟入（水乞型）〈イ〉

爺ちゃん出てみて、これに水を当てて貰《もろ》たら、家に三人娘がおるさかい、欲しいのを一人あげるいうて。そう言うて帰ったんやと。

そして、晩、寝とったら、猿沢が池っていう池から猿沢が上がって来て、そして、爺ちゃん、朝行って見たら、ずるうんと田に水が当たって。そして、何か知らん、家《うち》へ帰ってまた、寒《さぶ》なったさかい寝ようと思て家《うち》へ帰ったら、庭の梯子の下に、こすごいようなもんが寝とったんやと。そしたら爺ちゃん、こりゃ弱った。水は当たっとったが、家に三人姉妹がおるんじゃけど、娘どもが。ほやけど、こんなもんと誰が行ってくれ手があるかなあと思て心配して、寝床入ってまた寝たんやと。

そしたとこが、一番の姉さ、もう朝起きて来んのやて爺ちゃん。どうしたんやらと思て起こしに行ったんやて。

「爺ちゃん、今じゃ遅いさけ、起きて飯《まま》食べない」って言ったら、

「梯子の下のもんと行ってくれたら」て言うたんや。そしたら、その娘、

「おお嫌《いや》、あんなもんと行けって言うたら、見るも恐ろし」って言うて帰ってもたんやと。ほったら爺ちゃん、こりゃ弱った。姉ささえあない言うて行くのに、誰か、妹の方がなお若いし、小さいし、行ってくれるかなあ思て、心配してまたもう起きれんと寝とったんやと。

ほたら、今度《こんた》また、二番娘や行って、また、

「爺ちゃん、もう起きんか。どんなんじゃ、悪いんか。起きて朝飯食べにゃいかん」て言うたら、

「ほんなら、あんた、梯子の下のもんと行ってくれたら」って言うて、また言うたんやて。そしたら、

「いやいや、あんなもんと恐ろしや。見るも恐ろし」って、また抜けて帰ってもうたんや。ほしたらまあ、どうしようもならん。爺ちゃん、病《やまい》出たようになってもう起きれなんだんやて。

そしたら今度《こんだ》、一番の妹ぁまた起こしに来たんやて。そしたとこが、言わんとおこうか、妹じゃに。どうしようかしらんと思うて、また、

「梯子の下のもんと行ってくれたら」って言うて、泣きしゃべるみたいにして言うたんや。そしたら、

「爺ちゃんの言うことなら何でも聞くさかい、起きてご飯食べてください」って言うたんや。たら、爺ちゃん嬉しなって、とんで起きたんやと。ところが、行ってくれるかなぁ、一番妹で小さいんじゃが、やるのは可哀そうなんじゃしと思て爺ちゃん、飯《まま》も何も食べられんのやて。そしとったら、妹ぁ、

「何をそんに《(そんなに)》心配しることがある。わたしゃ連れて行ってあげっさかい、わたしの言うほどおみやげを下さい」って言ったんや。そしたところが、爺ちゃん嬉しなって、

「おお、そんなもん、あんたの言うことなら何でも聞くさかい、どうでもあの梯子の下のあれを連れて行って、行くとこやってきてください」って言うて。そしたら、少しご飯出いてやったら食べたんじゃって。そしたら、その妹さんな、

「わたしゃ、他人《ひと》の言うことなら聞かれんけど、父ちゃんの言うことなら、どんなことでも聞いて、我が身ゃ死のうと生きようとだんない《(かまわない)》さかい」って言うて。理屈なもんじゃ、そう言うたんやて。そしたとこが爺ちゃん、嬉しなって、

「何でも言うてくれ、ほんならお前の言う通りのものを出いてあげる」って言うて。

「わたしゃそげに重い、持って歩けるもんばっかりじゃ。それに、余計くれって言わんさかい」て言うて。ほったら、

「おお、何でも言うてくれ、あげるさかい」って。そしたら、その娘がそれを連れて行くのに、連れて行ってああしようこうしようということがわかったことやら、猿沢《さるさわ》の池から猿沢《さるさわ》が来たんじゃと思たやら、

「ふくべ一つと、苧《お》を一苧桶《ひとおぼけ》、(昔、こんな苧桶にうららも《(私たちも)》麻作ってはそれで麻糸、ここらの人は苧じゃって言うた、それを)績《う》んだのを一苧桶《ひとおぼけ》と、紙一帖と、ほかのもん何もい

らんさかいに、わたしの言うたもんだけください」って言うた。

「おお、そんなもん、かりやすいこっちゃ。いくらでも上げるさかい、何でも欲しいもんがあったらもっと言ってくれりゃいいさかい」て言うたら、

「ほんなら、胡椒の粉一紙袋《ひとかんぶくろ》また欲しい」って言うたら、

「おお、何でも、もっともっと考えてみて、欲しいもんあったら言うてくれ」って言うたんや。そしたら、

「こっでいいでしょう。今はもう持って歩かれもせず」て言うた。そして、自分も朝飯だけ食べて。それを、何や、入れもんの、ここらの人ぁ担《かず》いて歩く背中当てやの。

「あれ一つください」って。そして、あれ入れて担いて。そして、苧だけは下げて歩くのに重たいし、邪魔になるさかい先ぃ使うんじゃっていうて。そしてその、苧を績んだのを持って。そして、

「さあ、どうぞ行ってください。わたしゃ連れて行きまっさかい」て言ったら、猿沢《さるさわ》、こすごいもん起きて喜んで、後に立って行ったんじゃと。

　そしたとこが、その、苧の績《う》んだのをずうっと、歩く道の木やら草やら何やらに巻き付けて、ずうっと行って、その猿沢さんが行くとこへ行くさかいにという。ほいて、ずうっと後に立って行ったんやと。そいてその、遠かったやらこそにゃ、績《う》んだそれがみんなこう使うてもたんやて。ほいて、もうないようになったら、今度《こんだ》ぁ道を紛らかさんように行くつもりやったんやろいね。ほいで、紙を裂いては木にでも高い草にでもちょっと巻き付けて。引き裂いては。そしてずうっと行ったんやて。

　そしたとこが、ずうっと行ったとこが、でかあい猿沢が池って池のとこまで行ったんやて。そしたら、猿沢、

「さあ、ここがわたしのおるとこやさかいに、ここへ入ってください」って言うたんや。そしたとこが、

「あんた、先へ入りなさい」って言う。

「いや、わたしよりお前が先ぃ入ってもらわんといかんさかい、入ってくれ」って言うたんや。もぉう入るって言わんのやて、先へ。猿沢さんも。ほいて、その姉さんまた知恵があったやらこそにゃ、そのふくべ一つ持っとったじゃろ。これを投げて、

「この池の中へ。沈んだらうらが入るし、浮いたらあんたが先じゃぞ」。そう言うて投げたんやて。たら、ふくべ

や浮くわの。軽いもんじゃし。蓋してひとつも水入らんようにしたあるんじゃし。そしたら、仕方ない、猿沢さん、

「ほんならわたし、先ぃ入るさかい、あんた後から入ってください」言うたんや。ほしたら、

「はい」って言うて。そしとったんが、まだ忘れておるもんがあったわ。針を千本くれって言うたんじゃ。継ぎしる針。あれを先ぃバンバラアッと撒いたんやと。ほいたら、猿沢にみんなそれがチクチクチクと、体中に刺さったんやて。そしたら、朱《あけ》の血になったんやと。池が。したら、今度はその、姫ぁまた胡椒の粉を一紙袋水の中バラバラッと撒いたんや。たら、それが染《し》ゅんで、猿沢が泣く音がしたんやて。そしたら、姫や、死んだんじゃと思て可笑して「ホホッ」て笑たんやと。ほいたら、

〽死する命も欲しもない
　姫が泣くこそ可哀けれ

って。やっぱ畜生じゃ、姫が笑たら、泣いたんかと思うた。死んだら、我が身が。

ほしたら、姫ぁ嬉して笑い笑いおったとこが、朝出たんじゃに、けっこう長いことかかって、日が暮れて暗うなってもうたんやて。ほいて、家帰ろう思うてこう見るけど、どこがどこじゃったやらわからん。紙付けたり苧を巻き付けたりしたのもわからんし、こりゃ弱った。笑てはおったんじゃに、家へも帰れんが、どうしるやらしらんと思て、向かいの山を眺めてはしばらく立てっとったんやと。

そしたとこが、向かいの山にちょろっと灯《ひ》が見えたんやと。たら、ああ、ありゃあこに《（あそこに）》どっか家《うち》があるに違いない。そこ行って泊めてもろて、明日の朝帰らにゃいかんと思て、近いんじゃしと思て行ったんやて。

ほいたとこが、婆ちゃんが一人火を焚いておったんやと。そこへ行って、

「婆ちゃん、婆ちゃん、一晩泊めてくださらんか。こんなんで道に紛れて歩けんし、暗うなってもうて、一夜明かさしてください」って言うたんや。ほた、この婆ちゃん、

「ここは次郎坊《じろんぼ》、太郎坊《たろんぼ》が来るんでな。あれが来るとなかなか、人泊めておいても命がないさかいに泊められん」て言うたんやと。ほたら、

「いや、どうあってもだんない《（かまわない）》。一晩明かさしてくださ

い」って。そして入ったんやと。ほいたら婆ちゃんが、山の婆ちゃんじゃったんで、

「このわたしの頭にある虱《しらみ》を取ってくれたら楽に泊めてあげようかな」て言うたんや。ほしたとこが、その姫や、頭をほどいて見たんやて。そしたとこが、やもめ婆やさかい、蛇やら蝮やら、何やらいっぱい頭におるんじやて。それを、

「婆ちゃん、鋏取っていらっしゃい」て言うたんや。ほいて、婆ちゃん、

「こんなのを取ってくれるんか」っていうて、そして、鋏取って来てあげたんやと。そしたらそれをポツポツ切って、

「さあ、梯子の下へ行って掃《はろ》ていらっしゃい」て言うたんや。そしたとこが、みんな死んで落ちてもて、頭が軽うなったんやて。婆ちゃんなあんまり楽になったもんやさかいに、どうかして次郎坊、太郎坊が来てもどうもないようにして泊めてやらにゃいかんと思て、

「ほなら、あれが来るまでに、せっかくそこに、ご膳さま一膳と腕《かいな》が一本あるさかい、食べなさい」て言うたんや。ほたら、

「そんなもの、お金も何もいらん、ご膳さま一膳だけください」て言うた。そして、その姫ゃ貰て食べたんやて。

ほいて、しばらくそこに座っとったら、次郎坊、太郎坊が、

〽さあぶるや　さあぶる　さいごの子ぁみその子ぉ

そういう音がしたんや。そしたら婆ちゃん、

「ほら今、次郎坊、太郎坊が来たさかい、人間が来とるとみんな殺いてまう。そんで、わたしの言うとおりにしなさい」って、そこ入って言う。そしておったら、婆ちゃんな、縁の下をまくって、そしてその姫を縁の下へ入れて、そして、でかあい、やっと下げるような鉢取ってきて、その上に被して。そして自分はその上に座っとったんや。そしたらだんだん近寄って来て、次郎坊、太郎坊ぁ、またしては、

〽さあぶるさ　さいごの子ぁみその子ぉ

っていうて音がしたんや。たら、姫ぁ恐ろしてしゃがんで見とったんやて。その縁の下へ入って。そしたとこが、家へ来て、ほして戸を開けて、

「こんにあの、何やら足半《あしなか》みたいなもんが脱いであるが、誰か来とるんでないか」言うたんや。婆ちゃんな、

「誰も来ん。わたし、それ、川へ洗濯に行って来たんじゃさかい、わたしの足半じゃ」って言った。昔やここらにも草鞋みたいなん作ったのにゃ、足の真ん中までしかこんようなんを作っては履いとったんや。そんなんじゃった。そしたら、次郎坊、太郎坊、家へ入って、

「ありゃあ、人臭いんでないか」言うんじゃって。

「何《なぁ》も臭《くそ》もどうもない」

「何かないか。ひもじいなったぞ」って言うたら、

「棚に腕《かいな》が一本と、ご飯がいっぱいあるさかい食べ」って言うて。

「婆ちゃん、遊んでばっかやもん、下ろいてくれ」って言うたんや。たら、

「うら、もう立てもせんのじゃ。自分が下ろいて食べて行ってくれ」って言うたんや。で、それを我が身が立って行くと、鉢の上に座っとるもんやさかいに、それ取って何すると、臭い風がしるわの。人間がおるんじゃさかいに。そんで、婆ちゃんそう言って、我が身ゃもう起きなんだんじゃと。そしたとこが、

「そりゃ仕方ない。下ろいて二人が、腕取って食べて。そしてまた、食べてみたら、

〽さあぶる　さあぶる　さいごの子ぁみその子ぉ

って言って行ったんやって。

そしたとこが、だんだん夜も明けて来るし、明るくなって来るし、婆ちゃんなそおっと蓋取って、

「今、次郎坊、太郎坊は行ってもたさかい、起きなさい」って言うて、ほして起きたんじゃって。ほって、また婆ちゃん、それからご飯ちょっこり炊いて、そして、その人に食べさしたんやて。したら、

「これから、どこへ行くつもりや」って言うさかい、

「どこって、わたしゃ婆ちゃんの言うとこへ行く」って。おもしい《（不思議なことに）》、家《うち》へ帰るんかと思たら、家帰らなんだんやと、その姫やあ。ほったら、

「ほんなら、わたしゃ着とったこれ、わたしが着たもんじゃさかいに、道で次郎坊、太郎坊が来た時にゃ、これをすっ被《かぶ》って道に転んでらっしゃい。そうしりゃ、『うちの婆ちゃんがこんなとこ来て転んどるわ』って言うて踏みまくっさかい、知らん顔して寝とらっしゃい」って言うた。そして、

「うら、今、ご膳さま炊《かし》きに行くさかいに、この《（大きな）》濁《にご》しについてずうっと行きなさい。そうしると、いっかあい長

者の前へ出て行くさかい、そこへ行って、『ここに雑仕《ぞうし》になって使うて下さい』言うと、喜んで使うてくれるさかい」って。そうしたら、姫ゃあ嬉しなって、家へ帰りとうなかったやらこそにゃ、喜んで、ほの婆ちゃん言うとおりにして、婆ちゃん、米炊《かし》いて濁《にご》し流すとこへずうっとついて下りたんじゃって。ずうっと、川のそばへ。そしたら、婆ちゃん、米炊《か》いて流すさかいに、その濁《にご》しにずうっとついて行ったんやと。

ほいたら、本当にでっかあい長者の前へひょこんと出たんじゃって。ほして、そこへ行って呼ばったんじゃて。そしたら、そこのおるもんどもぁ出て来て、

「おお、誰やと思たら、婆ちゃんらしいもんじゃ」。

ほんでその、そこへ行くまでに、次郎坊、太郎坊が来たんじゃって。道で会うたんやと。そいた、本当にそれ、すっ被って転んどったら、

「こんなとこへどす婆《ばば》さ、何しに転んどるんじゃ」って言って、蹴りまくっといて行ったって。

そしたら、それからまたずうっとちょっこり行ったら、でっかい長者の前へ出たんやて。ほしたら、そう言うたら、そこの長者の親父や、

「ほんなら、まだそうあんまり年のいったもんでもないさかいに、入ってご飯の用意でもしてもらやいい。この家にはご飯用意しる者がおらんさかいに。どうしようやらと思とったんやに」って言うて。そして、

「ほんなら入って、何でも使いもんしておってくれ」って言うたら、中へ喜んで入って。そして、そこにご飯炊くやら何やらしておったんやと、その姫ゃあ。

そったとこが、そこの雀やら何やらいっぱい来ては、来るさかいに、そのご飯の粒やら濁しやらやると喜んで、いっぱい来ては止まるんじゃて。婆ちゃん出ると。ほすっと、それにみんなやっては食べさせたんや。ほいて、晩になって、姫ゃあの、葛籠を脱いで。そうしりゃほら、八方一の美女になったんやと。若いんじゃさかい、まだ。そしては、おらがおてま（手間賃）にゃ、昔ゃほら、行灯て灯《とぼ》いたがの。かわらけに。あんたらは知らんかもしれんけど。こういう、提灯みたいなもんが中に。かわらけっていうて、灯心を入れて、そん中へ種油入れては。そいてその灯心に火を付けては灯いては勉強しとったんやと。

ほったら、うちの息子が嫁取るようになったんで。ほんで、息子ぁ遊びに行って来ては、嫁探すんじゃけど、

とってもいいのおらんのやて。ほいて、そこにちょっとたん覗くと、奇瑞な八方一の美女になっては学問しとったんやて。その婆が。

そしたら、家の者《もん》な、

「ほんな、息子にも嫁貰わにゃいかんのじゃになあ」って言うたんや。そう言うてうちの人ぁ考えとったんやて。そしたらその人ぁ、そうやって晩、覗いて見りゃ、そういう美女になっておるんやさかい。

「うら、嫁いらん。窯の前の婆」って言うとったんや。そうしりゃあ親たちゃ、あんなもんとおるって面倒じゃなあ。合点がいかんと思て心配しとったんやて。ほったら、毎晩遊びに行っては銭使うてどうもならんし、誰かいいのおらんかなと探いとったら、三万長者の親父やさかい、手ないくらでもあるんじゃけど、息子もう置こうって言わんのやて。あれが良うないかこれ良うないかいうても。

ほしたら、何かしてせにゃだちゃかんがんなって。そして、初めて娘どもを寄せて、何でもさしてみにゃいかん。そして、そこの親どもぁ考えて、

「ほんなら明日《あした》の朝、竹薮に雀が来ては毎日止まるさかい、あれを竹に止まったなりを折って来て、うららが家の中に挿いたもんがこのおと息子の嫁じゃ」言うたんや。ほったらいっぱい寄って来とって、誰が行ってもそんなもん、何もやって食べさせてもないもん、翔って行ってまうわの。ほいた、どんなもんが行って、何人も、十人ほど来とって行っては、行きゃあ、いっぱい来てはたかるんじゃけど、行って竹をこう折ろうとしりゃあ、翔って行ってもたんやて。もうそれ取って来て立てられんのやて。ほうしっと、もうどうしようもならん。ほんなその、こっちにおる婆ちゃんの、飯《まま》炊きしとる婆、

「あんた下手やな。婆ちゃんなら行って取って来て立てようになあ」て言うたんや。そうしりゃ、家《うち》の人も寄って来たもんも、

「婆ちゃんやほんなもんな。顔にも驚くわ」て言うて、もうやらなんだんやて。じゃれども、もうどうしようもならなんだら、

「ほなら、折って来て立ててみよ」って言う。

「皺にも怖《お》じるわ」って言うては、みんながそう言って怒っとったんやて。ほいたとこが、本当に毎日ほりゃあ、飯《まま》粒やら米粒やらやって食べさせる、濁しやって飲ませ

るやらしたら、その人が行ったとこが、婆が。いっぱあい来てたかったんやて。ほいて、それをこうやって折って来ても知らん顔してたかっとるがや。行ってそれをそのまま折って来て立てて、

「さあ、どうじゃ。わかったかな」て、婆、笑とったんや。ほたら、その寄ったもんも、こりゃ面倒じゃ、とってもあの人にゃ叶わんと思うて帰ったんやて、みんな。

ほいた、家《うち》の親どもぁ心配して、今度《こんた》何かしることがないかなと思て、また他《ほか》のことを考えたんやて。そして、昔ゃ権蔵草鞋《ごんぞわらじ》って、草鞋があったがの。あんたら知っとるやろ。藁で作った草鞋て。あれを履いて、そして、この真綿をこうスペーンと蒲団の上《いえ》に敷いたのを、それを、

「この上を権蔵草鞋履いて歩いて、引っかからんと、すっと足が上がって歩けるもんをこのおと息子の嫁じゃ」

言うたんや。ほったとこがまた、十人もまだも寄って来て、そいてみんながそれ履いては歩こうとしりゃ引っかけては引きずって行ってまうし。もうそんなもんな、草鞋の裏、がちゃがちゃやさかいに、おらんわの。おらに考えさしてもそう思うんじゃ。そした、もう家の親たちゃどうしようもならんのやて。ほしたらまた、婆、そこ行って見とって、

「婆ちゃんなら歩いて見せるにな。なんたもんやら」て言うては見とったんや。ほったら、また来たもんな、

「婆ちゃんや、あんなもんな皺にも付くわ」て言うて、怒っては歩けども、誰歩いても引っ付いて引きまくってみても、もうおかんのじゃ。ほいたとこが、その家の親たちゃどうしようもならいで、

「そんなら、婆ちゃん歩いてみよ」って言う。そしたとこが、賢いんじゃさかい、草鞋の裏に、我が身が灯《とぼ》す油、あれをべったり塗って、そしてむたむたぁと歩いたら、ひとつも付かんのやて。そりゃ付かんわの。菜種油のありゃあ滑らっこいんじゃさかい。そしたらまた仕方のうて、みんなが腹が立って、合点がいかいで帰ってもたんやて。

そしたらまた、家の親たちゃ心配して、何か心に染みてわかることがないかなと思て考えたんやて。今度、大宅《おおやけ》のもんじゃさかいに二人が考えて、赤い糠を箕《みい》にいっぱい出いたんやて。そして、これを音《ねえ》出いて、ざっくりざっくりと糠をさしてみりゃ。そして、それに音の出たもんをこんのおと息子の嫁さじゃっていうて。そし

てまたいっぱい寄せたんじゃって。そしたら、またみんなが互いに行ってはざっくりざっくりと、糠しるにこうやったんや。そしたかって、ざっくりざっくりざっくりざぁと、それしか言わん。ざっくりしか言わんわの。そしたら、またその、婆ちゃんじゃ、

「わたしなら音《ねえ》出いてみしょうになあ」って言うては、そば行っては、たまにゃ寄ってては見とったんや。そしたら、

「婆がいうなら皺にも落ちるわ」って言うては怒っとったんやに、どうしようもならいで、家の親たちゃ、

「ほんなら婆ちゃん、まあやってみなさい」って言ったら、

「はい」って言うて、そいてこうやって、ざっくりざいと糠しようとしたんじゃて。そしたら、

〽五万長者のおと息子
　三万長者のおと娘
　　金《かあね》じゃっくりじゃい

って言うて。そういう音《ねえ》が出たんじゃと。ほんで、そしたらみんながびっくりして、

「合点がいかん、どうしようもならん、あの人には。我々は叶わんさかい、婆でもだんない《(かまわない)》わ、嫁には。あの息子は、我が身があれでなけにゃいかん言うんじゃさかいに」て。そしとったら、そのおと息子は親たちに、

「今じゃ安心したでしょう。わたしゃ他《ほか》から欲《ほ》しない。この家の婆じゃていうことを見初めておったんや。この人を置いてやってください」て言うて、息子ぁ言うたんやて。そしたとこが、家の親たちゃびっくりして、息子があんだけ見定めたのを合点がいかんいうて。

そしたとこが、その上に着とった、婆に貰《もろ》て来た、あの葛籠《つづら》を脱いだんやと。そしたら家の人もびっくりして、綺麗な八方一の美女じゃったんやと。ほら、息子が惚れて、あれでなけにゃかなわんというたはずじゃ。何と知恵が付いた息子やったやらと思て、家の親たちゃ喜んだんやて。ほして、それから、そんなならなんじゃいな、この人を置いてやらにゃいかん言うて、ほいて、でっかい祝いして。

そして、姫ぁ息子を連れて我が家へいっぺん遊びに行って来る言うて出たんやて。ほして、ずうっと道もわかったやら、帰ったんやと。娘ゃあ。ほしたら家の人ぁ、あの娘ゃあ一番小さいんじゃに、一番先へ死んでもたん

じゃと思て、三年の法事を申そうと思て、今、法事してはおるんじゃに、三年の法事どこか、お祝いにせにゃいかんというて、お祝いしたんじゃと。

そうろうべったりかいのくそ、かいてくたらうまかった。

《そしたら、娘も息子も嬉して。その息子ぁ五万長者の息子じゃったんじゃ。その娘や、その人も三万長者の娘じゃったんじゃ。そんで、うまいこと貰たもんじゃと思うて。娘や死なんと帰って来れたのも嬉しいんじゃし、息子ぁまた、そんないいのが、我が身が難儀していても、ただ遊んで来てはおったら、娘がひょこんとあたったんじゃと思うて嬉して。本当にいいお祝いしたんじゃと。「そうろうべったり」と、そう言うて、昔や話して聞かしたのを、今考えてみても、もう忘れられん。》

（昭和五十五年八月二十六日聞き取り）

3. 蛇聟入（水乞型）〈ロ〉

むかし、百姓しとったんやと。そしたら、天気がようて、田も何《なあ》もどこもかもひび割れて、ひとつも水がないようになったんやて、田に。そこの爺ちゃんな田んぼへ来て、

「この田に水を当ててくれたら、家《うち》に三人の娘がおるさかい、どっちでも欲しい娘を一人くりょになあ」って言うて。そう言《ゆ》い言い田をほじってみては、みんな干せてがしゃがしゃじゃていうて、家帰ってその晩寝たんやて。

そしたところが、池の何やらが聞いとったんじゃやて。でかあいのが。そこに猿沢《さるさわ》が池っていう池があったんじゃ。そたら、猿沢《さるさわ》がそれを聞いたんじゃないか。それも何じゃやって、ズルーンと爺ちゃん、明日行って見たら、水、田にいっぱい当たっとったんやて。そして、家《うち》帰ったら、行く時にはまだ茶黒て見えなんだんやが、帰りにゃ梯子の下へその猿沢《おと》っていうのが来て寝とったんやと。梯子の下に。何と恐ろしやなあ。家に三人も娘がおって一人やる言うたれど、こんなもんと行ってくれるものがおりゃいいがなあと思て、寝床へ入って寝たんや。

そしたとこがもう、朝まになって明るなっても、もう起きられなんだんやて。誰《（わたしは）》か行ってくれるもんがおるかなあ。行ってくれにゃうらぁ命ないが、ともう寝られ

もせず、ぐちぐちして、床から出んとおったんや。

たら、姉娘が行って、

「爺ちゃん、今だ遅いな。起きて飯《まま》食べんのか、今日は」

って言うたら、

「梯子の下のもんと行ってくれたら」って言うたんやて。

たら、

「やれやれ恐ろし。見るも恐ろしわ」って抜けて帰ったんやて。で、またしばらくたったら、また二番の娘が、

「爺ちゃん遅いんじゃ。爺ちゃん起こしたんじゃに何してまだ起きんのか」って言うた。

「梯子の下のもんと行ってくれたら」ってまたそう言うたんや。たら、

「やれやれ恐ろしや。見るも恐ろしいわ。起きて、どっかやってくれにゃいかんわ。爺ちゃん、あんなもん呼んだんか」って言うて二番のがまた怒って。したら、爺ちゃんもう、どうしようもならん。今度《こんた》はわしゃ命やないがと思ては寝とったんや。

ほた、今度《こんた》三番目の、一番妹が起こしに来《ゆ》たんや。ほしたら、みんな、姉さどもがここへ来て、言ても聞かなんだんじゃれど、でも今度ぁもういっぺん言うてみようかなあと思て、爺ちゃん泣き泣き言うたんやて。

「爺ちゃん、どうして起きんのや。前の姉さどもがあんに呼ばったんじゃやに」って言うたら、

「梯子の下のもんと行ってもらえにゃもう、起きてご飯も食べられんわ」言《ゆ》うたんや。ほったら、

「おら、あの、何でも私の言うことを何でも聞いてくれりゃ、それ持って送って行って、池まで行って来るさかい、起きて飯《まま》食べない」って言うたんや。なら、爺や嬉して、まあ、送って行ってやって来て、そして、あれを池へやって来てくれりゃおらの本望じゃと思て、喜んで起きたんじゃと。そして飯《まま》食べたんじゃと。そしたら、その三番目の娘が言うには、

「おらの言うもんをみんなくれにゃだちゃかんぞ《(くれないといけませんよ)》」って言うて。

「何でもだんない《(かまわない)》。買って来てでもあげるさかい、梯子の下のあれと行ってくれりゃいいさかいに」って言う。そした、

「どこへでも送って行くさかい、わたしの言うもんをくれ」って。ほったら、

「よし、わかった」って言うて。娘は、

「そうすりゃ、おらにふくべ一つと、針千本と、胡椒の粉一紙袋《ひとかんぶくろ》と、苧《お》を一苧桶《ひとおぼけ》と、紙一帖と、うらが言うだけ忘れんと出いてくれにゃいかんぞ」って娘言うたんや。でっかい、それを入れて担《かず》く背中当《せなかあ》ていうてな、昔の、ここらに今もある、あれを一つ。それに入れてくれりゃ担いて行こうっていうんじゃや。ほいて、

「ふくべ一つくれ」って。たら、

「わかった。そんなことぐらい易いこっちゃ」って言って、一生懸命で買い集めて来て、そして娘にやったんじゃと。そたら、娘はそれをみな背中当てへ入れて担《かず》いて、苧《お》とちり紙や手で抱えて。昔や一苧桶というとこんなでっかい苧桶に、ここらの人ぁ機《はた》を織るんでこうやって、麻作っては。あれをこうやって。機織る何をしたんじゃや。口に銜えとって、踏んでは苧桶いっぱいやったんじゃや。そしたとこが、それを持って、紙も抱えて梯子の下のそのものに、

「さあ、行きなさい。わたし送ってあげる。その池まで送ってあげるさかい」。そしたら、猿沢っていうの、起きて行ったんやと。そしたら、爺《かお》や嬉して嬉して、娘死んでしまうがなあと思えやぁまた可愛て泣いておったんや。

そしたとこが、娘や、帰りの道をわからせるのにか、ずうっとその苧を木に、道をずうっとあれが行くと、こうこう巻いては木のへたへでも何でもあるもんに。そしてずうっと行ったんじゃやって。そして、それがのう《（無く）》なったらまた、紙を引き裂いては木の枝にでも何でもあるもんに貼り付けては、猿沢の尻に立って行ったんやと。

そいたら、その後に行ったとこが、いっかあい《（大きい）》猿沢が池っていう池まで連れて行ったんじゃやって。そして、猿沢が池へ行ったら、その猿沢、

「さあ、ここがわたしの家《うち》やさかい、お前先へ入れ」ってそう言うんじゃやて。そしたら、

「いや、わたしゃ何やさかい、あんた先へ入れ」って言っては喧嘩しとったんじゃや。そしたら、もう喧嘩が止《や》まいで、

「ほなら、このふくべを投げて、その池の中へ。沈んだらうらが入るし、浮いたらお前入らにゃいかんぞ」って言う。そしたら、あのふくべゃ浮くの当たり前じゃわの。ほいて、放り込んだんやと。ほしたらプキーンと浮いたんや。ほしたら猿沢に、

「さあ、お前、入らにゃいかんぞ」って言うたんや。そ

したら、

「はい」って言うて、猿沢入ったんやと、先に。そしたとこが、姫や、針千本貫《もろ》たその針を、パアッと撒いたんやて。ほしたらそれ、猿沢にいっぱい刺さって血になったんや。そして、そん中へ胡椒の粉ていったら死ぬもんじゃと。その針の立った跡へね。それ一紙袋したら池中《いけじゅう》が赤い血になったんやと。そしたら、姫やうれして「ホホウ」って笑たんや。そしたら、猿沢ってもんは、畜生というもんは怖《おぞ》いもんじゃ。

〽死する命は欲しもない
　姫が泣くこそ可哀けれ

って言うた。姫が泣くのかと思うたんやと。ホホゥって笑《わろ》たら。そいて、姫や、今じゃもう上がって来《こ》んし、おらを連れに来《こ》んし、うまいことしたと思て嬉して笑たんや。笑たら、泣いたんかと思うてそう言ったんや。


姫や嬉しなって、今度《こんた》じゃ、どこもかも眺めて見ると、暗うなってもとった。朝行ったんじゃやに。そしたら、こりゃ弱った。今から帰っても帰らいでもどうやって。どっか、何かないかなと思うて向いの山見とったんや。ほったら、光ちょろっと灯《ひ》が見えたんやて。小っちゃい小屋みたいなんの中が。あこ行って《(あそこへ行って)》一晩頼んで泊めてもらおうかなと思て、ひょこひょこっとそこ歩いて行きゃあ、行けたんじゃ、その山へ。ほいたとこへ、暗いんじゃけど、ひょこひょこと行ったんじゃやと。そしたら婆が一人おったんやて。年寄りな、怖《おぞ》いしわくちゃの婆が。

「ここに一夜明かさしてくれんか」って言うたんや。そしたら婆、

「ここは次郎坊《じろんぼ》、太郎坊《たろんぼ》が来るんじゃさかい、泊められんのじゃ、人を。人が来るとみんな殺いて食てしまうんじゃさかい」。そしたら、

「どっか、隠れてでもおるさかい泊めてくっさい」って言うた。ほいたら婆な、

「ほんなら、うらがこの頭の虱《しらみ》を取ってくれたら」って言うたんや。ほってその娘見りゃ、頭にいっぱいに虱やそんなもんならいいけど、蛇やら蝮やらいっぱいにおって、婆の頭も齧《かじ》っておったんやと。ほいたらそれを、

「婆ちゃん、鋏取ってござい。これみんな取ってあげるわ」って言って、鋏取って来て、婆ちゃんやったら、それをみんな鋏で切って、ほして、

「さあ、梯子の下へ行って振るうてござい」って言った

ら、

「ああ、ありがとう。頭軽うなったわ」て言うて喜んで。そして、行って振るってきて。そして、

「お前、ままご飯、鍋のご飯食べんのじゃろが」って言うたら、

「食べん」て。

「ほんならご膳さまがあるさかい食べなさい」って言うて、ご膳さまを下ろいてくれて食べたんじゃと。そして、

「じいっとして聞いておりなさい。今、次郎坊、太郎坊が来ると音がしるさかい、その音がしたら、うら、隠してあげるさかい」って。ほしたら、次郎坊、太郎坊がやって来たんじゃって。

「次郎坊、太郎坊が来ると、『さあぶるさ、さあぶるさ、さいごの子ぁみその子』て言うて、そう言うて呼ばって来るさかい」って。ほったら、おったら二人、次郎坊っていうのと太郎坊っていうのと二人がそう言うて来るんじゃと。

〽さあぶる　さあぶる　さいごの子ぁみその子

って言うて。ほしたら、

「さあ、来たぜや」って言って、その婆、我が座っとる縁の下を起こいて、そしてそこ、その娘を、

「入りなさい」って言うて入れて。そして、蓋して、娘に鉢やら何やら被せて、

「あんなが来て、飯《まま》食べて行くまでここ入って黙っておりなさい」って。そしてそこ入れておいて、我が身ゃ縁の板を下ろいて、そこの上に座っとったんやと。ほったら、本当に次郎坊、太郎坊どもが、

〽さあぶるや　さあぶる　さいごの子ぁみその子

言うてやって来たんじゃ。そして、庭まで来たら、

「はあ、人臭いな。どっか人が来なんだかな」って言ったら、婆、

「何《なあん》も来んわ。こんなとこへ何ゃ来る」って。

「この足半《あしなか》、誰なんじゃ」て言うたら、婆、

「うらが河原へ米炊《かし》きに行って来たんじゃ」って言うて。

「入って飯《まま》食え、黙って」って。

「おおっ」て二人が入って。したら、

「何がある、何もないわい」ったら、

「いいや、腕《かいな》が一本ある、棚に」。人取ってはみんなそうやって食たんじゃと。

「ご膳さんまだいっぱいあるわ。二人が分けて食べえ」

って。

「はあ」って言って、また二人がそれを下ろいて分けて食て。食てしもたら、また夜なべでも行くんじゃと。そう言って。次郎坊、太郎坊みたいな。そしては人取ってきては、我が身ゃ引き裂き離し裂きしては食ておったんじゃ。そしたとこが、飯食《まま》たらまた出て行ったんじゃて。

ほいたら、その娘を蓋取って出いて。そして、

「明るなったら、ご膳さま炊《かし》きにしたら川へ行って濁《にご》しを流すさかい、その濁《にご》しについてずうっと行くと、でっかいでかい宿屋やら何やらしる店があるんじゃさかい、そこへ行って奉公でも何でもしりゃいくらでも立てていけるさかい、そこへ行きなさい。家《うち》へ遠くて行かれんのなら」って言うて。そして、婆ちゃんな、

「道で次郎坊、太郎坊が呼ばるさかい、それが聞こえたら、おら、この姥ばり（姥皮）をやるさかい、これをすっ被《かぶ》って、道の畔《くろ》に転んどれ。そうしりゃ、『ありゃ、ここへどす婆さが来とるわ』って言うて跳ねまくっといて行くさかい」。たら、

「そうですか」って言うて、娘ゃそれを聞いてずうっと行ったんじゃと。


ほいたとこが、本当にだいぶ歩いて行ったら、その濁《にご》し水について行ったら、そういぅ音がし出したんや。

〽さあぶるさ　さあぶるさ　さいごの子ぁみその子
て言うて遠くから聞こえたさかい、一生懸命でその、葛籠《つづら》貰《もろ》うたある、それ被って、ほして道の畔に転んどったんじゃって。したら、

「こんなとこ、どす婆さ来て寝とるわ」ってて、蹴りまくっといて。そして、通って行ってもたんじゃって。ほいたら、娘ゃまた起きて、ずうっと行って。そういうとこ行って。

「この何やらを脱がんとおって、姫でもだんない（かまわずに）、婆じゃさかい、何もいらんさかいに雑仕《ぞうし》さしてくれ。うら何でもしてあげるって言うて、そこに奉公しておりなさい」って、婆言うてやったんじゃ。そったら、ずうっとその姫や、そう言った道じゃれど、通って行ってもたさかい、また起きてずうっと行ったんじゃって。

そいたらでっかぁい宿屋があって、そこに行って聞いたら、流《なが》しのできんようなもんでないさかいに、入って、

「今、誰もおらんのでここぁ。流ししるもんが。よかったわ」って。たら、

「入っておりなさい」って言うて、そこへ引っ張り込んでくれたんや。ほいたら嬉して、娘やそこに行って入って、流ししとったんやと。

　ほいたら、流ししとりや、米がこぼれるやら濁《にご》しが流れるやらするさかい、鳥がいっぱい来ては、その流しのそらに木が一本ありゃそれにいっぱい止まっては。ほいて、婆ちゃん米炊《かし》きに行くと、みんな下りては拾《ひろ》ては食う、拾ては食う。毎日そしとったんやて。そして今度、姫や何じゃって、こりゃうまいんじゃ。何でも養うとかにゃ、何か間に合うかも知れんと思うては、喜んで米炊《か》って濁《にご》ししりゃあそれ舐《ねぶ》りに来るし、米を一粒こぼれてもみな拾て食てくれるし、「こりゃなおいい、嬉っしゃんなあ」って言うて、撒いてやって食べさしてはおったんやと。

　ほたら、そこにそしておって、その姫や、何《なぁ》もわたしのおてま《（手間賃）》っていらんさかいに、昔は行灯《あんどん》て灯《とぼ》いたわの。あの行灯とかわらけと、それに、かわらけの中へ入れるあれ、何やらと三品さえおらがてまにくれりゃいいさかいって。ほいて、

「そんなことぐらいかりやすいこっちゃ」って、宿屋じゃさかいね。でっかい店もしたぁるし。ほって、それだけ貰ては毎日、晩になると、そんな上に着ておる婆の着物貰うてきた、それを全部脱いで。ほうすると、八方一の美女の女になっては勉強しとったんやと。部屋へ入って、お婆《ばば》が。

　そしたら、息子が、夜なべ遊んで歩いて来ては、そこの家の息子、まだ嫁貰わんので、覗いては見りゃ、あんまりきれいな娘になっとるし合点がいかず、毎晩覗いて見ては、床へ入って寝てはおったんや。

　そしたら、家《うち》の人ぁ、でかい大宅《おおやけ》じゃし、来たいもんがいっぱいおるんじゃさかいに、誰を置けゃいいやら、

「何かできることをさせて、それができたらこのおと息子の嫁じゃ」って言うて。そして、晩になるとは婆ちゃんな、この、つりが出るんじゃわの。糸を引くといって糸を引きゃ、それの切れたのやら何やらのもやもやを、そういうのをでっかぁい莚《むしろ》みたいなにいっぱい敷いて。そして、この上《いえ》を、嫁に置いて欲しいもんがいっぱい寄っとるんじゃって、その日になったら。毎日寄せるんじゃって。家の親どもぁ。そしたら、

「この上をいっかい草鞋履いて、むたむたと歩けたらこ

のおと息子が嫁じゃ」って。そう言やあ、みんなが来たいもんじゃさかいに、いっぱい寄って来て、ほいて、むたむたと歩こうとしりゃあ裏に付くわの。そんなもん、あんな草鞋なんかの、藁でこしらえたようなもんで。裏につりみたいなあんなもんな、ただ撫でても付くんじゃさかい。誰でもそれが引きまくらんと歩けるかと思てはみんなが来ては歩いても、みんな引きまくって取ってまうんじゃって。そりゃ取るの当たり前じゃ、のう。そしたらその婆ちゃん、出て来て、

「あんた下手やの。わたしなら歩いてみせるに」って言うたんや。そしたら、そこへ来とるもんな腹ぁ立っては。たら、

「婆ちゃん、草鞋履いても付かんか見とってやれ」って、みんなが寄って見とるんや。そしたら、賢いんじゃ、その、草鞋の裏に我が身ゃ油を灯《とぼ》いては勉強しとるやろ。その油が、いっぱい貰たのがあるんじゃさかいに、その草鞋の裏にいっぱい塗って、そしてむたむたあっと歩いた。そうしりゃ何も付かんわの。滑らこいさかい。

「さあ、わたしゃこの家の息子さんの嫁さんじゃ」って言っては。

「あんな婆が嫁さんになれるか」って言っては怒っては帰ったんやて。そしたらまた明日になると、また寄って来ては。また、そこの家の人ぁ、

「何でも言うてどうかしてこの家の嫁さんを決めにゃいかん」て。誰も彼《か》も器量もいいんじゃし、嫁に来たいもんばっかりやった。そこの家に。そしたら今度《こんた》、そこの親たちが、

「そんなら、米炊《かし》ぐ流しのとこに鳥がいっぱい来ては止まるんじゃけど、あれを止まったなりを折って来て、柴なりをここに挿いてみい」って。そいて、でっかぁい徳利《とっくり》やらいっぱい取って来て置いた。誰が行っても翔《た》って行ってってまうやろ。したら、米やって食わせんし、濁《にご》しも炊《かし》いて飲ませんししたら、その鳥ゃあその婆が行くと、ほかにおるのもいっぱい翔って来て、その木にいっぱい止まるんやて。そやけど、人が行きゃあぱあっとは翔って行ってまう。そんなこと当たり前じゃわの。ほったら、

「そこの柴を折って来て、このはちに立てた者《もん》ならこのおと息子が嫁じゃ」って家《うち》の親たちが言うんじゃって。ほうしりゃ、いっぱい寄って来とるもんはみんな行って

も、いっぱいたかっとるんじゃけど、ぱあっとは翔って行ってまうし、一つもよう挿さんて。ほうすりゃまた、その窯の前の婆、

「あんた下手やな。わたしなら折って来て立てるになあ」って言うたんや。そした、

「どす婆さやな、皺にも付くわ」って言うて、来とるものはみなそう言うて怒ったんや。ほいたらどうしようもならいで、

「ほなら、どす婆さ、折って来て立ててみよ」って言うたら、婆、行って、

（テープ交換のため音声が途切れている。）

婆を嫁に欲しいのもあるし、息子どもぁ、

「わしゃあ嫁さいらん。窯《かま》の前の婆」って言うて、いつもかあもそう言うてはおったんじゃ。それがあってもな、息子ぁ遊びに行っては嫁貰うとこを、嫁さを探しに歩いて来ては、部屋入ってまだ勉強しとるんじゃて。そした、そこを覗いて見りゃあんまり綺麗なんなって合点がいかいで、

「窯の前の婆」ってはいつもかも言うとったんや。そしたら、親たちゃ、

「面倒じゃ。あの婆を置こう」って言うんじゃし、

「ほんなら今度《こんた》、もういっぺん何かわかることを出いてやって、させにゃいかん」て言うて。また、そういう者《もん》どもぁいっぱい寄って来とったんや。たら、今度《こんた》、赤い金《かね》を箕《みい》にいっぱい出いてきたんじゃと。そして、

「これを音《ね》出いてぬかをしたもんがこのおと息子が嫁さに」と、そう言うたんじゃ。そしたら、みんなが行ってぬかしてみるんじゃけど、『かねじゃっくりじゃ』って、それしか言わんわの、誰がしたかって。金の音しかせんわ。そしたらもう、どうしようもならん。またその婆出て来て、

「下手やのう。わたしなら音《ね》出いてみしょうになあ」って言う。たら、

「婆が何の音《ね》が出せる。若いもんさえ出せんのに」って、そう言うて、来た人ぁ怒るんじゃけど、まあ、仕方がないさかい、

「ほんなら前も勝ったんじゃさかい、勝つか、出いてさしてみりゃいい」。そう言うて、寄って来た者《もん》どもぁそういうこと言う。そして、窯の前の婆に向かわさしたら、音が出るんじゃと。ありゃあびっくりしたんじゃろ、こ

の人たちゃあ。

〽五万長者のおと息子
　三万長者のおと娘
　　金《かね》じゃっくりじゃあ

って、その音《ね》が出たんやと。そしたらみんながびっくりしてもて、ありゃ娘じゃが、何でああいう着物を着て、ああやって出たもんかと思うてびっくりして。三万長者のおと娘じゃったんじゃって。そう言うてみんなが業を沸かいて帰ってもたんやと。そしたら息子ぁ、

「その上な羽織っただけを脱いで娘になって、出て親に見せてやってくれ」て言う。そしたら流しの婆、家に着とったもんをそおっと脱いで、伊達こいて飾って出たら、うちの親どもびっくりしてもて、感心して、

「ああ、このおと息子が嫁はあんたじゃさかい、ほんならおってやってください」って言うたって。ほいて、その人とおるようになったんやって。

そして、今度《こんた》、親の家《うち》へいっぺんその息子を連れて行きたいと思て、その娘ゃあ。三年経ったんやとその間。ちょうど三年。そって、覚えもあるし、道が。連れて家へ行ってこにゃいかんて言う。そして、親の家へその息子を連れて行ったんじゃと。そしたら、親の家にゃ、びっくりしてもて、なお、とおに死んでもておらんかと思て、三年の法事を催そうと思て、こういう塔婆じゃったんじゃやって。んじゃけど、そんなことを忘れて、

「今度《こんた》ぁお祝いにしよう」って言うて、家の人ぁ喜んで、そんなええとこにおれるような人間じゃったかと思うて、嬉して嬉し泣きに親たちゃ泣き泣き、変わってお祝いにしたんじゃと。それでおしまいじゃ。

そんで、三番太郎は本当に知恵があるんじゃと。三番目の子は。姉さどもより。ほんで、可愛がって育てにゃいかんてことをいうんじゃって言うては昔の爺ちゃん、そう言うては話して聞かしたんやと。

そうろうべったり。

《そういう話聞くと、おら、不思議でもう忘れられん。そうじゃわの。》

（昭和五十六年五月二日聞き取り）

4．鳥呑爺

爺ちゃんと婆ちゃんとおったんやて。爺ちゃん、

「弁当包んでくれ。山へ行って木の枝でも何でも折ってくるさかいに」って。そして行ったんやって。そしたとこが、婆ちゃん弁当包んでやったら、木の枝に下げといては、あっち行ってもう、木の枝打ちしとったんやて。

ほしたら鳥が来て、その弁当も何《なぁ》も食てしもて、自分入って寝とったんや。そいた、その人ぁ下りて来て、昼間になったさかいひもじいなったと思て、その弁当箱を下ろいて見たとこが、弁当ひとつもない。食べてもてなかった。そして、その鳥ゃ入って寝とったんや。そしたら、弁当ぁないしどうしたんやらと探しとるうちに、口、翔って来て飛び込んでもたんやて、その爺ちゃんの。ほいたら、こら理屈ななぁ思うて。こらぁ弁当食べずに腹もなぁもふくれてもたが。あの鳥どこへ行ったんやらって。それ、わからなんだやらこそにゃ、そう思って休んでおったんやて。

そしとったら、尻からぼおっと屁が出るんじゃって。ほしたら、どんなやらと思うたら、屁が出てきたら、その屁に何やらが付いて出て、鳥が。

〽あややちゅうちゅう　黄金《こがね》ざらざら　殿の目をする　つぷん

といってまた、踊って歩いとったんじゃに、尻の穴へ来て、また入ってもたんや。そして、理屈なんな、おもしい屁やな。おら、あんな鳥呑んだつもりもないがに腹膨れてまった。あんなこと言って、うらの尻から出てはぁんなこと言うた。

ほんでは、またしては木ぃ伐っては考えとりゃ、またしてはそんな屁が出るんや。そしてまた、

〽あややちゅうちゅう　黄金ざらざら　殿の目をする　つぷん

ていっては踊って歩いてとっては、来てはまた尻の穴入るんじゃ。これ、おもしい《（面白い）》屁が出るな。今度《こんた》どっか、殿様の屋敷でも行って、竹でも伐ってやっと。殿様にこういう珍しいこと聞かしてやると、また、お金でもあたるしと思て。

そして、殿様の昔の竹藪があったんやて。うちの空の家に。そったら、そこの屋敷へ行って竹伐っとったんや。そったら、

「誰じゃ、そこの竹伐るのは。それ、殿様の屋敷の殿様のもんじゃ」って言って怒ったんや。たら、

「日本一の屁こきでござる」って、そう言うた。そった

ら、

「ああ、そうですか。ほんなら入って屁こいてみせ。どんな屁が出るんや」って。

「ああ、よし」。そう言うて下りて来て、そして部屋入ったら、殿様の部屋にゃいい畳敷いて、広いとこにお殿様がいっぱい寄ってきて見とるさかい、

「さあ、どんな屁が出る。屁をこいてみしょ」。そうしたとこが、赤ぁい顔してそこ入ってきばったら、その鳥がやっぱり出て、

〽あややちゅうちゅう　黄金ざらざら　殿の目をする

ちゅうて、ずうっとその屋敷の殿様の部屋ん中を立って歩いて。そう言うて。そいてまたそのお爺《じじ》の尻来て入ったんや。たら、

「こりゃおもっしゃ。屁を聞いたが、理屈なもんじゃなあ」って、そう言うて殿様、

「こんな変な理屈な屁じゃったら、屁でも理屈なもんじゃさかい、望みのままにお金を言え。いくらでも出いてやるさかい」って。そして、お金出いてくれたんやて。たら、嬉して喜んで、家《うち》へ担いで帰ったんやて。

ほいて、あんまりお金ぎょうさん入っとったもんやさかいに、家帰ってご馳走《ごっつお》して。そして、

「隣の爺ちゃんや婆ちゃんを呼んで来て食べさせにゃ。こんにぎょうさんよう食べんさかい、呼んで来い」って嬶《かか》に言うたんやて。たら、婆ちゃん行って呼んで来たんやて。ほしたら、親父や来んのやけど、婆喜んで来たんやて。そして、

「こんなぎょうさんご馳走《つつお》して、米買《こ》うてきて。米も何《なあ》もないもん、飯《まま》炊いて。どっから銭貰てきたんや」って言うたんや。そったら、

「どっからって、爺ちゃん屁こいて土産貰《もろ》てきたんや。殿様のとっから」って。そしたら、

「そうかあ、そりゃうまいことやったなあ。あんたらも死ぬまでいくら食べてもあるわ。そのお金でもの買うて食べりゃあ。うらも家帰って爺ちゃんに言わにゃいかん」て言うて、隣の婆ちゃん帰ったんやて。

そいて、家帰って、

「隣の爺ちゃん、屁こいてさえ銭儲けしてる。この親父や能無しや」って言って怒ったんや。そしたら、

「ほんならわれも弁当包めやれ。明日弁当包め」。そして、

弁当包んでやった。晩、そう言うて話いて聞かしたんや。弁当持って行って、木の枝に下げてあったら、鳥が来て、それを鳥が入って飯《まま》食べて帰ったかって、そういう人になってこにゃいかん」って婆言うた。したら、

「それもそうじゃな。ほなら弁当包んで、山へ行って弁当掛けといて、木の枝伐ってくるわ。殿様のあこ行って竹伐っとるわ」ってそう言《ゆ》ったんや。そったら、婆ちゃんな飯炊いて弁当包んでやったんや。

そしたとこが、山へ行って弁当も何も、我が身、そんな鳥やて食べんし。そして、帰りにゃ殿様の屋敷行って、竹伐っとって銭儲けて帰ろうと思うて。そして、殿様の屋敷行って竹伐っとったんやて、また。晩方。したら、

「また竹伐るのはどこのやつや」ったら、

「日本一の屁こきでござる」って言うたんや（笑い）。たら、

「夕べも理屈な屁こいてみせた。今夜もまたいい屁こいてみせるかな。ほなら、入って何か理屈な屁でもこいてみせてくれ」て言うた。喜んで入ったんやて。ほいた、入ったけど、殿様またいっぱい呼んできておるんじゃし、殿様ども。そして、いい畳敷いた家で、この家でまた変わった屁こいてみせるかと思うて、

「屁こいてみせ」って言うたら、ほいたら、赤い顔してきばっても何《なあ》んも出んのやて。そうしたとこが、殿様、

「何も出んわ。鳥が出てはゆんべのは踊って見せたんや。お前のは違うんか」って言うたら、

「腹減ってもうて、何かちょっこり食べさしてもらわにゃ屁も出ません」って。そしたら、

「ほんなら何かご飯でも炊いて食べさしてやれ」って。

そして、ご飯ちょっこり炊いて出いてくれたんや。ほたら喜んで食べたんやて。そして、今度また、

「ご飯食べたさけ、今じゃ屁も出るやろが」言うて。

「はい」って。そして、そのいい部屋の座敷行って、また赤い顔して気張ったけど何も出んのじゃと。ほしとって、二回も三回も気張っとったら、屁や出るじゃない、びちびちっとうんこが出たんや。ほいたとこが、もう腹立ててみんなして傷《いた》めて、赤い血が流れるようになった。ほったら、

「命だけはくだされ」て言うて、そして、這うて出て家へ帰ったんや。そして、家へ帰って。

ずうっと赤い血流れになって歩いて帰ったとこが、そ

この婆ちゃんじゃ、二階につづれもっこみたいな蒲団出いて干いてあって、

「今、爺ちゃん、赤い、金担いでテッカマッカして来る。そらもう、こんなつづれもっこ川へ流せ」って言うて、まくれ落とそうとしたんやて。そしたら婆ちゃんもそこ、てんころっとまくれたんや。そしたら、婆ちゃんもみんな食べなさいって言うて死んでまうんじゃって。ほしたら、爺ちゃんな、我が身ゃそんなもんなってきたんやし、なおご飯もよう食べんし、二人が死んでもたんやと。

そうろうべったりかいのくそ、かいてくたらうまかった。

（昭和五十六年五月二日聞き取り）

5. 舌切雀

爺と婆とおったんやて。爺ゃ山へ柴伐りに行っとるし、婆ちゃん家《うち》におったんやて。そしたとこが、爺ちゃんな山から小鳥一羽捕って来て、鳥飼うてあったんやて。

そしたとこが、婆ちゃんな、糊しといて川へ洗濯に行ったんやて。ほいたらその間に、小鳥ゃ出てそれを舐《ねぶ》ってもたんやて。そしたら婆ちゃん、川から帰って、

「ここに糊付けしようと思て糊を置いていったに、誰がこんなもん食べてもたんやろな。鳥ぁ出て食べたんか。どら、へら《（舌）》出いて見せ」って言うた。鳥の鳥籠もなぁも引き下ろいて出いて、我が身ゃ広げてみたら、

「ほら見よ、へらにいっぱい付いとる」て言うて、婆ちゃん腹立てて、へらを鋏で切って竹薮放ったんやて。

そしたとこが、爺ちゃんな晩げ帰って来て、

「この小鳥はどこへ行ったんじゃな」って言うた。婆ちゃんな、

「鳥ゃあの、人ぁ糊付けしようと思て糊しといて川へ行った間に、みんなひん舐《ねぶ》ってもうて、へら見たらいっぱい付いておるんじゃし、そこらあたり探いてあるんやし。そやさかい業《ごう》沸いて（腹が立って）、鋏でへら挟み切って竹薮放ったわ」ってそう言うんじゃって。ほたら、

「ほうかいや。おら、そんな怖《おぞ》いことしたんか。やっとこう《（意味不明）》、何じゃ、可愛《かお》て、鳥が来ては鳴いとるさかいつらかめて、捕って来て養うてやろう思て、捕って来て、鳥籠入れて飼うといたんじゃに。鳥籠ぁどこへやった」って言うたら、

「そこに放ってあるわ」って婆ちゃん言うた。ほったら、

その鳥籠探《さが》ねて爺ちゃんな、飯《まま》も食べんと、可愛《かお》て、ずうっと探しに行ったんじゃって。

　そしたら、その鳥や橋の向かいの竹薮に、

「爺かの、婆かの。この橋渡ってちょいとござれ」って言うて、米搗《か》っとったんやて。そったらその、爺ちゃん可愛《かお》なって、その橋渡ってずうっと行ったんやて。そしたら、その鳥や、治ってもて米搗っとったんやて。赤い着るもん着てたすき掛けて。ほって、爺ちゃんな、

「お前こんなとこ来たんか」って言うたら、

「爺ちゃんかい、よう来た。さあ入って飯《まま》食べない」っちゅうて。

「今、米搗っとるんじゃ。米搗っては毎日飯炊いてはわたしゃ食べとるんじゃ。どうもないわいの」って言う。そして、爺ちゃん行ったらご馳走《ごっつぉ》して、飯《まま》炊いてくれたんや。そしたら爺ちゃん嬉して、喜んで、

「ひもじい。山から帰ったなりに来たんじゃ」って言うて。ほいて、喜んで飯炊いて、寄って食べて。

　そして、

「そやけど、うら、晩になりゃ家帰らにゃ。婆ちゃん案じとるさかい、日ゃ暮れたけど帰るわ」て言う。

「道ずうっとやって来たんで覚えておるし」って言うて。

　そして、

「爺ちゃん、ほんな帰るんなら、この二階上がらっしゃい。何でも爺ちゃんの欲しいもんを包んだ葛籠《つづら》があるんじゃ。でっかいかばんみたいな葛籠にいっぱい入れたのを、どれでも欲しいのを取って行きなさい」ちゅうて、二つも三つもあって。

「うらぁ、年寄りで重いもんないらん。軽いんでなけにゃ。軽いのくれいや」って。ほいて、軽いの下げてみて、一つ貰って帰ったんやて。

　そしたら、家帰ったやら。橋渡ってちょっと、帰りゃほんのほら、竹薮をほったんやさかいに。向かい側にあったんで帰れて。そして、

「飯も食べて来るし、お土産貰て来たんじゃ」て言うて。そして、爺ちゃんにあの、

「明るいとこへ入って広げて見い」って言うたんやて、鳥が。ほんで、明るい灯《ひ》灯《とぼ》いて見とったんや。たら、婆ちゃんなけなるなって《（うらやましがって）》、戸の羽目《はのめ》から覗いて見たんや。そしたら、爺ちゃんな、いい着るもんやら何やら彼《か》やらいっぱい入ったのを、蓋取って探いて広げとったんや。

「爺の貰《もろ》て来たんや。おらのがない。行って貰て来《こ》にゃいかん」。そう言うて。

「くっきり籠どこへやった」って言うたら、

「くっきり籠ぁ庭に下げといた」て爺ちゃん言う。そしたら、婆ちゃんが行って探いて、またそれ持って、

「舌切雀はどっち行った。ちょんちょん」って言うて口で呼んでは、婆行ったんじゃて。

　ほったら、いくら行っても行っても、もう舌切雀のところへ行かれんのじゃて。そした、ずうっと夜じゅう歩いとったんか、明かるなったら、道に牛洗いやら馬洗いやらおったんやて。その人に聞いたんじゃて。ほたら、

「ほならこの、牛や馬洗《あろ》たしたじ《（洗い汁）》を三杯飲めゃ言うて聞かせるわ。そうせにゃ言うて聞かせんぞ」って言うたら、
婆、仕方ない、また、

「はい」って飲んだんじゃ。ほしたら、

「これからもうちょっこり行けばお椀洗いがおるわ。あの人に聞けゃいい」って。ほいた、

「そうか」って言って、またずうっと行ったら、お椀洗いが本当におったんじゃと。またそのお椀洗いに聞いたら、お椀洗いな、

「このお椀洗うたしたじをまた三杯飲めゃ言うて聞かせる」って。そしたらまた三杯飲んだんじゃ。そしたら、

「この橋渡って行きゃ行かれるわ」って。そして、どこまで歩いとった知らんけど、その橋渡って。

　そしたら、

「爺かの、婆かの。この橋渡ってちょいとござれ」って言うてまた、米搗《か》っとったんやと。あそこじゃと思うて、一生懸命で行ったんやって。ほして、行って入ったんじゃ。そしたら、

「婆ちゃんか。よういらした」って。そして、舌切った何やらじゃさかい、業沸《ごうわく》じゃさかい（腹が立つので）、何やら怖《おそ》いことして食わせようと思うたんやろ。米搗《か》っとったんじゃに、黒米《くろごめ》炊いて。何やら彼やら、ごみも入れて煮て食わしたんやて。そしたら婆ちゃん、

「そんなもん欲しない。うら、飯《まま》も何も食べられん。行くわ」って。そしたら、

「ほんなら、二階上がって葛籠《つづら》があっさかいに、どれでも取って行きなさい」って。そしてまた二階連れて上がったんやて。そしたら、

「婆、欲じゃさかい重い方がいい」。婆ちゃん欲出して、

重いのを我が身ぁ下げて下りて。ほって下げて来たんや。「こりゃあ、暗ぁい所で見なさい」って言ったんじゃ。ほしたとこが、爺ちゃんああいうの貰て来たんや。この重いものぁ、なおどんなが入っとるやらと思て、見とうておれいで、橋の下までやっと行った。橋の下でそれを解いて見たんや。ほしたとこが、婆ちゃん咎《とが》が被《かぶ》ってきたんか、中から蛇やら蝮《まぶし》やらいっぱい出とって、頭からどっからか先してみんな、婆も何も死んでもうたんやと。

そうろべったりと。

≪そういうことを言うて聞かしたもんや。「あんまり動物に怖《おぞ》いことするもんでない。あんな糊のようなもん舐ったかって、挟んだり、そういう可哀そうなことをせんと、我が身ゃ飼うてあるんやさかいに。糊ぐらい舐ったら、もう舐るなやって言うて、またして使えやいいんじゃに」って言っては、おらら、西出のおっさま（従兄弟の西出半左衛門のこと）そういうては聞かしたんや。≫

（昭和五十六年五月二日聞き取り）

6. 団子浄土

爺と婆とおったんやと。お爺ちゃん毎日山へ柴伐りに行くし、婆ちゃん弁当にむすびしてやるやら団子《だご》っここしらえて持たしてやるやらしたんじゃって。

そしたら、その日ゃ婆ちゃんな、団子したのを三つ重ねて包んでやったんやと。そしたとこが、木の枝にぶら下げて一生懸命で木の枝を伐って歩いて。そして、ひもじいなったさかい、爺ちゃん、下ろいて食べんならんと思うて。理屈な爺じゃったんやろ、頭へ一つ載せる、肩へ一つ載せて、そして我が身ゃ一つ取ったんやて。ほいたら、コンコロコンコロと傍《はた》から落ちて、まくれて行ってもたんやて。そして、二つしか食べられなんだんや。

そして、まくれて行ったのを、そこへまくれて落ちたんやさかいあるやろと思て、ずうっと下へ下りたんじゃて。そしたとこが、小っちゃい穴が開いとったんやて。そいたら、そこへこそこそと入ったのか、いくら探いてもないんやて、そこらあたりに。そいて、そこをこう押しやったら、何やら戸みたいなんがギイッと開いたんや。そしたら中に、年寄りな婆みたいなが一人おった。

「ここへ団子まくれてこなんだか」て言ったら、

「団子まくれてきてうまかった。食べたわ」ってそう言うたんや。そしたら、

「おらあ、お前が食べたら腹ひもじいに、腹膨れんしひもじいなって。何かないかいや。代わりに何かくれにゃいかん」って言うたら、

「ほんなら入りなさい」って。ほいたらその婆ちゃんな、

「ちょっと待ちなさい。今、ご飯炊いてあげるさかい」って。

「そんなご飯炊ける間《ま》待てるか。何でもあったがくれま《(ください)》」。そう言ったんやて。そいたら、

「何《なあ》もない。わたしゃ今ご飯食べたんで何もないわ。すぐしてあげる」って言う。小《ちん》ちゃいこんな鍋持って来て、そしてここに掛けて。そして、米を三粒ほど入れて。その鍋に。

「あんなもん、あんだけぐらい飯《まま》炊けや何になる。そんなもん食べるほどあるんかいや」って言ったら、

「いや、黙って見とりなさい」。そいたら、流しから小っちゃい、これだけ程の杓子《しゃくし》持って来て鍋の中をごうごうごうごう混ぜとったんやて。そしたらすぐさまご飯ができたんや。そしたら、

「さあ、今、飯《まま》炊けたぞ。食べなさい」って言ってくれた。そしたら、理屈なな。あの杓子を持って行きゃ、うら、いつまでも飯炊いて食えるが。米入れんでもどうもないんじゃあ、と思て考えたんやて。そこに当たって見とって。そして、そこでご飯いっぱい貰て食べたんじゃって。ほいたらうまいんじゃと。いいがに炊けとるんじやって。ほいた、腹いっぱい食べたんやて。

そして今度《こんだ》その人ぁ、ご飯食べさしたら、我が身ゃ流しへその杓子を持って行って、置いて。そして、

「うらぁあの、隣に用があるんでちょっと行ってきます。待っとってください、休んどいてください」って言った。

「はい」って言うて休んどって。

そして、その晩おらん間《ま》に、その婆、悪いことにゃあ、流しにその杓子をちょっと差いて。よもや持って行くと思わなんだやろけど、婆が行った間《まあ》に、その杓子を取って、弁当柄の中へ入れて。そして、婆が帰って来ると、

「今じゃ、腹膨れたし、帰るわ」って言うて帰ったんや。

そして、家《うち》へ帰って、またそういう理屈なもの貰うて来たさかいと思うて、隣の婆をまた呼んだんやて。飯炊

いて、どんなでっかい鍋に米を三粒か四粒入れて、こう混ぜておりゃ、そんなもんでっかい鍋ならでっかいように飯《まま》いっぱいになるんじゃって。ほったら、隣の婆な、

「隣の爺ら、あんな杓子をどこやらから貰て来て、飯《まま》、杓子で混ぜさえしりゃ飯ができる。このおんどら能無しや」と言ってはまた家へ帰って怒るんや。

　そしたら、今度《こんだ》はまた隣の爺な、

「ほならお前もまた、弁当包めやれ。おらもどっかへ行って、そういうもんがあるか、持って来るわ」言うて。そして、行った山さえ習《なろ》て来たんじゃって、その婆。そこの山へ行って、こういうとこにぶら下げといて、飯食べとったら、そこへ落ちて行ってまくれ込んだんじゃ。そして、そいたら、またそこへ行って、そこに掛けといて、それがまくれて行くかと思うて、団子やらまん丸なむすびしたのやら、肩やら頭やら載せて飯食とったんやら。いくらまくれて行くかと思やぁまくれて行かんねや。そしたら、我が身な無理に揺《ゆ》ぶってまくり落といて。

　そしたらやっぱり穴へ行って入ったんじゃそうな。そうして入ったとこが、うまいことしたと思て、そこへ行って穴覗いたんじゃって。そしたらその婆ちゃんな、

「団子がまくれて来なんだか。飯まくれて来なんだか」って聞いたら、

「そんなもんまくれてきた。昨日もまくれて来て、拾って食たら、うらあ、大事なもん盗まれて、よう弱った」と思て。爺ちゃん殴って、赤い血流れになってもたんやて、爺ちゃん。そしたら爺ちゃんな、腹ぁ立って、こりゃ弱った。人の真似してもあかんもんじゃと思うて、家へ泣くような顔をして帰ったんや。

　そしたら、婆ちゃんな家におって、

「爺ちゃん、杓子もよう取ってこなんだのか」て言たら、

「そんな杓子が何本もあるか。うらぁ殴られて、こんなことになってもたんじゃ」って言うたら、

「こりゃ弱ったなあ、ほんなら二人が死なにゃいかんわ。お前な川へはまって死ね。うらもはまって死ぬわ」言うて、二人が入って死んだんやと。

　《そう言うては西出のお爺ちゃん、おらに、「そないして、死んでしもうてから何になるんじゃい。隣の婆なアホじゃった」って言っては笑うて。「そういうもんになるなってこっちゃってや」って、そう言うてはお爺や笑わした。ほんとじゃなって言うては。

人の真似をしてもならんこっちゃて。我が身にあたったもんじゃなけにゃ。》

（昭和五十六年五月二日聞き取り）

7. 玉取姫

竜宮から三種の神器を、あかりを求めたいて言うて、この娑婆《しゃば》の人がみんなの中をすぐって、十人の中すぐって十 公《じゅっこう》と名付け、百人の中すぐって百 公《ひゃっこう》と名付け、千人の中すぐって千 公《せんこう》と名付けて。今度《こんだ》ぁ一万人の中すぐって万 公《まんこう》どんていう人をすぐったて。そして、竜宮世界行って三つの玉を取り戻いて来てくれて。

ありゃ言うと昔、世界の、竜宮世界へ取られたもんや。そんで、それを取り戻いて来ねばこの世の中真っ暗で闇夜じゃったんじゃやと。そのおぼろ月夜のその時ゃ神代の時代ていうて。昔、しびんせきゅう《（泗濱石）》、かげんけい《（華原磬）》、そもめんこうふわ《（面向不背）》の玉って、三つの玉を竜宮世界にあるんじゃやと。それを取り戻いて来てくれって言うて、万人の中すぐって万公どんていう人を立ててやったんじゃやと、海ん中へ。

そしたらその時、万公どんていう人は、亀に乗って行って、そして、その玉を三つ取って来たんやと。そして、その海の上《いえ》で今度《こんだ》、取られてもたんやと。竜宮世界の者《もん》が来て、その時ゃ取られなんだんやて。男の人が来た時ゃ。波に沈まん浮き靴履いて、蝶とんぼのように戦《たたこ》うて勝ち取ったんやと。そしてまた、船ん乗って帰って来《こ》うとしたら、ほたら今度《こんだ》、小《ち》さいおぞい《（粗末な）》お船がやって来たんやて。腐った船の、おぞい、壊れてしもたような。そして、その万公どんていう人の船にかっついてもう動かんのやて。そして、覗いて見たら、女の人がおったんやて。きれいな竜宮の乙姫じゃさかい、きれいなわいの。ほたら、男てだらな《（ばかな）》もんじゃ、女に騙されて。ほいて、万公どんの船にかっついて、

「わたしの船に乗って来たけど、こんなおぞいざまんなって《（有様になって）》、もう動かんのじゃさかいに、あんたの船に乗せて行ってくれんか。あんたの行く所《とこ》まで行きたいんじゃさかい」って言《ゆ》たら、喜んで乗せてやったんやと。そしたところが、一つ言《ゆ》い二つ言《ゆ》いして話《はなし》しとって、

「その玉を出いて見せてくれ」ってこう言うんじゃやって。そした、だらなもんじゃ、ちょっこり出いて見せてやっ

たんやて。そしたところが、

「掌《てのひら》の上へ載せて見せてくれ。どんなもんじゃ、よう見たいさかい」ちゅうて。そして、掌載せたところが、その姫、蛇《じゃ》になって走って行ってもたんやて。そしたら玉をみんな取られてもたんやて。玉を持って蛇《じゃ》んなって抜けて行ってもたんやて。そしたら万公どんな、

「弱ったもんじゃ。こりゃうまいこと戦争して負けんと取って来たんじゃに、もうこの娑婆へ出てもわしをおるまいがに《（自分は生きていることができないだろうに）》、どうしたらよかろやらと思て、そして、砂浜の沖に着いたんじゃと。

　そしてまあ、そこへ上がるは上がったけど、立てって。そったら日や暮れてまうし、どこ眺めても真っ暗闇じゃし、たどり着くとこがなかったんやて。そしたら今度《こんだ》、小っちゃい浜の砂っ原に、小屋みたいな家《うち》があったんやと。そこに灯が見えたんじゃと。光、ちょろっと。そしたら万公どんなそこへたどり着いて、

「わしはこうこういうわけでもう帰れんのじゃが、一夜明かさしてくれ」って言うたんやて。そしたら、浜乙女が昆布やらワカメやら取って口すぎしては、たった一人がおったんやと。そしたらそこの娘や、

「わたし一人じゃし、昆布採っては一升買い二升買いすんにゃ。ご飯もろくなご飯ないけど、ほんならそんなわけなら、入って泊まってくれ」て言うて入れてくれたんやと。

　そして、夜中《よじゅう》つくづくと、その、女に口説いて話いたんやと。そしたら、

「そうか。ほんならここにしばらくおりなさい。何とかして玉を取り得んこともないやろ」て。そしたら嬉して、万公どんなそこにじいっと待っておったんじゃて。

　そしたら、万公どんが来て泊まったとこが、浜乙女やみな行くんじゃわの、昆布採りに。海ん中入っては。そしたとこが、それから米一升汲みゃ、二升ぐらいか三升も五升も買えるほども採れたんやと。理屈なもんじゃ《（けっこうなことだ）》、神仏《かみほとけ》のお慈悲に。そしたら、

「あんたが来たせいでか、たいへんたくさん採れたし」て言うて、それを干すやら何やらしておったんじゃって。そして、

「あんた、そういうことになって難儀をしておるんなら、娑婆へ出ても命やないんじゃさかいに、どっかここらに隠れておいてもらわんならん」言うて、続いてそこにお

ったんやて。

そしておる間に、千尋《ちひろ》の縄を、

「千尋綯《せんひろぬ》え」言ったんじゃて。千尋《せんひろ》、縄を。そして、

「そうか、ほんなら、よしわかった」って。ほして、毎日昆布《(仕事)》またじするやら何やらして、浜乙女と一緒んなって、今度《こんだ》相当おったんやと。そしたら子どもぁ一人できたんやと。そして三人おったんじゃって。そたら、とうとう縄を千尋綯《せんひろぬ》うたんじゃと。ほんで、

「こんで縄千尋綯うたが、その玉を取り得んことがあるじゃろか。どうかして玉を取って来れることはわからんもんか」て言うたんや。そしたら、浜乙女が言うのにゃ、

「ほんなら、五条の橋行って音楽をせえ」と。そう言うて今度《こんだ》、音楽を始めたんやて。で、音楽ってものは鳴り物《もん》の音もせんやろ。何か五条の橋行って、みんなして歌歌うやら話《はなし》しるやらして、何やらガチャガチャと何かやっとったんやろいね。そしたら、

「（数語不明）あの橋で、何をやっとるんじゃおもしろい音がしる。行って見てこ」っててみんな上がったんやと。そしたら、浜乙女やその縄を腰に付けて、その海の中へ沈んで行って。そして、みんなが上がる時にいざりのお爺《じじ》を一人、番に置いて上がったんやと。その三つの玉のんで。で、

「何事か起こったらこの太鼓を叩いてくれ」と。そう言うておいて、竜宮世界の者ぁ、皆上がってもたんやて。そしとったら、浜乙女行って、三つの玉を取って、そして帰って来たんやと。

そしたら、竜宮世界が暗うなるもんじゃさかいに、いざりやずって行って、太鼓叩いたんやて。そしたら、ドオッと竜宮世界の降りて行ったんやと。そしたら、もう隠す所《とこ》がのうて、その浜乙女や、腹を掻き破って腹へ入れて、こう、きれの物《もん》で隠いて、何にもわかりもせんようにしてテンコロッとかやっとった《(転がっていた)》んやと。道に。そしたら、

「ああ、こんなもん、こういうのがあったさかい、いざりゃ太鼓叩いたんや」言うて。そいて、そんでそこまで、竜宮まで帰ってもたんじゃと。そしたら、浜乙女やそっと起きて来て、橋に括ってあったんやと。その千尋の縄のひぼを。これを動かいたら引っ張り上げてくれて言うてあったんやて。そして、その浜乙女はそおっと竜宮世界降りて行ったもんやさかいに、慌てて海飛び込んで、

またその縄も動かいたんや。そして引っ張り上げたんやと。したら、その浜乙女はそんなんして、腹掻き破って入れたもんやさかいに、しんどうなって、どこもかも死んだようんなっとったんやと。ほたら、、その人ぁ、

「玉は取れんし、浜乙女は死んでまうし、面倒なことをした」て言うて泣かっしゃったんやと。万公どんな。そしたら、

「死んだんでない、生きておるさかいに、（三年たったら三つになっとる子じゃわいの、その）子に一目会わしてくれ。わたしはこの玉は腹ん中へ入れてあるさかいに、それを出せばわたしは死んでしまうんじゃさかいに、死なん先にその子にいっぺん会わしてくれ」と。そうして、その子を連れて来て会わしてやって。そして、そおっと腹を開けて見たら、その玉三つながら入っとったんやと。そしたら喜んで、万公どんな、

「わたしの代わりに乙姫が死んでくれたんじゃ」って言うて、そこに墓を建てといて帰ったんじゃて。

そして日本に、世界じゃわの、日本ぐらいじゃない。天照大神様をバアッと出したんじゃと。そしたらこの日本が明るうなって、鳴り物《もん》の音もしりゃ、また夜なべんなりゃお月様もあがらっしゃるし。そしたら、この世界が明かるなったんやて。で、その時から娑婆がこういう世界になったんやと。それが今の天照大神様じゃと。そして、持って来て、奈良の大仏様に納めたんやと。玉を一つ。


（昭和四十八年十一月五日聞き取り）

8．女房の口

あるところに、親父と嬶《かか》とおったんやと。ほしたら親父は毎日弁当包んでは山へ行ったんじゃて。嬶の名をおみるていう人じゃったんやて。その人がおったら、昔、山姥《やまんば》てもんがおったんじゃて。そういう人は蛇《じゃ》でしたじゃろう、昔はの。女の山姥てゆうて、人を取っては食べておったんじゃて。そういうんじゃけど。

親父が弁当を包んで山へ行くと、おみるが所へ遊《あす》びに来るんじゃって、山姥っちゅうのが。そしてはそのおみるっていう人は機織しとったんやて。昔や麻を作っては、我が身が糸こしらえては。そして、布をこしらえては、嬶は生活しとったんやと。父ちゃんは山へ行って何《なん》か木

でも伐ったり何かしておったんじゃげろ。

ほしたところが、今度《こんだ》ぁ、

「おみる、おみる、おるかいえ」っては来るんじゃと、遊びに。

「おるさかいに入って休みない」って、いいおばさんになって来るんやって。そいたところが、おみるがその、昔や苧《お》って、糸をこう裂いては麻糸を、自分が麻を作ってはみな糸こしらえたんじゃて。それをこうやって撚《ひね》っては、こんな苧桶《おぼけ》にいっぱい入れてためたんや。それを車に掛けて紡いでは。それを機に掛けて織ったもんや。


　そしとったところが、わたしも手伝いしやると言うて、そして手伝《てった》いしたんじゃと。そして、毎日のように、親父さん山へ行くとそうして遊《あす》びに来ては、そしてしてくれるもんやさかいに、その、ご飯食べるようになると、一杯よそてはやったんやて。それが食べとて来たんやろて。そうすっと、

「おみる、おみる、行くわいええ」って言うては帰ったんやて。そして、また明日《あした》んなってもまた来るんやて。そして、来ては何でも手伝《てった》いするんじゃと。苧紡《おつむ》ぎや紡ぐし、機織りや、上がって織るやら。そして、ご飯を出してやると喜んで、貰《もろ》て食べては。そして、

「こりゃわたしの、ご飯貰て食べた恩返しやさかい、櫛を一つあげる」って。（つげの櫛ていう、昔、木の櫛やけど、わたしらの若い時もあったわいの。きれいな木じゃけども、光るの。強い、なかなか折れもせんし、たいへん強い櫛やったんや。）その櫛を一本くれたんやて。ほたら、おみる喜んで貰て、それを隠して置いたんじゃって、棚に。


　そしたところが、またしてわけして、ほして、

「お前なんた《（と）》、ぎょうさん今日はこの苧桶《おぼけ》にためたんじゃいや」て言うたところが、親父が晩帰って来て。そしたら、

「こういう人が来て手伝《てった》いしてくれたんや」て言うたんやと。それまではおみるは何《なん》にも親父に話しせなんだんやて。ほしたら、ところが親父や、その績《う》んだ苧《お》を見とったんやて。そしたら、こやって撚《ひね》って縄になるんじゃわの。わたしらも紡んだが、昔や。こうやってにと（意味不明）をこう入れるんじゃて。その撚《ひね》り目が血が付いとったんやと。生き血が。こりゃ怪しからんと親父や嬶に、

「その人ってもなあ毎日来るもんか、今日だけ来て手伝

いをしてくれたもんか」って言った。したら、

「毎日このごろは来るんじゃ」と。

「あんたさえおらにゃ来るさかいには、ご飯を少しずつ分けてやっては食べさしたら、それが嬉してか毎日来るんじゃ」て。そたら、親父ゃ、

「こりゃ怪しからん。そんなご飯欲してくるんでない。ひょっとしりゃ、お前も命も取ってしまう。これは山姥というて、山の大蛇やさかい、油断しるな。そんで、わしがおらん間にどうせお前は食われてしまうんじゃさかいに、明日《あした》はどっか隠いといて行《ゆ》かにゃいかん」て言て。

そして、でかいこんな長持って箱があったんじゃわいの。昔、着る物《もん》入れる。あの箱に入れて、おみるを入れて。おみるをご飯も何《なん》も彼《か》もその箱に入れて。して、このつしの裏にぶら下げて出て行ったんやて。その、よお見つけられん所《とこ》に。

　そしたところが、また明日《あした》やって来て、

「おみる、おみる、おるかい」って呼ばるんじゃって。その折りゃおらんもんやさかい返事せんやろ。そしたとこが、その婆、本当に大蛇じゃ。入って来て、

「おのれ、わしに隠れたか。今度は命おかんぞ」て言うた。そして、

「どこへ行ったんじゃ。あれにつげの櫛をやったあるさかいに、どっかにあるはずじゃ」って言うて、棚からどこも、家じゅう探したんやと。たら、拍子の悪いこたあ、棚の奥に隠いてあったんじゃと。そしたら、それを引っ張り出いてきて、囲炉裏に火があったらそこ入れてこういじったんじゃと。そしたら、

「嬶、つしから吊《つ》って」。そのつげの櫛が言うたんやと。それでその、告げの櫛って。告げたんじゃわいの。そのおみるっていうのがそこにおるってことを、婆に。それをやってあったもんじゃさかい。そしたら、婆、

「よし、つしから吊っていたか。つしじゃったか」てこう仰向いて見たんやて。そしたところが、そういう、箱ぶら下げてあったもんじゃさかい、見つけて。そして、しか（聞取不明瞭）をこうて叩き落といて、おみるもなんも食べてもたんやと。引き裂きはね裂きして、箱も何《な》も叩き割ってもて。そして、この、尻べたがちょっこり、こいだけほど（ほんのこれだけほど）残いて、そして囲炉裏に埋《うず》んでおいて。そしてその、大蛇帰ってもたんやと。山姥。

　そしたら、親父ゃ晩方帰って来らぁ、ひどいことやっ

てあるんじゃて。そしたところが、親父やびっくりしてもうて、もうどうしようもならんし、寒《さぶ》なってまうし、火焚いてあたろうと思て、こう、火のつぼを火箸でほじったんやて。そしたらその、埋んだそれがペタアンとここへ行って、引っ付いてもたんやと。そして何《なん》したところが、親父やどうしることもならん。どこ行ってまあ、歩いてみよう。どういうみみ（意味不明。様子か）だってことも隣の者《もん》にも聞いてみようと思《も》て、歩いとりゃ、そいて我が身や《（気が動転してしまって）》、わりゃ飯炊くてゆても炊きとうもないし、のぼせてもて、親父や。ほいて、どっか行って酒の一杯も飲むかというて飲みや、そのほべたが、「おみるも一杯」て呼ばるんじゃと。親父が飲むと。で、ご飯食べようと思て食べりや、「おみるも一杯」って、そして呼ばるんじゃて。そしたところが、親父やのぼせてもて、死んでもたんやと。

そうろんべったりかいのくそ。

（昭和四十八年十一月五日聞き取り）

初出一覧

（※本書に収録するにあたり、既発表分の論稿において若干の補筆を行っている。）

はしがきにかえて

「そうろうべったり」の昔語り――中島すぎ媼の語り――

新稿

Ⅰ　昔語りの伝承世界

語り手の担う文化力――南加賀の昔話から見える世界――

『語りの講座　昔話を知る』（花部英雄・松本孝三編。平成二十三年十一月、三弥井書店）

原題「語り手の担う文化力―南加賀の昔話伝承から見える世界―」

声と語りが織りなす昔話の時空――異界との交錯――

『語りの講座　昔話の声とことば』（花部英雄・松本孝三編。平成二十四年十二月、三弥井書店）

「愚か村話」の語られた時代――「雲洞谷《うとだに》話」「在原《ありはら》話」「下田原《しもたろう》話」を中心に――

『語りの講座　昔話入門』（花部英雄・松本孝三編。平成二十六年三月、三弥井書店）

若狭路の民間説話

『昔話―研究と資料―』第四十号（日本昔話学会編、平成二十四年三月）

原題「若狭路の民話のおもしろさ」

倍近い時間をかけて登ることができた。山頂近い岩場からの近江平野とそれに連なる琵琶湖の広がり、その向こうの比良山系の雄大な眺めは実に爽快であった。この経験が私の体力回復の自信につながったのである。そして、その日は珍しく二人とも酒を口にすることもせず、一緒に軽く食事をしただけで、彼は東京へ戻って行った。

その折だったかと記憶するが、翌年の國學院大學での文化講座の講師の件と併せて、今回は折角だからそれを編集して出版物にしたいので是非いっしょにとの誘いを受けたのである。出版のお手伝いぐらいなら出来るだろうとすぐに快諾はしたが、彼自身はすでに共編での継続的な刊行を考えていたようである。何も言わないけれども、滋賀行きも文化講座のことも、当時、傷悴していた私への花部氏なりの励ましではなかったかと思う。

文化講座の講師はその後も続き、その間、三弥井書店から語りの講座シリーズとしてこれまでに五冊の刊行を見ている。その中から、特に私が北陸地方の民間説話について触れたものを中心に本書の「I　昔語りの伝承世界」に収めることにした。「です・ます」調になっているのはそのためである。その中でテーマにしたことは、私の初の単著『民間説話〈伝承〉の研究』（三弥井書店、平成十九年刊）がその基礎にあることはもちろんであるが、そのことはおのずから、私自身のフィールド・ワークを通しての民間説話研究の足取りを辿り直し、これまで考えて来たことを再検討してみるきっかけともなったのである。

ところで、昭和四十八年夏に南加賀地方の昔話調査で初めて訪れた石川県江沼郡山中町真砂《まなご》（当時）の中島すぎ媼との出会いは、私にとって大変衝撃的な出来事であった。それは、大学卒業後、恩師福田晃先生の呼び掛けで結成された、立命館大学の卒業生を中心とする加能昔話研究会の仲間との活動で、その後も継続的に石川県の南加賀から白山麓地方、金沢市の山間地域へと私たちの調査は及んだのであるが、今振り返れば、私にとって実質的な意味での民間説話研究はこの時に始まっていると言っていい。

「Ⅱ　北陸の西行伝承」に収めたものは、平成六年頃であったか、高野山大学における学会で初めてお会いした上智大学の西澤美仁氏を囲み、花部氏や神戸大学の木下資一氏、大学からの同期である東海学園大学の小林幸夫氏と西行について語り合う機会があり、それが機縁となって平成八年に発足した西行伝承研究会での活動が基になっている。

この研究会では、毎年日本各地への伝承探訪と、現地在住の研究者を交えた研究大会を重ね、文部科学省の基盤研究補助金の助成を得て、報告書『西行伝説の説話・伝承学的研究』を第三次まで刊行した。その後、平成二十一年には西行学会へと発展的に移行して今日に至っているのである。その西行学会のシンポジウムにおいて、講師として北陸地方の西行伝承を取り上げ、口頭発表したものを収めたのである。

一方、「Ⅲ　加賀・能登のまつりをたずねて」は、論攷ではなく民俗探訪といった類のものであるが、実はこれだけは私の二十代の若かりし頃に書いたものである。昭和四十八年に定時制高校の教員として勤め出した当初から、石川県を始めとして、日本各地の調査などで聞き取った昔話・伝説や見聞した民俗行事をきっかけに、わが国における祭祀と伝承について考え始めていた頃で、まず手始めにと若い教員仲間と同人を作り、回覧雑誌風に書いたものである。その当時はまだ職場にもこんな雰囲気が少しは残っていたのであるが、間無しに教育現場の現状はそんなことを許さない厳しい時代へと突入していった。それに伴って、私のささやかな夢は、書き散らしたいくつかの原稿とともにそこで頓挫してしまったのであったが、本書に収録したものは、その後も調査地を訪れる機会があり、少しずつ手を入れておいたものである。

「Ⅳ　昔話資料」には中島すぎ嫗の語った昔話をいくらかまとめて掲げた。その大半は昭和五十五年から五十六年にかけて、『南加賀の昔話』（三弥井書店、昭和五十四年刊）を出した後の追跡調査のかたちで新たに聞き取ったものである。貴重な資料であり、これによって、活字でなりとも少しでもすぎ嫗の昔語りの素晴らしさを味わってもらいたいという思いがあるのである。

ところで、本書において私は、特に北陸地方をグラウンドとした民間説話研究を土台にしながら、最近の研究成果をも取り込んでまとめるつもりであったが、結局のところ、正直言ってそれほど内容を展開できたとも思えない。誠に忸怩たる思いだけが残るのであるが、それも自らの力量とて已むを得まい。しかしながら、今日、伝統的な昔語りのフィールドを体験することがほとんどできなくなった時代に、実際にフィールド・ワーカーとしてそれを体験できた世代の一人として、その経験を生かしながら民間説話の伝承世界をいくらかでも明らかにしておくことは、文化的な意味においてきわめて重要であろう。実感・実証の民俗学的方法はなお有効である。

わが国の悠久の歴史において、上層の動きだけではなく、その基層を構成し、民俗社会に生きた大多数の人々が創り出し、営々と受け継いで来た文化的地層の厚みこそが、実は一国の文化の総体なのであり、その豊かさを形づくっているということができる。それ故にこそ、ささやかにでも地域社会においてこういった研究の足跡をきちんと示して行かねばならないという思いが強い。そのことは、フィールドから多くを学んで来た者に課された責務でもあるだろう。

四十数年前、同郷の室生犀星の詩に深い共感を覚えつつ二十歳前の私は金沢の親元を離れ、以来京都・大阪で暮らして来た。幸いにも大学の学部時代に人生の師にめぐり会えたという幸運もあり、学問の方向を見定めることが出来た。さらには多くの仲間とも出会い、今日まで研究を続けて来ることが出来たのであった。それでも、還暦を過ぎる頃から故郷が恋しくなって来た。いわゆる里ごころがついたようである。

若い頃、南加賀の調査地で、ある古老から「丑年生まれの三男坊はいつか故郷へ戻る」と聞いたことが今だに耳底に残っている。両親はすでに天寿を全うし、長兄も母の後を追うように昨年急逝した。さすがにもう戻ることもあるまいと思うけれども、犀星の心に想いを馳せつつ、それにはなお程遠きにあることを感ぜずにはいられない。

さて、この度も本書の刊行に際して三弥井書店の吉田栄治社長、および吉田智恵さんと小堀光夫さんには前著同様、大変お世話をお掛けしてしまった。学術出版社としての矜恃を以ってこのような地域的な内容の本を出して下さることに心より感謝申し上げたいと思う。

平成二十七年十二月

松本孝三

著者略歴

松本 孝三（まつもと・こうぞう）

1949 年、石川県金沢市生まれ

1973 年、立命館大学文学部卒業

1981 年、立命館大学大学院文学研究科博士課程単位取得退学

1973 年〜2007 年 3 月、堺市の高等学校教員として勤務

現在、大阪大谷大学非常勤講師

専攻、伝承文学、民間説話、民俗学

〔主要編著書〕

『民間説話〈伝承〉の研究』（単著。三弥井書店、2007 年）

『加賀の昔話』（共編。日本放送出版協会、1979 年）

『南加賀の昔話』（共編。三弥井書店、1979 年）

『日本伝説大系』第 12 巻「四国編」（共編。みずうみ書房、1982 年）

『日本伝説大系』第 6 巻「北陸編」（共編。みずうみ書房、1987 年）

『京都の伝説－乙訓・南山城を歩く－』（共著。淡交社、1994 年）

『語りの講座　昔話への誘《いざな》い』（共編。三弥井書店、2009 年）

『語りの講座　昔話を知る』（共編。三弥井書店、2011 年）

『語りの講座　昔話の声とことば』（共編。三弥井書店、2012 年）

『語りの講座　昔話入門』（共編。三弥井書店、2014 年）

『語りの講座　伝承の創造力－災害と事故からの学び－』（共編。三弥井書店、2015 年）

北陸の民俗伝承　豊饒と笑いの時空

平成28年2月18日　初版発行

定価はカバーに表示してあります。

著　者　松本孝三
発行者　吉田栄治
印刷所　エーヴィスシステムズ
発行所　三弥井書店
〒108-0073　東京都港区三田3-2-39
電話　03-3452-8069　振替東京8-21125

ISBN978-4-8382-9091-8　C1039